DER TREUHANDSKANDAL

Heinz Suhr

Der Treuhandskandal

Wie Ostdeutschland geschlachtet wurde

Eichborn Verlag

Heinz Suhr, geboren 1951 in Augsburg. Studium der Wirtschafts- und Sozialwissenschaften. Redakteur. 1985-1987 Bundestagsabgeordneter (Haushaltsausschuß). Journalist für Funk und Fernsehen, *Spiegel* und *Stern* in Bonn. Seit 1991 Pressesprecher der Fraktion Grüne/Bündnis 90 im Bundestag.

Die Deutsche Bibliothek - CIP Einheitsaufnahme

Suhr, Heinz:
Der Treuhandskandal : wie Ostdeutschland geschlachtet wurde / Heinz Suhr. – Frankfurt am Main : Eichborn, 1991
ISBN 3-8218-1144-7

© Vito von Eichborn GmbH & Co. Verlag KG, Frankfurt am Main, November 1991.
Umschlaggestaltung: Uwe Gruhle.
Lektorat: Albert Sellner.
Satz: TechnoScript, Bremen.
Druck und Bindung: Fuldaer Verlagsanstalt GmbH.
ISBN 3-8218-1144-7.
Verlagsverzeichnis schickt gern:
Eichborn Verlag, Hanauer Landstraße 175, 6000 Frankfurt am Main 1

Inhalt

ZUM GELEIT 7

EINLEITUNG: EINE VOLKSWIRTSCHAFT
WIRD VERKAUFT 9
   Der betrügerische Konkurs der Regierung Modrow 11

SCHALCKS HEIMLICHES IMPERIUM 22

VORGESCHICHTE: WAS SOLL AUS DEM
»VOLKSEIGENTUM« WERDEN? 29

DER RUNDE TISCH: WICHTIGSTES
MÖBELSTÜCK NACH DER WENDE 36
   Vom Dienst nach Vorschrift zum kreativen Wirken 38
   Unaufhaltsamer Zusammenbruch und Treuhandgedanke 40
   Modrows letzter Coup: Die Genossen-Treuhand 44

DE MAIZIÈRE STELLT DIE WEICHEN –
LEIDER FALSCH 64
   Der Staatsvertrag: Die Treuhand soll die Einheit finanzieren 70

DIE OSTWIRTSCHAFT: ZUM AUSSCHLACHTEN
FREIGEGEBEN 77

PERSONALPOLITIK MIT DAMPFWALZE 84
   Schlechter Rat ist teuer 97
   Die Yuppies kommen 101

ALTE SEILSCHAFTEN UND
NEUE VERBINDUNGEN 107
   Alte Kader: Geheuert statt gefeuert 120
   Die Ost-Block-CDU 122
   Verdrängte Vergangenheit 125

Die SED-Seilschaften 127
Beratervertrag für den Doktorvater 135

BIRGIT BREUEL: DIE »EISERNE LADY« 139
Der Flop in Fernost 145

TREUHANDPRAXIS: DIE TOP-SKANDALE 149
Die unheilige Allianz von Banken und Versicherungen 150
Unter Strom 158
»Sensibel« verkauft: Die Zeitungslandschaft 163
»D-Day« 167
Interflug: Die gewollte Bruchlandung 168
Die programmierte Arbeitslosigkeit 171

TREUHANDPRAXIS: DIE ALLTÄGLICHE KATASTROPHE 174
Ruf doch mal an: Das Bürgertelefon 175
Abwickler am Werk: Geschäfte im Wilden Osten 182
Der Fall »Maschinenbau und Technikhandel« (MBH) 183
Der Fall Siemens 183
Der Fall McDonald's 187
Der Fall Narva 188
Der Fall Margarethenhütte 191
Der Fall Blema/Aue 191
Der Fall Grotex 192
Politische Propaganda und traurige Fakten 193
Der Fall GRW 193
Der Fall Neptun-Hotel 194
Der Fall ERMIC und die Kurzarbeit Null 194
Der Fall DKF 195
Der Fall HAPA 195
Der Fall Takraf 196
Der Fall Mineralölwirtschaft 197
Der Fall Asean Brown Boveri 197
Der Fall SODI 198

DIE ERSTE BILANZ DES WELTGRÖSSTEN KONZERNS 199

DIE TREUHAND ABWICKELN – EIN PLÄDOYER 204

Zum Geleit

Die Treuhand ist für alle da: Der Regierung bietet sie Schutz für ihre mangelhafte und zögerliche Wirtschaftspolitik, der Opposition dient sie als Prügelknabe, wenn Schlafmützen und Eigennutz auf der Regierungsbank gemeint sind, den Länderregierungen ist sie Alibi, selbst nicht allzuviel tun zu müssen, für die ewig Gestrigen der Beweis, daß die Planwirtschaft so schlecht nicht gewesen sein kann, für Montagsdemonstranten und Gewerkschaften ist sie Blitzableiter und für die Terroristen der RAF mörderische Zielscheibe ihrer abstrusen Ideologie.

Mit der Machtfülle eines heimlichen Superministeriums ist die Treuhandanstalt zweifellos die wichtigste Instanz für die wirtschaftliche Zukunft der neuen Bundesländer.

Die weltgrößte Staatsholding entscheidet über das Schicksal tausender Betriebe, über Millionen von Arbeitsplätzen sowie den Verkauf von Grund und Boden. Die Treuhandanstalt ist auf Initiative der Bürgerbewegung ins Leben gerufen worden, doch vom Ursprungsgedanken, der am Runden Tisch entwickelt wurde, ist nichts übriggeblieben. Danach hätte das Volksvermögen zunächst in »treue Hände« gebracht, marktwirtschaftlich bewertet und in Form von Anteilscheinen an die wirklichen Besitzer gegeben werden sollen. An die Menschen, denen das Ergebnis ihrer eigenen Arbeit, ihr gemeinsamer Besitz von einer maßlos selbstgerechten Partei- und Staatsführung willkürlich vorenthalten worden war. Aus heutiger Sicht mag diese Idee naiv erscheinen.

Unverstanden blieben die dazugehörigen Vorstellungen zur privaten Vermögensbildung, zur Entwicklung von Handel und Gewerbe, eines leistungsfähigen Mittelstandes – für die wirtschaftliche Gesundung, die Existenzgründung und Existenzsicherung überhaupt. Unbändiger Freiheitswille und abhandengekommenes Eigentumsbewußtsein haben im Zeitraffertempo ein Volk zum »Hans im Glück« gemacht.

Es wird sich zeigen, daß die angeblich wertlose Substanz zum Reichtum der neuen Besitzer beiträgt. Die Gründung der Treuhand hat die Modrow-Regierung absichtsvoll mißverstanden und per Gesetz als Auffangbecken für Nomenklaturkader genutzt.

Seither arbeiten die blitzartig bekehrten Verfechter der sozialistischen Mißwirtschaft – im übertragenen Sinn ihres Symbols – Hand in Hand mit den Klassengegnern von einst, ihren Chefs aus dem Westen.

Schnelle Privatisierung sei der beste Weg zur Sanierung, behauptet die Treuhand. Doch dafür gibt es weder Beweis noch Garantie. Die Treuhand hat ein Konzept für den Verkauf, doch keins für den Erhalt der Unternehmen. Ohne Not werden selbst rentable Betriebe zu Schleuderpreisen veräußert. Die übrigen – im Verkaufskatalog ausgeschrieben – befinden sich in einer lähmenden Warteschleife. Und nur ein Teil ist kurzfristig »an den Mann zu bringen«, selbst wenn die »Bräute« noch schön aufgeputzt werden, der Kaufpreis niedrig und die »Mitgift« hoch ist. Außerdem schützt auch erfolgreiche Privatisierung nicht vor Entlassungswellen und Kahlschlagsanierung.

Aktive Sanierung als Aufgabe der Treuhandanstalt wurde von den Ideologen der Selbstheilungskräfte des Marktes völlig unterschätzt. Massenarbeitslosigkeit und Abwanderung in die alten Bundesländer sind jedoch mit der bisherigen, radikalen Privatisierungsstrategie nicht aufzuhalten.

Der grundlegende Strukturwandel muß nach volkswirtschaftlichen und ökologischen Gesichtspunkten aus den bestehenden Unternehmen heraus erfolgen. Ein völliger Neuaufbau der Industrie würde im Vergleich dazu viel zu teuer werden und viel zu lange dauern.

In der Perspektive der Bundesregierung hat die Treuhandanstalt noch auf Jahre hinaus eine Schlüsselrolle für die wirtschaftliche Entwicklung Ostdeutschlands. Die Auseinandersetzung um die gesellschaftliche Mehrheit für eine zukunftsgerichtete, verantwortungsvolle Strukturpolitik ist in vollem Gange. Wenn dieses Buch einen Beitrag zum Zustandekommen dieser Mehrheit leistet, ist es allemal das Papier wert, auf dem es gedruckt ist.

Werner Schulz, MdB, Bündnis 90/Die Grünen,
Mitglied im Bundestags-Unterausschuß Treuhand.

Einleitung: Eine Volkswirtschaft wird verkauft

Mittlerweile so groß wie zwei Bonner Ministerien und organisatorisch die Arbeitsfelder der halben ehemaligen DDR-Regierung zusammenfassend, soll die Treuhandanstalt eine Volkswirtschaft verkaufen: Arbeitsplätze schaffend, Investitionen anlockend und nur im äußersten Notfall liquidierend – wenn möglich ganz still.
Dieses Buch will die Geschichte der Treuhand beschreiben:
- ihre Entstehungsidee am Runden Tisch in Ost-Berlin auf den Grundlagen des real deformierten Sozialismus;
- die Installation und den gleichzeitigen gigantischen Mißbrauch durch den treubieder wirkenden SED/PDS-Übergangschef Hans Modrow;
- die Versuche, vom Volkseigentum etwas für das Volk zu retten, das dieses Eigentum erarbeitet hat und schnöde hinters Licht geführt wurde;
- die nahtlose Zusammenarbeit von alten und neuen Seilschaften rund um den größten Konzern der Welt;
- von internen Briefen und Debatten, wie die handelnden Akteure mit wechselndem Erfolg versuchten, das Beste (für sich) aus der Übergangszeit zu machen;
- das einzigartige Experiment, in Rekordzeit einen Systemwechsel zu vollziehen – und sein grandioses Scheitern.

Die Treuhandanstalt ist ein Milliardenspiel. Neben vielen anderen wollte auch der Bäckermeister Horst Schiesser, der schon mit der Neuen Heimat gedealt hat, allen Ernstes mit von der Partie sein. Immerhin bot er der THA an, für 713 Milliarden Mark die volkseigene Wirtschaft zu kaufen, um sie anschließend dem Volk wieder zu verkaufen. Mit seiner »Die Neue Gesellschaft GmbH« (DNG Vermögensbildung und DNG Aktiengesellschaft) bot der Brotfabrikant (»Geschi-Brot«) im Mai 1990 in großen Anzeigen den Ostbürgern eine »lukrative« Anlage für ihre Spargroschen: Für 300 Mark (Ost) sollten sie Kaufscheine erwerben, um dann

DNG-Aktien und damit DDR-Vermögen zu übernehmen. Zehn Prozent vom Preis wollte der Initiator für seine Mühe einbehalten.

Vom Alexanderplatz in Ost-Berlins Zentrum zog die Treuhandzentrale um in das frühere »Haus der Ministerien«, Leipziger Straße 5–7, in Sichtweite der früheren Mauer. Dort, wo jahrzehntelang die SED-Nomenklatura saß, arbeiten heute rund 3000 Angestellte, die mittlerweile fast 4000 Betriebe verkauft haben. Das Riesengebäude mit den endlosen labyrinthartigen Gängen wurde 1937 von den Nazis als Luftfahrtmuseum Hermann Görings erbaut.

Heute tummeln sich hier neben ehrenwerten Ökonomen Überflieger und schräge Vögel, Aasgeier und Kiebitze, Wendehälse und Kropfkraniche. Oben im siebten Stock die westdominierte Chefetage, darunter die eingekauften und abgestellten Staatsverkäufer, in den tieferen Stockwerken die vielen Ostbediensteten. Selbstredend, daß die Westler dafür gesorgt haben, entsprechend ihrer verantwortungsvollen Aufgabe zu verdienen – manchmal dreimal so viel wie ihre (wenigen) östlichen Vorgesetzten. An diese Art weißer Apartheid hat man sich zwangsweise gewöhnt – erstens soll es ja in einigen Jahren anders werden und zweitens sind Ostbürger froh, wenn sie überhaupt einen Job haben. In der Treuhand, diesem mächtigen Koloß, wird die Zweiklassengesellschaft organisiert. Doch schlecht bezahlte Beamte sind nicht selten anfällig für kleine Freundschaftsdienste, der eine oder andere Kumpan sorgt dafür, daß noch einiges verteilt werden kann, bevor es in die Hände des alten und neuen Klassengegners fällt.

Das einzige, was noch aus SED-Zeiten läuft, ist der Paternoster (»Beamtenschleuder«), alles andere ist neu, clean und modern: getünchte Wände, edle Holztüren, PCs in jeder Ecke und neue Telefone. Die Inszenierung ist deutlich: Jetzt herrscht ein neuer Geist. »Sie müssen doch auch nach außen Macht ausstrahlen«, soll Detlev Karsten Rohwedder zum Finanzvorstand Wolfram Krause gesagt haben, als der aus alter Verbundenheit zur DDR auf seinem Wartburg bestand, anstatt auf einen dicken deutschen Stern umzusteigen.

Der betrügerische Konkurs der Regierung Modrow

Schon in den 60er Jahren hatte ein Mann versucht, unter dem Begriff »Neues Ökonomisches System« (NÖS) die DDR-Wirtschaft zu reformieren – er scheiterte 30 Jahre lang: Günter Mittag. Der Wirtschaftslenker galt als zweitmächtigster Mann im Staate nach Honecker, der von Ökonomie nichts verstand. Angetreten war Mittag mit der Absicht, den Sozialismus durch »Eigeninitiative, Dezentralisierung, Leistungsprinzip, Rentabilität und Brechung der bürokratischen Handhabung des Außenhandelsmonopols«[1] zu erneuern. Um seine Position zu halten, mußte er ständig zurückstecken – »um ein Haar«, so der schwer zuckerkranke und an beiden Beinen amputierte Mittag im *Spiegel*, hätte man ihn 1970 gefeuert. Breschnew hatte mit Honecker die Ablösung Walter Ulbrichts vereinbart und die Einstellung der Reformpolitik besprochen. Dieses Trauma des NÖS-Untergangs sei die Hauptursache für das Scheitern jedweder ökonomischer Reformen gewesen. Der Abstieg des DDR-Systems war nicht mehr aufzuhalten. Obwohl er seit 1976 wieder entscheidende Mitverantwortung bis zum Ende trug, weist Mittag jede Eigenschuld am Desaster weit von sich. Die »Betonfraktion« im Politbüro sei schuld gewesen, angeführt vom Vorsitzenden des Ministerrats, Willi Stoph, dessen 1. Stellvertreter Werner Krolikowski und dem Minister für Staatssicherheit, Erich Mielke.

Allein die »Sicherheitspolitik« nach außen und innen, NVA und Stasi, war so teuer, daß alle ökonomischen Anstrengungen sinnlos bleiben mußten. Hinzu kam die Kürzung der sowjetischen Erdöllieferungen 1981. Der rohstoffarmen DDR drohte zum ersten Mal der Kollaps – hätte es nicht 1983 den von Franz Josef Strauß eingefädelten Milliardenkredit gegeben.

Schon zwei Jahre vor dem Fall der Mauer, Ende 1987, kam Mittag bereits zu der Erkenntnis: »Jede Chance ist verspielt.Vom Osten war keine Hilfe möglich, und zum Westen konnte die Wende zur umfassenden Wirtschaftskooperation wegen latent wirkender politischer Widerstände in unseren Reihen nicht erfolgen.«[2]

---

1. *Der Spiegel*, Nr.37/91
2. *Der Spiegel*, Nr.37/91

Mit der Einrichtung schwarzer Kassen versuchten die roten Funktionäre den Niedergang der DDR aufzuhalten. Am 14. September 1972 entschied der Vorsitzende des Ministerrates der DDR – unterzeichnet vom 1. Stellvertreter des Vorsitzenden, Horst Sindermann – ein Geldbeschaffungsimperium für die dringend benötigten Devisen zu gründen. Per Verfügung 129/72 wurde festgelegt, daß der Bereich »Kommerzielle Koordinierung« (die der Leiter Alexander Schalck-Golodkowski konzeptionell schon in seiner Doktorarbeit beschrieben hatte) als »Devisenausland« zu behandeln war. Dies bedeutete, daß staatliche Organe wie das Finanz- oder das Außenhandelsministerium in den Bereich KoKo keinen Einblick haben durften. Schon damals gehörten die Firmen Intrac, Zentralkommerz, Transinter, F.C. Gerlach, Asimex, Simon, Forgber, Interport zum Devisenbringer KoKo. Immer neue Außenhandels-Tarnfirmen kamen dazu, etwa die Forum-Handelsgesellschaften oder die Berliner Import- und Export-Gesellschaft (BIEG). Gleichzeitig wurde laut 5. Durchführungsbestimmung zum Devisengesetz der DDR vom 19. Dezember 1973 die Berichterstattung über den Devisenfluß gegenüber dem Finanz- und Außenhandelsministerium eingestellt. Auch sämtliche Konten bei der Deutschen Außenhandelsbank und der Deutschen Handelsbank der DDR wurden der allgemeinen Bankenkontrolle entzogen. Ob Waffen oder Schnaps, Abhörelektronik, Zigaretten oder Pornofilme für den Staatsratsvorsitzenden – es gab nichts, was das Konsortium Schalck nicht vertrieb oder für die Wandlitz-Nomenklatura heranschaffte. Am Ende sollen es nicht weniger als 178 Firmen gewesen sein, die für die KoKo tätig waren. Zu einem erheblichen Teil arbeiten sie noch immer. Seit den Anfängen 1965 war die KoKo eng mit dem Ministerium für Staatssicherheit verknüpft.

Zyniker meinen, man hätte dem Stasi-Oberst und cleveren Kapitalisten die Führung der Treuhandanstalt übertragen sollen, nachdem er am 2./3. Dezember 1989 in den Westen geflüchtet war – er hätte mehr für die DDR-Wirtschaft herausgeholt. Die gesamte Kontrolle für die »Kommerzielle Koordinierung« lag ausschließlich bei deren Chef Schalck – so entschied das höchste Staatsorgan, der Ministerrat. Bis 1977 informierte er als faktischer Geheimschatzkämmerer nur den Vorsitzenden des Ministerrates. Ab 1977 wurde er direkt dem Mitglied des Politbüro und Sekretär des Zentralkomitees der SED, Günter Mittag, unterstellt.

So erfolgreich die KoKo auch war – den ökonomischen Scherbenhaufen konnte sie nicht kitten. Als im engsten Zirkel des Politbüros an der Betonfraktion vorbei diskutiert wurde, wie man im Falle des wirtschaftlichen und politischen Zusammenbruchs die Partei retten könnte – zwei Jahre vor dem Fall der Mauer –, verfiel man auf den Plan, eine strategische Devisenreserve in Valutamark anzulegen. In einer strengst Geheimen Kommandosache (GKdos) mit der Nummer B 8 – 510/88 vom 28. November 1988 (siehe Dokument Seite 14) erläuterte der damalige Finanzminister Höfner dem Genossen Mittag, wie hoch der Kassenbestand sei, mit dem man bei Ausbruch der Krise rechnen könne: »Durch gezielte Disposition ist es gelungen, den voraussichtlichen Bestand per 31.12.88 ausschließlich in DM zu bilden. Auch für 1989 werden die Einnahmen und Ausgaben so gesteuert, daß der Endbestand der operativen Devisenreserve aus DM bestehen wird.« Die Währungsunion wurde ein Jahr vor dem Umsturz von der SED vorweggenommen. Alle Einnahmen und Ausgaben wurden auf der »Basis der geltenden internen Berechnungsverhältnisse 1 Dollar = 1,85 VM« (Valuta-Mark) geplant. Als politische Befriedungsmaßnahme wurde schon damals eine Ausweitung der Reisefreiheit erwogen, denn bei den Einnahmen aus dem Mindestumtausch wurde ein starker Anstieg der »privaten Besuchsreisen von Bürgern der DDR in die BRD« mit gleichbleibendem Besucherverkehr aus dem Westen gegengerechnet.

Während dieses Jahres traf sich Kanzleramtsminister Schäuble nach eigenen Angaben achtmal mit Schalck bis zu dessen Abgang. Zwei Tage vor dem Fall der Mauer, am 6. November 1989, hatte Schalck ein längeres Telefonat mit Rudolf Seiters im Bonner Kanzleramt geführt, um ihn über die bevorstehende Öffnung der Mauer zu informieren. Der Kohl-Vertraute hielt dies für etwas problematisch, weil sich der Kanzler dann gerade in Polen aufhalte.

Am 7. November trat die DDR-Regierung unter Willi Stoph ab, am 8. November das gesamte SED-Polit-Büro. Am 9. November öffnete die DDR durch einen zusammengekritzelten und durch Günter Schabowski vorgestotterten Erlaß die Grenzübergänge zur BRD und nach Westberlin. Am 13. November wird Hans Modrow von der Volkskammer, aus der laufend »Abgeordnete« austreten und neue nachrücken, bis die Auffülliste nahezu erschöpft ist,

**MINISTERRAT
DER DEUTSCHEN DEMOKRATISCHEN REPUBLIK**
MINISTERIUM DER FINANZEN
DER MINISTER

Mitglied des Politbüros
und Sekretär des
Zentralkomitees der SED

Genossen Dr. Günter Mittag

Marx-Engels-Platz
Berlin

1 0 2 0

Berlin, 28. 11. 1988

Werter Genosse Mittag!

Beiliegend übergebe ich den Entwurf des Planes der strategischen Devisenreserve sowie der Einnahmen und Ausgaben der operativen Devisenreserve für 1989.
Diesem Planentwurf sind Erläuterungen beigefügt.

Bevor ich dieses Material Genossen Stoph zur Bestätigung übergebe, bitte ich um Zustimmung.

Mit sozialistischem Gruß

H ö f n e r

Anlage
GKdoS B 8 - 510/88
1. Ausf.

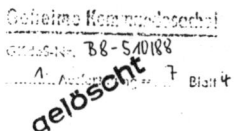

Erläuterungen zum Plan der Einnahmen und Ausgaben der
operativen Devisenreserve 1989

Die im Planentwurf 1989 enthaltenen Einnahmen wurden auf der
Grundlage getroffener Festlegungen und in Übereinstimmung mit
den für die Erwirtschaftung von Valutamitteln jeweils ver-
antwortlichen Organen geplant.
Die Ausgaben sind im wesentlichen für die Durchführung der
Zahlungsbilanz vorgesehen und Bestandteil des Entwurfs der
Zahlungsbilanz 1989.

Dem Planentwurf 1989 wurde das voraussichtliche Ist per
31. 12. 1988 zugrunde gelegt.
Durch gezielte Disposition ist es gelungen, den voraussichtlichen Bestand per 31. 12. 1988 ausschließlich in DM zu bilden.
Auch für 1989 werden die Einnahmen und Ausgaben so gesteuert,
daß der Endbestand der operativen Devisenreserve aus DM
bestehen wird.

Alle Valutaeinnahmen und -ausgaben wurden auf der Basis der
geltenden internen Umrechnungsverhältnisse 1 $ = 1,85 VM
geplant.

10 März 1989

Planentwurf 1989 der strategischen Devisenreserve

- in Mio VM -
(1 $ = 1,85 VM)

	Bestände der strat.Reserve am 1.1.1989	Zugang aus Gewinnen	Abgang durch Einschuß in ZB	Bestände d.strat. Reserve am 31.12.1989
Gesamt	672,8	+ 20,0	./. 20,0	672,8
davon:				
finanz.Bestände	651,5	+ 20,0	./. 20,0	651,5
- in $	311,2	+ 10,0	./. 10,0	311,2
- in DM	340,3	+ 10,0	./. 10,0	340,3
materielle Bestände - 0,9 t Gold (bewertet zu 400 $ pro Unze)	21,3	-	-	21,3

Entsprechend getroffener Entscheidungen sind durch eine
straffe tägliche Disposition der Währungsbestände der strategischen Devisenreserve auch im Jahre 1989 Gewinne in Höhe von
20,0 Mio VM zu erwirtschaften und für die Zahlungsbilanz bereitzustellen.
Diese Mittel sind Bestandteil des Entwurfs der Zahlungsbilanz
1989.

zum Ministerpräsidenten gewählt. Eine Woche vorher, am 4. November, hatten eine Million Menschen für eine andere Regierung in Ost-Berlin demonstriert. Am 1. Dezember streicht die Volkskammer den Führungsanspruch der SED aus der Verfassung. Während Schalck nach Westen flieht, muß der Honecker-Nachfolger, SED-Generalsekretär Egon Krenz samt Politbüro unter dem Druck der Parteibasis zurücktreten. Am 6. Dezember legt Egon Krenz auch sein Amt als Staatsratsvorsitzender nieder, das Hans Modrow übernimmt. Am 7. Dezember: Beginn der Gespräche am Runden Tisch unter Beteiligung von SED, Blockparteien und Oppositionsgruppen. Am 8. Dezember wird Lothar de Maizière zum Vorsitzenden der Blockpartei CDU gewählt. Am 19. Dezember 1989 vereinbaren Hans Modrow und Helmut Kohl in Dresden die Bildung einer Vertragsgemeinschaft.

Der Pakt zwischen den beiden – eine Mischung aus Nachbarschaftsabkommen und Konföderationsabsicht – führt zu zurückhaltenden Reaktionen in den europäischen Hauptstädten, die Wiedervereinigung sei nicht aktuell; Moskau besteht noch auf einem neutralen Deutschland, US-Präsident Bush meint, der deutsche Einigungsprozeß dürfe nicht beschleunigt werden, sondern sei das Ergebnis eines schrittweisen Prozesses.

Einen Tag nach Gründung des Runden Tisches und wenige Tage nach dem Verschwinden Schalcks wurde im Ministerrat der DDR heftig über den Fall KoKo debattiert – man befürchtete, der Reisegenosse könne milliardenweise Valuta-Mark verschwinden lassen. Bis zu diesem Zeitpunkt hatten die Überprüfungen durch den DDR-Minister für Preise und Finanzen bereits 2,026 Milliarden Devisenmark wiederauftauchen lassen, die von KoKo vor dem Finanzminister versteckt worden waren – ebenso wie 433,5 Millionen VM auf Sonderkonten von SED und Stasi. Insgesamt hatte die DDR zu diesem Zeitpunkt rund 20 Milliarden Dollar auf der hohen Kante. Unter dem Tagesordnungspunkt »Schadensbegrenzung« erläuterte der Finanzminister, daß »die Verfügungsberechtigung des ehemaligen Staatssekretärs des Bereichs und anderer Mitarbeiter gesperrt« sei.

Mit einem Staatsanwalt hatte ein Vertreter des Finanzministers am 6. Dezember 1989 den versiegelten Tresorraum, Schalcks geheime Schatzkammer, besichtigt und bei »Schneewittchen« Gold gefunden: Barren, sauber in Stahlbanderolen verpackt, im Wert von einer halben Milliarde DM. Dazu Silber und andere Schmuckstücke – soviel, daß nicht mal ein halbes Jahr später eine exakte Schätzung erfolgen konnte. Emsige Geschäftigkeit erfaßte den SED-Finanzminister Siegert. Er sperrte »sofort nach Bekanntwerden der Republikflucht« alle Konten der KoKo für Schalck: bei der Hauptabteilung I der Staatsbank, bei der Deutschen Handelsbank, bei der Kathreinbank in Wien und beim Bankhaus Hugo Kahn in Zürich. Professor Dr. Gerstenberger wurde von Modrow kommissarisch mit der Leitung der KoKo und ihrer späteren Treuhandbetriebe betraut. Gewinne aus den Schalck-Firmen, über die bisher die SED verfügt hatte, mußten durch »Neufestlegung der Verantwortung und Abgrenzung der Eigentumsverhältnisse« der KoKo-Betriebe gerettet werden. »Die erforderlichen Entscheidungen« seien vom Vorstand der im Dezember 1989 zur Partei des Demokratischen Sozialismus gewandelten SED getroffen worden, heißt es in einem geheimen Vermerk. Unmittelbar nach der Ministerrats-Sitzung am 8. Dezember erließ Hans Modrow die »Verfügung Nr. 89« (siehe Dokument Seite 19) um festzustellen, wieviel Schalck zusammengerafft hatte.

Der Nebeneffekt dieser Maßnahme: Der KoKo-Bereich blieb auch weiter vor dem Licht der Öffentlichkeit geschützt.

Vorsitzender des Ministerrates
Verfügung Nr.   /89
vom   Dezember 1989

---

1. Die Verfügung Nr. 129/72 vom 14. September 1972 des Vorsitzenden des Ministerrates der DDR wird mit sofortiger Wirkung außer Kraft gesetzt.

2. Zur Sicherung des Zahlungsverkehrs mit dem Ausland wird bis zur Entscheidung über die Zuordnung der dem Bereich Kommerzielle Koordinierung unterstellten Außenhandelsbetriebe bzw. Firmen folgendes verfügt:

   - Zahlungen mit dem Ausland werden - wie bisher - über die Deutsche Handelsbank und die Deutsche Außenhandelsbank abgewickelt.

   - Alle Zahlungen des Bereiches Kommerzielle Koordinierung und der Betriebe dieses Bereiches, die das Ausland betreffen, sind genehmigungspflichtig durch Herrn Prof. Dr. Gerstenberger oder einen von ihm benannten Bevollmächtigten.
   Ihm obliegt die Entscheidung über Ausnahmen.

3. Alle Betriebe (siehe Objektliste) des Bereiches Kommerzielle Koordinierung haben Schlußbilanzen in Valutamark und Mark per 31. 12. 1989 zu erarbeiten.

   Die Ordnungsmäßigkeit dieser Bilanzen ist durch die Staatliche Finanzrevision zu prüfen und zu bestätigen.

4. Der Bereich Kommerzielle Koordinierung hat per 31. 12. 1989 einen Jahresabschluß in Valutamark

und Mark zu erarbeiten, der von der Staatlichen
Finanzrevision zu prüfen und zu bestätigen ist.

5. Die in Ziffer 3 genannten Betriebe sind künftig entsprechend den Grundsätzen für die Durchführung von Finanzrevisionen durch die Staatliche Finanzrevision zu prüfen.

6. Bei vollständiger Auflösung von Verantwortungsbereichen und Betrieben ist über die nach der Liquidation vorhandenen Vermögensbestände durch den Minister der Finanzen in Abstimmung mit dem Minister für Außenwirtschaft zu entscheiden.
Grundlage für diese Entscheidung sind die durch die Staatliche Finanzrevision bestätigten Schlußbilanzen in Valutamark und Mark.

Dr. Modrow

Objektliste von Betrieben, die bisher zum Bereich Kommerzielle Koordinierung gehörten

1. Intrac Handelsgesellschaft mbH (einschl. Zentral-Kommerz)
2. Berliner Import- und Export-Gesellschaft mbH (einschl. Transcommerz GmbH)
3. forum HG
4. VEB Philatelie Wernsdorf
6. AHB Elektronik, Bereich NSW-Import +)
7. IMES GmbH (einschl. WITRA GmbH)
8. Transinter (Staatliche Vertreterorganisation und Internationales Handelszentrum)
9. ASIMEX Import-Export-Agentur
10. Industrie und Handelsvertretung Günther Forgber
11. Delta Ex- und Import GmbH
12. Fa. F. C. Gerlach Export-Import
13. Staatliches Handelsobjekt LETEX
14. Fa. Simpex GmbH
15. Fa. BERAG Export-Import GmbH
16. Fa. Camet
17. Interport
18. VIDEO SOUND SERVICE GmbH
19. Impeco GmbH
20. Intertechna GmbH
21. MS Arkona im VEB Kombinat See- und Hafenwirtschaft +)
22. VEB Antikhandel Pirna
23. Alt. Koordinierungshandel im AHB Metallurgiehandel +)
24. Intershop-Verkaufseinrichtungen +)
25. Valutahotels +)

+) Keine juristisch selbständigen Betriebe. Die Prüfung bezieht sich nur auf Teilbilanzen.

Schalcks heimliches Imperium

Wie sich die Zeiten ändern: 1983, als der DDR-Devisenbeschaffer Alexander Schalck-Golodkowski auf Honeckers Geheiß den Milliardenkredit für die DDR mit Franz Josef Strauß »einfädelte«, ging es für den SED-Staat bereits um die Wurst. Die konspirativen Treffen wurden bei dem Viehgroßhändler Josef März auf dessen Landgut Spöck bei Rosenheim abgehalten. Es stand schlimm um die DDR, wie sich Schalck zehn Jahre später erinnerte: Die Banken – insbesondere die amerikanischen – gaben der DDR keine frei verfügbaren Kredite mehr. Mittlerweile vom bayrischen Innenminister und Straußzögling Edmund Stoiber zur unerwünschten Person in Bayern erklärt, erzählte er auf seiner Fluchtburg in Rottach-Egern (vom März-Bruder Willi finanziert) im Sommer 1991 über diese dramatischen Tage: »Wir schafften nicht mehr den Schuldendienst. Wir haben von der Hand in den Mund gelebt. Importe wurden eingeschränkt. Ich habe in der Sowjetunion Warenkredite ausgehandelt und die Waren im Westen verkauft. Es gab nur noch eins: Die Bundesrepublik mußte ein Signal geben. Ob eine oder zwei Milliarden, das war ganz lächerlich. Das hat nicht das Problem gelöst. Es ging um die Delikatesse: War die Bundesrepublik bereit, die DDR zu halten? Die Entscheidung hat das Bundeskabinett getroffen, nicht Strauß. Das Kabinett und die Bundesbank.«[1]

Es war die Hoch-Zeit der Friedensbewegung vor der Raketenstationierung. Im März 1983 wurde Helmut Kohl mit knapper Mehrheit zum Kanzler gewählt, erstmals zogen die Grünen in den Bundestag ein. Viele politischen Beobachter fürchteten eine neue deutsch-deutsche Eiszeit. Am 28. April 1983 sagte Erich Honekker seinen vorgesehenen Besuch in der Bundesrepublik ab (vorausgegangen waren Auseinandersetzungen um zwei Todesfälle im Transitverkehr). Marox-Chef März, der seit vielen Jahren beste

---

1. *Forbes*, 7/91

Beziehungen zu Strauß hatte und Helmut Kohl nach eigenen Angaben seit Mitte der 70er Jahre kannte, fürchtete um seine Billig-Fleischeinkäufe in der DDR. Mit der Herstellung der Schalck-Strauß-Connection hielt er die DDR zahlungsfähig – ein Wessi hilft dem armen Osten allemal, wenn es dem Geschäftsgang dient.

Kohl hatte die Geldtransaktion allerdings mit der Bedingung verknüpft, den vorher erhöhten Mindestumtausch für Rentner und Jugendliche wieder zurückzunehmen. Die DDR brauchte zwar dringend das Geld, wollte sich aber öffentlich nicht unter Druck setzen lassen. So war es die Aufgabe Schalcks, Kohl durch Strauß (»An mir geht in Bonn kein Weg vorbei«) von diesen Bedingungen abzubringen. Mit Brief vom 6. Mai 1983 informierte er den DDR-Wirtschaftslenker Günther Mittag über seine Gespräche. Strauß trat für die Auflösung des Junktims bei Kohl ein. Ein Umstand, den Schalck in seinem Bericht an Mittag drei Wochen später mit Strauß' Worten beschrieb: Es sei ein »Kuriosum« daß ausgerechnet er, FJS, »für die DDR im Bundeskanzleramt« kämpfe. Es erscheint nicht ganz abwegig, zu vermuten, daß der große Einsatz des gewichtigen Bayern auch ein wenig damit motiviert war, seinem Spezi März einen kleinen Gefallen zu tun.

Das Ende vom Lied: Am 29. Juni 1983 bürgte die Bundesrepublik für den Milliardenkredit, den die DDR bei bayrischen Banken aufnehmen konnte. Am 27. September 1983 hob Honecker den Zwangsumtausch für Kinder unter 14 Jahren auf und begann mit dem – ebenfalls zur Bedingung gemachten – Abbau der Selbstschußanlagen an der innerdeutschen Grenze. Gleichzeitig wurden allerdings von der DDR unerkannt neue elektronische Grenzüberwachungsanlagen installiert.

Im Stammwählerpotential der CSU rumorte es damals, es schlug – ein Nebeneffekt – die Geburtsstunde der Republikaner. Doch Strauß und Schalck verstanden sich ausgezeichnet, pecunia non olet, wie der Lateiner Strauß gesagt hätte. Die Maxime, daß Geld nicht stinkt und die Erfahrung, daß sich vorenthaltene oder mißachtete Menschenrechte gut versilbern lassen, hatte die Politik der SED-Führung schon seit vielen Jahren bestimmt: beim Häftlingsfreikauf, bei der Transitpauschale, beim Swing (dem zinslosen innerdeutschen Handelskredit). Von Teilen der Medien zum Dämon hochstilisiert, wurde Schalck mit seiner »Kommerziellen Koordinierung« zum Inbegriff des Staatskapitalisten, der aber wie

Innenminister Wolfgang Schäuble feststellte, »immer ein gewissenhafter Verhandlungspartner«[1] war. Gewissenhaft, aber von keinen Hemmungen beseelt, füllte er die Kassen der DDR und über deren Untergang hinaus die des Bonner Finanzministers und der ihm unterstellten Treuhandanstalt.

Denn noch bevor der Untersuchungsausschuß des Bundestages Anfang September 1991 so richtig die Arbeit aufgenommen hatte, stellte sich heraus, daß die Abwicklung der KoKo weit größere »Sondereinnahmen« einfuhr, als man öffentlich zurückhaltend im Finanzministerium bis dahin angenommen hatte. Natürlich wußte man schon vorher von den Schatzkammern in Schalcks Schattenreich. Erkleckliche Gold- und Silberreserven und sogenannte »vermischte Einnahmen« in Höhe von 1,1 Milliarden DM konnten nach einigem Suchen mittlerweile der Haben-Seite zugeschlagen werden – allein für das Jahr der Übernahme 1990.[2]

Eine der berüchtigten Devisenschleusen für den Auslandshandel in Schalcks Schattenreich war die Kunst und Antiquitäten GmbH, die den Kulturbesitz der ehemaligen DDR auf Westmärkten versilberte. Schalcks Adlatus und Stellvertreter Manfred Seidel hatte Ende 1972 die neue Devisenquelle für die KoKo aufgetan. Von da an rollten tausende Uhren, ganze Wagenladungen von Musikinstrumenten, Spieldosen und kostbaren alten Möbeln zu Großabnehmern in Holland, Belgien und Dänemark.[3] Später tauchten viele dieser Antiquitäten in Westdeutschland wieder auf. Der heute 73jährige Kaufmann Lothar Oesterreich, der zusammen mit anderen KoKo-Kunsthändlern heute noch sein Domizil am Märkischen Ufer 22 hat, trieb für Schalcks schwarze Kassen ein dickes Paket mit Aquarellen, Gouachen und Zeichnungen auf, die angeblich von Dix, Feininger und Nolde stammten. Deutschlands versiertester Kunstfälscher Edgar Mrugalla lieferte Oesterreich gegen 30000 Mark Bargeld und einige Antiquitäten allein in einem Jahr nachweislich sechzig Zille-Aquarelle, Ölbilder nach Wilhelm Busch, Oskar Kokoschka, Auguste Renoir und Max Liebermann. Dazu gab es für den Kunsthandel entsprechende Expertisen, die auf Blanko-Briefbögen der Dresdner Gemäldegalerie samt passender

---

1. *Tagesthemen* der *ARD*, 16.8.91
2. *FAZ*, 12.8.91
3. *Süddeutsche Zeitung Magazin*, 23.8.91

Stempel angefertigt wurden. Schalcks »Kunst und Antiquitäten« verdiente Millionen daran.

Von den ehemals 120 Mitarbeitern blieben 50 übrig. Die Firma hieß nach der Wende »Internationale Beratungs- und Vertriebsgesellschaft mbH« (IBV). Im ehemaligen Schalck-Lager im Dörfchen Mühlenbeck schlägt sich die Geschäftsleitung, die alten Kader Kopmann, Näcke und Schmidt, mit den Treuhand-Abwicklern der KoKo herum. Verwundert meldete die FAZ im April 1991, daß zur Liquidatorin »mit Irene Arndt eine ehemalige Vertraute Beils aus dem DDR-Außenhandelsministerium berufen« wurde.

Die Liquidation verlief unter so dubiosen Umständen, daß Frau Arndt von dieser Aufgabe entbunden wurde. Eine Reihe von Häusern, die zur »Kunst und Antiquitäten« in Mühlenbeck gehörten, wurde weit unter Preis an ehemalige SED-Genossen verkauft. Haus 1 der Siedlung hatte die Kodirektorin Harz über ihre Freundin selbst erworben. Ein Fall von Dutzenden.

Für die Treuhandanstalt bringt der Verkauf früherer KoKo-Aussenhandelsbetriebe erhebliche Summen – nach vorläufigen Schätzungen bis Mitte 1991 rund 2,2 Milliarden DM. In einer intern-vertraulichen Studie werden dabei die höchsten Einnahmen vom Verkauf des Internationalen Handelszentrums IHZ in Berlin-Mitte erwartet (600 Mio.). 350 Millionen DM soll die frühere Schalck-Filiale Berliner Handels- und Finanzierungsgesellschaft (BHFG) wert sein, zu der auch eine Bürovermietungs-Gesellschaft mit Immobilienbesitz im Schätzwert von 37 Millionen gehört – Tendenz: enorm steigend. Die BHFG wurde erst unter der Modrow-Regierung geschaffen und aus dem KoKo-Bereich noch für 1990 runde 5 Milliarden DM »erwirtschaften«. Nun spekuliert die Treuhand mit KoKo-Immobilien.

Weitere »Einnahmen in dreistelliger Millionenhöhe« realisiert die Treuhand aus dem Verkauf der »Schneewittchen«-Firmen Intrac, der Berliner Import-Export-GmbH, der Hanco-Gruppe und der Berliner Makler- und Handelsvertretergesellschaft mbH. Während man allein bei Intrac mit 230 Millionen DM rechnet, ist man bei Schalcks Waffen- und Antiquitätenschiebereien noch nicht so recht fündig geworden; einige Dutzend Millionen West-Valuta sollen – unter anderem aus Waffenlieferungen an den Iran – hinterblieben sein. Aus diesen Kassen wurden aber auch Souvenirs der Völkerfreundschaft bezahlt: etwa eine Lenin-Taschenuhr, die der

Begründer der Sowjetunion einmal dem deutschen Revolutionär Karl Liebknecht geschenkt hatte und die Schalck 1987 für 450 000 Märker erwerben ließ.[1] Das Liebhaberstück aus sozialistischer Pionierzeit war für Michail Sergejewitsch Gorbatschow gedacht - um ihn angesichts ausbleibender Reformen in der DDR milde zu stimmen. Mit rotem Sowjetstern sowie Hammer und Sichel verziert, inspirierte die Liebknecht-Uhr den damaligen Kremlchef wohl zu seinem berühmten Zitat anläßlich der 40-Jahre-Jubelfeier in Ost-Berlin: »Wer zu spät kommt, den bestraft das Leben.«

Die spätere Treuhand-Chefin Birgit Breuel konnte zwar nicht mehr über die Leninsche Taschenuhr verfügen, aber über die rund 224 Millionen DM Verkaufserlöse, Beteiligungsgewinne, Zins- und Darlehensrückflüsse aus der »Effect Vermögensverwaltungsgesellschaft«. Diese Firma verwaltete das eindrucksvolle Imperium Schalcks. Die Effect war zuständig für Geldwäsche, für offene und verdeckte Unterstützung kommunistischer Gruppierungen und Staaten, für Sabotage, Spionage und die Beschaffung von Militärgütern und Hochtechnologie. Die Erlöse diverser Finanzgesellschaften von der Karibik bis nach Liechtenstein, von Immobilien in Deutschland und Österreich, von portugiesischen Druckereien, mit denen Agitprop-Material für Afrika gedruckt wurde oder von KoKo-Feriendomizilen auf den Kanarischen Inseln – alle klingeln nun im Treuhandbeutel. Sogar an den Schweizer Seilbahnen der Sunnega SA war KoKo-»Effect« zu einem Zeitpunkt beteiligt, als man unter einer Seilschaft noch so etwas wie Bergsteigerkameradschaft vermutete.

Große Teile des Auslandsvermögens, das Schalck im westlichen Ausland gehortet hatte, gehörte nicht nur dem Staat, sondern der SED und damit der späteren PDS. Die eigens gegründete »Unabhängige Kommission zur Kontrolle des Parteivermögens« der ehemaligen DDR-Parteien hatte lange geglaubt, so zumindest ihr Vorsitzender Hans-Jürgen Papier, »daß auch die sogenannten Parteifirmen zum staatlichen KoKo-Bereich der DDR gehörten. Aber offensichtlich gibt es doch Firmen, die unmittelbar der SED unterstanden.«[2] Auch das Bundesamt für Verfassungsschutz stellte seit der DDR-Wende vielfache Firmenneugründungen, Umschreibun-

---

1. *Der Spiegel*, Nr. 34/91
2. *DIE ZEIT*, 23.8.91

gen, Umfirmierungen, Käufe und Verkäufe fest, die offenkundig dazu dienten, SED/PDS-Besitztümer vor der Treuhand zu verschleiern, die ja ursprünglich auch nicht als Staatsanwaltschaft konzipiert war.

Wie die Verfassungsschützer herausfanden, war es Aufgabe der Effect-Vermögens-GmbH, eine Reihe von Tarngeschäften aufzuziehen, um die Unternehmen Schalcks aus der Schußlinie zu bringen. Tatkräftig umgesetzt wurde das Projekt von Schalcks früherer Vertrauter, Waltraud »Trautchen« Lisowski, die vor der Wende Geschäfte abwickelte, mit denen die DKP alimentiert wurde. Der Stasi-Oberst und seine Kumpane haben vor allem in den Jahren 1988 und 1989 größere Umgruppierungen bei ihren über 230 Firmen vorgenommen, um die DDR und die SED liquide zu halten.

Die Treuhand, die nach verschiedenen internen Grabenkämpfen versucht hatte, die PDS-Finanztransaktionen penibel zu überwachen, mußte dem Hause Waigel in einem vertraulichen Vermerk an die Abteilung VIII B5 mitteilen, daß das Treuhand-Direktorat »Sondervermögen« (Parteivermögen) der Auffassung sei, die KoKo sei mit der SED im Sinne des Parteiengesetzes verbunden. Diese Gelder durften deshalb nicht einfach in die Kassen des Bonner Finanzministeriums fließen, sondern mußten der »gesetzlichen Zweckbindung« dienen, also die PDS am Leben erhalten, auch wenn der Kommunismus längst dahingeschieden war. Trotzdem: Schalcks Firmen gehören zum Attraktivsten, was die Treuhand auf der Angebotsliste hat. Im ersten Quartal 1991, schlug unter insgesamt 900 verkauften Betrieben das Schalck-Erbe mit einem stattlichen Drittel zu Buch. Aber nicht nur deshalb hatte sich der Stasi-Oberst a.D. eine rührende Betreuung (Pässe, Blumen für die Frau und Transfer zum neuen Wohnsitz) durch den Bundesnachrichtendienst verdient. Aus Angst, er könne durch Flucht an die Öffentlichkeit eine Handvoll angesehener Politiker aus Amt und Würden kegeln, war man beim BND offensichtlich auch gern bereit, über Schalcks Erinnerungslücken bei Embargo- und Waffengeschäften hinwegzusehen. Schalck berichtete, ein Versprechen von Innenminister Wolfgang Schäuble habe ihn ermutigt, am 3. Dezember aus der DDR abzuhauen und dann als »Schneewittchen« 31mal beim westdeutschen Geheimdienst im Umfang von 600 Protokollseiten auszusagen. Im Auftrag des BND ließ Schalck auch ungeklärte Fragen recherchieren. Dies erledigte für ihn u.a. sein früherer Gehilfe Gerhard Ronneburger – im KoKo-Bereich für Mikroelektronik zuständig, der damit nebenbei schnelle fünf Mille machte. Eilfertig behauptete der BND, das Geld für die erbetenen Informationen stamme nicht aus seinen Kassen.

Auch wenn am Ende unklar bleibt, wieviel Schalck während seiner 22jährigen Amtszeit in die Staats- und Parteikassen der ehemaligen DDR geschaufelt hat – soviel ist inzwischen sicher: Allein in den Jahren 1989/90 bis zur gesamtdeutschen Währungsunion lieferte KoKo dem Ost-Berliner Staatshaushalt Finanzmittel im Wert von 32,872 Milliarden DDR-Mark, davon 7,762 Milliarden in Westmark.[1] Diesen Zahlen aus dem Bonner Finanzministerium stehen allerdings Vermögensschätzungen des Wiesbadener Bundeskriminalamtes vom Juli 1991 gegenüber, die das KoKo-Gesamtvermögen einschließlich aller verschwundenen Immobilien, Wertpapiere und Antiquitäten auf 50 Milliarden DM taxieren. Im Dunkeln bleibt, auf welcher Rechtsgrundlage das BKA an diese Akten kam.

---

1. *Die Welt*, 26.8.91

Vorgeschichte: Was soll aus dem »Volkseigentum« werden?

»Demokratisierung der Wirtschaft« war ein Schlüsselbegriff für die westdeutsche Linke in den 70er Jahren. Der Ausbau der Montanmitbestimmung auf die gesamte Wirtschaft, die umfassende Einbeziehung der Produzenten in die Geschäftspolitik der Betriebe bis hin zum Betrieb in Arbeitnehmerhand oder mindestens Mitarbeiterbeteiligungsgesellschaften wie bei dem (SPD-)Unternehmer Rosenthal oder Gewinnbeteiligungen wie beim Hamburger *Spiegel* – es gab viele Ansätze für eine Weiterentwicklung der sozialen Marktwirtschaft. Freilich ist es nie gelungen, eine relevante gesellschaftliche Debatte daraus zu entwickeln. Nichtsdestoweniger wurde die Besetzung in Konkurs gegangener Betriebe durch die Belegschaften von vielen dogmatischen Linken schon als das Wetterleuchten der sozialistischen Revolution im Kapitalismus interpretiert. Stolz trug man Anfang der 80er Jahre die von der Belegschaft in Eigenregie hergestellten Uhren der französischen Firma LIP. Deren Arbeiter hatten 1980 ihren Pleitebetrieb übernommen und bedienten nun die entsprechende soziale Bewegung mit der Anti-Atom-Sonne im Zifferblatt der Armbanduhren. Selbstverwaltete Betriebe schossen in der bundesdeutschen Alternativbewegung bald wie Pilze aus dem Boden.

Der ideologische Stoff, aus dem die Träume des »Dritten Weges« zwischen Kapitalismus und Sozialismus waren, wurde über lange Zeit bei den Grünen und Alternativen durch die Reformkonzepte des Prager Frühlings 1968 gespeist. Bis heute gibt es eine Vielzahl von Modellen und Experimenten aus alternativen, sozialdemokratischen und konservativen Richtungen, die mit dem Ziel größerer Mitbestimmung und gerechterer Vermögensverteilung in Angriff genommen wurden.

Im Gegensatz zur linken Debatte im Westen über Wirtschaftsdemokratie wurde zur gleichen Zeit im Osten zögernd und zaghaft über die Einführung marktwirtschaftlicher Elemente diskutiert – meist nur zwischen den Zeilen versteckt oder in programmatischen Formeln verklausuliert. So konnte man sich mehr oder minder folgenlos auf Honecker berufen, der gelegentlich zu verkünden pflegte, private Initiativen dürften nicht erstickt werden, weil sie das Lebensniveau steigerten.

Die sozialistische Wirtschaftsordnung als Mangelverwaltung hatte sich längst meilenweit von den Interessen und Bedürfnissen der Wirtschaftssubjekte entfernt. Der »Volkseigene Betrieb« (VEB) war in der DDR die Basis der Volkswirtschaft. Die Produktionsmittel gehörten faktisch der SED- und Staatsführung, nach offizieller Doktrin allerdings waren sie »Volkseigentum«. Doch in allen ökonomischen Fragen entschied nicht das Volk, sondern die staatliche Wirtschaftsverwaltung. Sie ordnete an, wie das Anlage- und Umlaufvermögen genutzt werden sollte und wem die erwirtschafteten Produktionserträge zuzufallen hatten. »Volkseigentum« wurde systemimmanent auch häufig als »staatlich-sozialistisches Eigentum« bezeichnet.

Die von der späteren Treuhandanstalt verwalteten und verkauften VEBs setzen sich aus zwei Gruppen von Betrieben zusammen: Einerseits aus den 1945 verstaatlichten Privatbetrieben, zum anderen aus den seit Kriegsende und seit der Staatsgründung neugegründeten Betrieben. Noch 1988 machten diese beiden Bereiche rund 72 Prozent der DDR-Volkswirtschaft aus. Seit den frühen 60er Jahren hatte die Wirtschaftsführung aus angeblichen Effizienzgründen immer größere Konglomerate zusammengeschachtelt. Außerdem hoffte die Staatsführung, die Probleme der zentralen Wirtschaftslenkung so leichter in den Griff zu bekommen. Die Zahl der Betriebe wurde von 1958 bis 1988 um vier Fünftel reduziert – von 17030 auf 3392 Betriebe. (Im Treuhand-Puzzle wurde durch Entflechtung und Ausgliederung selbständiger Betriebseinheiten, – darunter etwa Betriebsfriseure und Betriebsschlossereien – die Zahl wieder auf rund 23000 Betriebseinheiten hochgeschraubt.)

Die Enteignungspolitik in der DDR fand ihren Abschluß 1972, als DDR und Ministerrat beschlossen, 12000 Betriebe mit staatlicher Beteiligung sowie private Industrie-, Handwerks- und Bauunternehmen an die Staatskandare zu nehmen. 1963 noch hatte der Ministerrat der DDR das »Neue Ökonomische System der Planung und Leitung der Volkswirtschaft« (NÖS) propagiert, mit dem die

Wirtschaft durch Dezentralisierung flexibler und leistungsfähiger gemacht werden sollte. Schon 1970 wurde das NÖS ad acta gelegt.

In den DDR-Betrieben stand die Arbeitnehmervertretung, die Staatsgewerkschaft FDGB, zusammen mit den Betriebs-Gewerkschaftsleitungen, ebenso unter staatlicher Kontrolle wie die Betriebsdirektoren, die das Betriebskollektiv nach dem »Prinzip der Einzelleitung« führten. Die Interessenvertretung der Beschäftigten im Betrieb war nur der verlängerte Arm von Staatspartei und Staatsmacht. Die Betriebs-Parteiorganisationen der SED nahmen die »führende Rolle bei der Entwicklung der sozialistischen Betriebe und Kombinate«[1] ein. Eingesetzt und abberufen wurden die Betriebsleitungen auf Vorschlag der Kombinatsdirektoren. Dafür mußten diese jedoch die Zustimmung der übergeordneten Industrieministerien sowie der zuständigen Kaderabteilungen der SED-Parteiverwaltung einholen.

Gelenkt wurden die Kombinate – von Günter Mittag als »Rückgrat der sozialistischen Planwirtschaft« installiert – von den Staats- und Wirtschaftsverwaltungen auf Bezirks- und Kreis-Ebene. Das Absatzgebiet der VEBs und der Kombinate umfaßte das gesamte Gebiet der DDR und die Auslandsmärkte (soweit es nicht von Schalcks »Kommerzieller Koordinierung« bedient wurde). Jeder Manager in der Kombinatsführung oder in den nachgeordneten Betriebseinheiten hatte zuerst die Interessen der »führenden Kraft« SED im Auge zu behalten. Das hinderte natürlich zahlreiche ehemalige Führungskräfte keineswegs daran, nach der Wende vorrangig die eigenen Interessen zu verfolgen. Die Mischform der »Kommupitalisten«, die plötzlich perfekte Reden über das Gemeinwohl halten konnten, um ungestörter in die eigenen Taschen wirtschaften zu können, war in der Übergangsphase vom Sozialismus zur Marktwirtschaft eine gängige Erscheinung. Es waren solcherart talentierte Hände, in die unter der Übergangsregierung Modrow die »treuhänderische« Umwandlung der volkseigenen Betriebe zu Kapitalgesellschaften gelegt wurde.

In der Landwirtschaft war der Konzentrationsprozeß ähnlich vorangetrieben worden. Die Landwirtschaftlichen Produktionsge-

---

1. »Lexikon der Wirtschaft (Industrie)«, Berlin(Ost), 1970

nossenschaften (LPGs) waren zu 70 Prozent auf Tierproduktion und zu 30 Prozent auf Pflanzenproduktion spezialisiert. Fast neun Zehntel der Agrarfläche (86 Prozent) wurde von LPGs bewirtschaftet, 85 Prozent der Tierbestände waren in deren riesigen Massentierhaltungen zusammengepfercht. Das betriebliche Anlagevermögen (»Grundfonds«) der LPGs umfaßte 80 Prozent des gesamten Anlagevermögens aller DDR-Agrarbetriebe.[1]

Anders als etwa in Polen, wo die durchschnittliche Fläche eines bäuerlichen Betriebes sechs Hektar beträgt, wurden im Arbeiter- und Bauernstaat DDR die Kleinbauern »gelegt« und die LPGs auf durchschnittlich 4540 Hektar je Genossenschaft ausgeweitet. Einschließlich der nur zeitweise beschäftigten Erntehelfer und Familienangehörigen war etwa eine Million Menschen in der Landwirtschaft beschäftigt. 1952 hatte die SED mit der Kollektivierung begonnen. Sie wurde 1960 abgeschlossen – nach jahrelangen erheblichen Repressalien gegen die privaten Bauern. Das Bauernsterben, das in der EG viel später Praxis wurde, vollzog die DDR in anderthalb Jahren: 600000 bäuerliche Familienbetriebe wurden vom 1. Januar 1959 bis Ende April 1960 zwangsaufgelöst und in die LPGs eingegliedert. Viele Bauern gaben aus Furcht vor Unterdrückungs- und Diskriminierungsmaßnahmen nach und traten den LPGs bei. Der von den Bauern eingebrachte Grund und Boden blieb formell allerdings privates Eigentum der Genossenschaftsmitglieder und konnte auch auf die Nachkommen vererbt werden.

Im Unterschied zum Landbesitz gingen die eingebrachten Gebäude, Maschinen, Geräte und Anlagen sowie die Tierbestände sofort in Genossenschaftseigentum über. Auch in den LPGs wurde nach staatlichen Vorgaben gewirtschaftet. Für die Festlegung der zentral diktierten Produktionspläne waren die »Abteilungen Landwirtschaft« der Kreisräte zuständig. In den Massenmedien wurde stets an herausragender Stelle über die großartigen Leistungen der LPGs bei den Ernteeinsätzen berichtet. Auch in den LPGs waren die Leitungen durch die SED-Vorgaben sowohl in wirtschaftlichen wie in personellen Fragen stark eingeengt. Die politisch motivierten Autarkiebestrebungen der DDR-Führung brachten andererseits garantierte Erzeugerpreise mit sich, die weit

---

1. DDR-Almanach, 1990, Landsberg

über dem westdeutschen Durchschnitt und über den EG-Preisen lagen, weil der Staat diese Produkte hoch subventionierte. Das brach vielen LPGs nach der Wirtschaftsunion das Genick.

Neben den VEBs und den LPGs entstanden bereits seit 1945 sogenannte »Volkseigene Güter« (VEG). Ihre Gründung geht auf die Bodenreform in der »Sowjetischen Besatzungszone« (SBZ) zurück, durch die alle privaten Landgüter und Großbauernhöfe mit einer Fläche von 100 Hektar und darüber enteignet wurden. In den deutsch-deutschen Verhandlungen mit der DDR wurde unter dem Druck der sowjetischen Regierung vereinbart, daß diese Enteignungen zwischen 1945 und 1949 einschließlich der Bodenreform nicht rückgängig gemacht werden dürfen. Da aber die Rechtsprechung des Bundesverfassungsgerichts Rückgabe vor Entschädigungen präjudizierte entstand ein auf Jahre hinaus nicht zu entwirrendes Knäuel an Eigentumsproblemen. Sie wurden durch die Entscheidung des Bonner Parlaments verschärft, daß bei Enteignungen nach 1949 Grundstücke und Gebäude nicht zurückgegeben werden brauchen, wenn sie etwa für den Bau einer Fabrik, für die Schaffung oder Sicherung von Arbeitsplätzen benötigt würden. Hinzu kommen Bestimmungen im Einigungsvertrag zwischen der DDR und der Bundesrepublik vom 20. September 1990, wonach Enteignungen von Gemeinde- oder Länder-Besitz durch den DDR-Staat wieder aufgehoben werden. Das führt dazu, daß die Länder genauso wie die Treuhandanstalt Anspruch auf verschiedene VEGs geltend machen können.

Ende 1988 bestanden in der DDR 465 VEGs. Davon beschäftigten sich 311 mit der Tierproduktion, der Rest mit Pflanzenbau. Die »Volkseigenen Güter« waren für das hochwertige Saat- und Pflanzgut sowie für das Zuchtvieh zuständig. Sie verfügten immerhin über 7,3 Prozent der gesamten landwirtschaftlichen Nutzfläche der DDR, ihre durchschnittliche Größe betrug im Pflanzenbereich rund 5000 Hektar.

Ein weiterer Bereich »sozialisierter« Fertigung: Die Produktionsgenossenschaften des Handwerks (PGHs). Sie waren in aller Regel ein Zusammenschluß von Handwerkern gleicher Berufe. Ehemals eigenständige Handwerker und kleinindustrielle Betriebe wurden zu Kollektiven zusammengefaßt. Ende 1988 bestanden in der DDR 2719 PGHs mit rund 160 000 Mitgliedern. Mit neun Milliarden Mark der DDR erwirtschafteten sie rund 40 Prozent der Gesamtleistung des Handwerks. Fast zwei Drittel der Handwerksleistungen wurden nach wie vor von Privatbetrieben erbracht – auf sie stützte sich die Hoffnung vieler Wirtschaftsstrategen, die auf die unternehmerische Entwicklung des Mittelstandes und seiner Anschubkräfte nach der Wende setzten. 35 Jahre lang wurden die PGHs von der SED-Führung nach Kräften bevorzugt, um eine »überlegene Produktionsweise« der Kollektive gegenüber den Individualhandwerkern vorzugaukeln. Ohne Belege stellte das DDR-amtliche »Lexikon der Wirtschaft« noch 1979 fest: »Durch die PGH wurde die allseitige Überlegenheit der genossenschaftlichen Produktion gegenüber dem privaten Handwerksbetrieb eindrucksvoll bewiesen.« Als die ungarischen Grenzen am Neusiedlersee im Herbst 1989 für DDR-Bürger geöffnet wurden, waren unter den Flüchtlingen, die nach Westen strömten, besonders viele qualifizierte Handwerker. Die vielen abgewanderten Handwerker und Facharbeiter fehlen heute spürbar beim Aufbau im Osten. Es rächt sich, daß man bei der Verwirklichung der deutschen Wirtschaftsunion versäumt hat, ausreichend und schnell Anreize zum Bleiben zu bieten – durch eine entsprechende Teilhabe am ehemaligen »Volkseigentum«. Denn wie sollte ein Handwerker zügig einen Betrieb aufbauen, nachdem alle Produktionsmittel wie Grundstücke, Gewerberäume, Maschinen, Materialien von der Treuhand übernommen worden sind.

Die Versorgungslage in der ehemaligen DDR wäre noch viel katastrophaler gewesen – obwohl sie sich in den letzten Jahren vor dem Zusammenbruch merklich gebessert hatte –, hätten nicht die 1,17 Millionen Mitglieder des Verbandes der Kleingärtner, Siedler und Kleintierzüchter (VKSK) zur Entschärfung beigetragen. Auf einem Prozent (!) der landwirtschaftlichen Nutzfläche erwirtschafteten sie auf ihren 670000 Parzellen (50000 Hektar) die Hälfte der gesamten staatlichen Obsternte, bei Gemüse ein Viertel. Die privaten Kleinproduzenten lieferten den gesamten Bienenhonig, beinahe das gesamte Kaninchenfleisch und fast die Hälfte des Angebots an Eiern (1,8 Milliarden Stück von frei laufenden Hühnern). Die Behauptung der Ost-CDU nach den Wurfexzessen gegen Kohl in Halle im April 1991, die Leute hätten früher »ja nicht mal Tomaten gehabt, die sie hätten werfen können«, entbehrt damit nachweislich jeder empirischen Grundlage.

Das *Neue Deutschland* jubelte schon 1980, daß der Beitrag der

Kleinerzeuger für den Sozialismus wie gerufen komme: »Was in Gärten, Kleintierzuchten und in individuellen Hauswirtschaften der Bauern für den eigenen Familientisch oder den Verkauf produziert wird, braucht nicht anderweitig oder gar für teure Devisen importiert zu werden.« Vor allem in den industriellen Ballungsgebieten wollte die Partei trotz hochbelasteter Böden 75 000 Kleingärten schaffen, doch auch hier war die Nachfrage viel größer als der geplante Bedarf. Lothar de Maizière, erster und letzter frei gewählter Ministerpräsident der DDR und stolzer Besitzer einer Datsche in Königswusterhausen (deren Eigentümer mittlerweile die Treuhandanstalt ist), machte kurz nach seiner Wahl im März 1990 die Antriebskräfte für den neuen wirtschaftlichen Anfang aus: »Von grundlegender Bedeutung ist der vorhandene, enorme Wille der Bürger, aus der derzeitigen Situation herauszukommen und einen spürbar höheren materiellen und immateriellen Wohlstand zu erreichen. Die vielen Demonstrationen nach Arbeitsschluß und an den Wochenenden sind dafür ein beredtes Zeugnis. Hinzu kommt der sich im letzten Jahrzehnt vollzogene unwahrscheinliche Aufschwung beim Auf- und Ausbau von privaten Wochenendgrundstücken. Mit dieser sogenannten »Datschebewegung« wurde deutlich, daß bei Aktivierung des eigenen Nutzens Leistungsanstrengungen möglich werden, die in einigen Fällen bis zur Grenze der physischen Belastbarkeit gingen.«[1]

---

1. Lutz Wicke, Lothar de Maizière, Thomas de Maizière: Öko-soziale Marktwirtschaft für Ost und West, München 1990

Der Runde Tisch: Wichtigstes Möbelstück nach der Wende

Hätte das wirtschaftliche Desaster in der ehemaligen DDR nach der Wende erheblich gemildert werden können? Wenn man der Entwicklung und Pervertierung der Treuhandidee nachgeht, soll damit nicht die historische Leistung und Bedeutung der deutschen Einheit geschmälert werden. Dem Bundeskanzler kommt das unzweifelhafte Verdienst zu, diese Einheit in einer rasanten Geschwindigkeit vollzogen und die alliierten Siegermächte des Zweiten Weltkriegs, vor allem die Sowjetunion, auf seinen Kurs gebracht zu haben.

Dennoch muß man heute rückblickend fragen, ob die politische Wende in der DDR nicht mehr Möglichkeiten geboten hätte, Gesellschaft und Wirtschaft sozial gerechter und dynamischer umzugestalten.

Schon während des Frühsommers 1989 traten verschiedene Bürgergruppen, Wissenschaftler und Initiativen zusammen, um über die gesellschaftspolitische und wirtschaftliche Zukunft der zusammenbrechenden DDR nachzudenken und Konzepte zu entwickeln. Hundert Blumen blühten, nach dem erzwungenen Abtreten der Honecker, Mielke, Krenz und Genossen. Die Treuhandanstalt war eines dieser Projekte, die in der Umbruchzeit entwickelt wurden.

Der geistigen Herausforderung, an einer neuen Gesellschafts- und Wirtschaftsarchitektur mitzubauen, stellte sich auch die »Freie Forschergruppe Selbstorganisation« (bestehend aus M. Artzt, G. Gebhardt, R. Schönfelder, J. Wolf) , die herauszufinden versuchte, wie Selbstorganisationsprinzipien aus Kultur- und Sozialgeschichte in einer faktischen Chaossituation nutzbar gemacht werden könnten. Nach 40 Jahren der Erstarrung – man sah sich als »verwaltete Objekte im Subjektmonopolismus« – wollte man den Durchbruch zur pluralistischen Gesellschaft durch »aktiv gewordene Subjekte« herbeiführen. Wenige Tage vor dem Fall der Mauer erschien am 1. November 1989 der vielbeachtete Aufsatz »Zukunft durch Selbstorganisation«[1]. Um die durch Repression und Indoktrination eingeschüchterte und passive Gesellschaft aufzubrechen, suchte man nach dem »qualitativ Neuen auf allen Stufen der Evolutionsleiter – vom Urknall zum menschlichen Geist«. An den schnellen Einzug von Mercedes und McDonalds dachte unter den Intellektuellen niemand. »Das Volk ist frei, seht an, wie wohls ihm geht!« (Faust, Auerbachs Keller, Leipzig) – das sollte die Devise sein.

Gleichzeitig war man sich darüber im klaren, daß eine moderne Industriegesellschaft als hochkomplexes System von vielfältig vernetzten Wirkungen auch komplizierter Regelwerke bedarf. Das sozialistische Konzept war: »Monopoles Subjekt in Kommandozentrale – Steuerbefehle – hierarchische Umsetzung – Ausführung von Menschen in nichtautonomer Objektrolle – Erfolgsrückmeldung.«[2] Der »mechanische Determinismus« sei ein »längst antiquiertes Weltbild« und nicht zuletzt durch die marxistisch-leninistische Philosophie »entschieden diskreditiert«, befanden die Autoren. Durch die verloren gegangene Entwicklungsdynamik in der sozialistischen Gesellschaft wurde man, während sich die Entwicklung weltweit beschleunigte, auf unterschiedliche Weise »versklavt«: Der eigene Weg in die Zukunft konnte nicht mehr beeinflußt, die eigenen Interessen nicht mehr realisiert werden. Noch träumte man von einer »sozialistischen Solidargemeinschaft mit Strukturen demokratischer Selbstorganisation«. Man wollte sich die Zukunft »als möglichst wenig eingeschränkte Möglichkeit« – und zwar für jeden – offen halten. Noch dachte man an mögliche Entwicklungen zwischen kapitalistischer und sozialistischer Gesellschaft und hielt das Modell einer hocheffektiven kapitalistischen Warenproduktion für vereinbar mit vergesellschafteten Produktionsmitteln im Besitz ihrer Nutzer. Durch ein kanalisierendes und anpassungsfähiges Rechtssystem, so die Gesellschaftstheoretiker, könne man durch demokratische Selbstorganisation zu sinngebender humanistischer Grundorientierung gelangen. Die DDR sollte »in das Globalsystem einer Weltgesellschaft auf allen und über alle Integrationsebenen (von der EG bis

---
1. *Deutsche Zeitschrift für Philosophie*, 38.Jg., Heft 5, S.424
2. ebenda

zur nationalen) als ein dynamischer, kooperativer Bestandteil mit verwirklichter Autonomie« entwickelt werden.

Vom Dienst nach Vorschrift zum kreativen Wirken

In dieser Umbruchphase mußte vor allem die Objektrolle der Bevölkerung überwunden werden. Ohne echte Entscheidungs- und Handlungsfreiheiten hatte die zentralgesteuerte DDR-Gesellschaft vor allem Demotivation, Desinteresse, »Dienst nach Vorschrift«, Aktivitätsverweigerung sowie innere und äußere Emigration bewirkt. Einer der Hauptfehler im System, der es unmöglich machte, die verfahrene Situation rechtzeitig zu erkennen, war der Zwang zur systematischen Schönfärberei: Bei jeder Abrechnung in jedweder Produktionsanlage mußten Erfolge vorspiegelt werden. Fehler und Mängel wurden »von oben« nicht zugelassen und oft »von unten« verschleiert – das Ignoranzprinzip bewirkte zu einem guten Teil die ökonomische Katastrophe. Rollengemäß verweigerten auch die »ausführenden Objekte« die Verantwortung für ihr Handeln; niemand traute sich, in diesem Sozialismus eigenverantwortlich zu entscheiden.

Die systematische Geheimhaltung und die Unterbindung aller kritischen Analysen des Realzustandes (in der Wirtschaft, im Sozialbereich oder in der Umwelt) hielten die »Subjekte des Machtmonopols«, die SED, für notwendig. Jedes Sicherheitsrisiko für die herrschende Clique sollte ausgeschaltet sein. Diese sich summierenden Negativwirkungen, darüber waren sich die Umbruchdenker einig, würde man erst nach vollständiger Offenlegung aller Verschlußinformationen im Rückblick erkennen können.

Ein weiteres strukturelles Manko in der sozialistischen Gesellschaft war, daß die Entscheidungsträger nicht nach dem »Kompetenzprinzip«, sondern nach dem »Gefügigkeitsprinzip« ausgewählt wurden – Loyalität rangierte vor Sachkenntnis. Die Folge: Sachkompetenz verdünnte sich nach oben hin systematisch. Gleichzeitig wurde die fehlende Kompetenz durch Befugnisgewalt verdeckt. Das Ergebnis war eine negative Auslese. Besonders unter diesem Aspekt läßt sich auch die dann später in der Treuhandanstalt zu beobachtende Politik der alten Seilschaften verstehen und bewerten. Etliche haben es geschafft, sich wieder ohne Kompetenz unentbehrlich zu machen, qua Funktion und durch genaue Kenntnis alter Schleichwege.

Da »sozialistisches« Verhalten vor allem an Gefügigkeit und an Anpassungsbereitschaft orientiert war, wurden Engagement und Kreativität als Störfaktoren betrachtet. Überdurchschnittliche und auf besonderen Fähigkeiten beruhende individuelle Leistungen wurden nicht honoriert. Umgekehrt ermöglichten weit unterdurchschnittliche Leistungen noch eine fast durchschnittliche Bedürfnisbefriedigung und gingen auch nicht mit Verlust von Sozialprestige einher. Statt maximaler Leistungsstimulation wurde durch das praktizierte System der Nivellierung das gerade noch erzwingbare Leistungsminimum erreicht. Das Vorsorgeprinzip, also Zukunftssicherung, wurde vom »Raubbauprinzip« überwuchert. Kurzsichtigste ökonomische Maßnahmen wurden oft zur populistischen Ablenkung von Strukturkrisen eingesetzt – in der DDR bekannt als »Weihnachtsmannprinzip«: etwa die von Schalck organisierten Südfrüchte. Die Folge war die flächendeckende Zerstörung der technischen Infrastruktur und der historischen Bausubstanz, katastrophal vernachläßigter Umweltschutz, der Ausfall prophylaktischer Gesundheitsvorsorge und die Preisgabe moralischer Qualifikation als Anspruch an die Nachfolgegeneration.

Ein verschwendungs- und verschleißförderndes Festpreissystem für Grundbedarfsleistungen ohne Verbrauchsobergrenzen und ohne Aufwandsorientierung etwa bei Energie, Trinkwasser oder Grundnahrungsmitteln ließen die gesamte gesellschaftliche Substanz aufzehren. Gesellschaftliches Eigentum wie Material, Arbeitszeit, Produktionsmittel, Grundstücke, wurde illegal privatisiert oder durch korruptem Mißbrauch den eigentlichen Zwecken entfremdet. Von erpressungsträchtigen Machtstrukturen und parasitärem Spekulantentum war der sozialistische Alltag geprägt.

Bei ihrem Versuch, eine neue Gesellschaft zu entwerfen, verfielen die undogmatischen »Chefideologen« des Runden Tisches auf die Vorstellungen des Prager Frühlings. Man betrachtete die »Vergesellschaftung der Produktionsmittel« als welthistorische Leistung des Sozialismus einerseits und konstatierte auf der anderen Seite die ebenso einzigartige Leistung des Kapitalismus, die »Produktivkraftentwicklung maximiert und die wissenschaftlich technische Revolution entfesselt« zu haben. Der stalinistische Sozialismus mit seiner Tendenz zur die ganze Gesellschaft überwuchernden Monopolisierung des Kapitalbesitzes sollte überwunden werden durch »Subjektpluralität«. Weder Unterdrückungssozialismus noch »Übertreibungsegoismus« sollten Bestandteil »des Neuen« werden.

Unaufhaltsamer Zusammenbruch und Treuhandgedanke

Jeder spürte, daß das Machtvakuum im November 1989 zwischen Noch-Nicht-Deutschland und Nicht-Mehr-DDR keineswegs von langer Dauer bleiben konnte. Überlebenswichtige Entscheidungen mußten getroffen werden. Immer deutlicher gewann die Stimmung im Volk an Boden, daß die DDR-Regierung unter Egon Krenz und später unter Modrow in der Lage sei, eine wirksame Demokratisierung des Landes voranzutreiben. So initiierten die Bürgerbewegungen den »Runden Tisch«: Übertragen von Rundfunk und Fernsehen der DDR wurde dieser »Runde Tisch« bis zur ersten freien Wahl am 18. März 1990 zum wichtigsten Möbel der noch frischgeborenen Demokratie. In Ost-Berlin, in der Friedrichstraße 165, entstand das »Haus der Demokratie«. Hier war 1946 im Erdgeschoß – im späteren Wilhelm-Pieck-Saal – die Zwangsvereinigung von KPD und SPD (Ost) vorgenommen worden. Nun saßen hier die »Grüne Liga« und der später zur CDU tendierende »Demokratische Aufbruch«, die neuen SPD-Gründer und der auch von PDS-Frauen bewegte »Unabhängige Frauenverband«, »Demokratie Jetzt«, die »Initiative Frieden und Menschenrechte«, natürlich das »Neue Forum«, die stärkste Bürgervereinigung der DDR-Wende, aber auch die »Linke Liste«. Hier wurden Pläne und Gesellschaftsmodelle für »die Zeit danach« geschmiedet; das Gerangel war beträchtlich, der offene Diskurs ungewohnt.

Gleich vis-à-vis vom »Haus der Demokratie«, im vornehmen Grand-Hotel, einem Prunkstück aus der Ära Honecker, trafen sich Wirtschaftsvertreter und Funktionäre, Großbanken-Vertreter und Wendehälse, Aufkäufer und Politiker aller etablierten Richtungen. Hier fielen die Vorentscheidungen – ungeachtet der Tatsache, daß das Volk seine erste demokratische Gesamtvertretung erst noch wählen sollte. Hier wurden die ersten Weichen für die weitere Entwicklung des desaströs zusammengebrochenen Landes gestellt. Das *Neue Deutschland* sah plötzlich sehr alt aus und das »Andere Deutschland« wußte noch nicht, wohin es sich bewegen wollte. Da sich alle relevanten Gruppen und Parteien wirtschaftspolitisch uneins waren, wieviel Staat noch oder wieviel Markt schon sein müsse oder dürfe, blieb die zentrale Frage, was denn mit dem »Volkseigentum« zu geschehen habe, weitgehend außen vor.

Die Eigentumsordnung eines sozialistischen Landes unterscheidet sich fundamental von der einer bürgerlich-kapitalistischen Gesellschaft. Typisch ist etwa die grundsätzlich andersartige Verteilung des Vermögens zwischen öffentlicher und privater Hand. Volkseigentum in der DDR: Das war nicht nur Staatseigentum, sondern auch Landes-, Kommunal-, Produktiv- und Wohnungseigentum. »Volkseigentum« war rund die Hälfte der Gesamtfläche der DDR. Im Besitz oder in treuhänderischer Verwaltung der Treuhandanstalt befanden sich Mitte 1991 17,2 Milliarden Quadratmeter landwirtschaftlicher Nutzfläche (überwiegend aus LPG-Beständen), rund 19,6 Milliarden Quadratmeter Forst und Wald und rund 25 Milliarden Quadratmeter Immobilien (Grundstücke und Gebäude).[1] »Volkseigentum« waren über 8000 Unternehmen mit rund 34000 Sub-Unternehmen, zehntausende Einzelhandels- und Gaststättengeschäfte sowie öffentliche Einrichtungen wie die Reichsbahn oder das Inventar der Nationalen Volksarmee. Gemäß Artikel 10 der von 1968 und 1974 stammenden DDR-Verfassung lag das »gesamtgesellschaftliche Volkseigentum« an der Spitze aller Arten des »sozialistischen Eigentums«. Doch juristisch geklärt war dieser Rechtstitel in der DDR nie eindeutig. Auch das Bürgerliche Gesetzbuch kannte und kennt diesen Rechtsbegriff nicht – ein Umstand, der die Klärung der Eigentumsfrage brandheiß auf den Runden Tisch legte, als die Debatte zur deutsch-deutschen Einigung im Januar und Februar 1990 überkochte, als nur noch überlegt wurde, ob über Artikel 23 oder über Artikel 146 GG vereinigt werden sollte.

Nachdem im Januar 1990 rund 58000 Übersiedler in den We-

---

1. Offizielles Firmenverzeichnis der Treuhandanstalt, Darmstadt 1991

sten gezählt wurden und sich abzeichnete, daß die Regierung Modrow nicht mehr viel Staat machen würde, legte der Vorsitzende des Ministerrates einen Plan mit dem ergreifenden Titel »Für Deutschland, einig Vaterland« vor. Danach sollte sich die Vereinigung in vier Schritten vollziehen: Eine Vertragsgemeinschaft mit konföderativer Wirtschafts-, Währungs- und Verkehrsunion sowie eine Rechtsangleichung, anschließend gemeinsame Ausschüsse, eine Länderkammer und gemeinsame Exekutivorgane, um noch ein bißchen mitregieren zu können. Der letzte Schritt sollte die Bildung eines einheitlichen deutschen Staates in Form einer Konföderation bringen: mit militärischer Neutralität und Berlin als Hauptstadt. Er, Modrow, habe das so mit Gorbatschow besprochen – mit sonst niemandem, weder mit der SED noch mit den Vertretern des Runden Tisches.

Zwei Tage nach seinem Vorschlag, am 3. Februar 1990, traf Kohl mit Modrow am Rande des Wirtschaftsforums in Davos zusammen. Beide waren sich einig darüber, daß die Lage »ernst« sei – Modrow hatte den Kanzler über die prekäre Wirtschaftssituation aufgeklärt und war von Kohl dafür kritisiert worden, daß die SED-PDS mit den nötigen Wirtschaftsgesetzen zu lange gezögert habe. Am gleichen Tag schlossen sich in Schkopau 400 Umweltgruppen aus der DDR zum Aktionsbündnis »Grüne Liga« zusammen.

Am 4. Februar 1990 änderte die SED-PDS ihren Parteinamen in »Partei des Demokratischen Sozialismus« (PDS). Im Beschluß des Parteivorstandes hieß es mit perfektem Etikettenschwindel: »Unsere Partei ist nicht mehr die SED. Unser Bruch mit der Vergangenheit, unsere demokratischen Initiativen und Ziele haben uns zu einer neuen Partei gemacht, wenngleich die komplizierten Prozesse der Erneuerung von Strukturen und in uns selbst fortgesetzt werden müssen.«

Am kompliziertesten für die Ex-SED gestalteten sich die Finanzprobleme: Es galt, den Staatsbankrott zu vermeiden, die DDR-Mark deshalb statt 1:4 oder 1:5 in einer Währungsunion auf 1:1 hochzudrücken, um die eigenen Vermögen entsprechend zu retten und die Gelder auf den vielen Konten durch neue Firmenkonstruktionen so anzulegen, daß möglichst viele der neuen PDS-Genossen weiter an den Schalthebeln sitzen konnten. Immerhin wurde auch beschlossen, drei Milliarden Mark aus dem PDS-Vermögen an den Staatshaushalt abzuführen.

Einen Tag nach Umbenennung der PDS gründeten die Vorsitzenden der DDR-Parteien CDU, DSU und Demokratischer Aufbruch, Lothar de Maizière, Hans-Wilhelm Ebeling und Wolfgang Schnur in West-Berlin das gemeinsame Wahlbündnis »Allianz für Deutschland«. Helmut Kohl, der Ehevermittler, kündigte an, daß seine CDU die Allianz unterstützen wolle und er höchstpersönlich bei sechs Wahlkampfveranstaltungen bis zum vereinbarten Termin der Volkskammerwahl am 18. März 1990 auftreten werde. Am gleichen Tag sprach sich der »Runde Tisch« mit 22 Stimmen dafür aus, bei Wahlveranstaltungen keine Gastredner aus dem Westen einzuladen, doch die Auslandung verhallte ungehört. Rund 100 000 Menschen demonstrierten am gleichen Abend in Leipzig für einen Volksentscheid über die Zukunft Deutschlands – auch dieser Appell stieß in Bonn auf taube Ohren.

Am 5. Februar schlug Hans Modrow vor, acht Politiker oppositioneller Parteien und Gruppierungen als »Minister ohne Geschäftsbereich« in den Ministerrat von der Volkskammer wählen zu lassen – was auch geschah: Tatjana Böhm für den »Unabhängigen Frauenverband« (UFV), Sebastian Pflugbeil für das »Neue Forum«, Mathias Platzeck für die Grüne Partei der DDR, Gerd Poppe von der »Initiative Frieden und Menschenrechte«, Walter Romberg für die SPD, Klaus Schlüter für die »Grüne Liga« und Wolfgang Ullmann für »Demokratie Jetzt«. Zwei Tage später beschloß der Kabinettsausschuß »Deutsche Einheit« in Bonn, mit der DDR in Verhandlungen über die Währungsunion in Verbindung mit Wirtschaftsreformen einzutreten. Am 9. Februar kündigte Christa Luft, Wirtschaftsministerin der DDR, die Rückführung von VEBs in private und halbstaatliche Betriebe an. Kurz vorher hatte sie von Bonn 10 bis 12 Milliarden DM Soforthilfe gefordert, um eine teilkonvertierbare DDR-Mark einzurichten. Am gleichen Tag schlossen sich die Bürgerbewegungen »Neues Forum«, »Demokratie Jetzt« und »Initiative Frieden und Menschenrechte« zu einem Wahlbündnis für die Volkskammerwahl zusammen. Am 10. Februar erfuhren Kohl und Genscher von Gorbatschow in Moskau, daß es zwischen der Sowjetunion, der Bundesrepublik und der DDR keine Meinungsverschiedenheiten über die deutsche Einheit und das Recht der Menschen sie anzustreben, gebe, was den Kanzler und seinen Außenminister auf dem Rückflug nach Bonn in Sektlaune brachte.

In seiner 12. Sitzung am 12. Februar verabschiedete der »Runde Tisch« ein Positionspapier für die Verhandlungen Kohl – Modrow in Bonn. Modrow solle sich für einen »Solidarbeitrag« (10-15 Milliarden DM) einsetzen sowie für eine Expertengruppe, die die »Möglichkeiten, Bedingungen und Auswirkungen für eine Währungsunion oder einen Währungsverbund« prüfen solle.

Modrows letzter Coup: Die Genossen-Treuhand

Der Vorschlag – eingebracht durch Wolfgang Ullmann von »Demokratie Jetzt« – für eine »Treuhänderische Behörde zur Betreuung des Volksvermögens« erregte großes Aufsehen in den DDR-Medien. In einer Sondersendung berichtete darüber eine Woche später der Deutsche Fernsehfunk (DFF) unter dem Titel »Wem gehört das Volkseigentum?« Körbeweise Post an die Initiatoren dokumentierte das elementare Interesse der Bevölkerung an der Klärung dieser Frage.

Ministerpräsident Modrow beauftragte umgehend seine Wirtschaftsministerin Christa Luft (SED/PDS) und ihren Staatssekretär Wolfram Krause (der später die Finanzen in der Treuhandanstalt unter Birgit Breuel verantworten durfte) damit, den Vorschlag des Runden Tisches umzusetzen. Einen Tag, bevor der Referentenentwurf den Ministerrat passieren sollte, wurden die Initiatoren der Bürgerbewegungen damit konfrontiert. Frau Luft bat ins Ministerium, um Krauses Entwurf pro forma diskutieren zu lassen. Doch schon bei der ersten oberflächlichen Prüfung in einer hektischen Nachtschicht waren sich die Bürgervertreter im klaren, daß der SED-Entwurf nicht verbesserungsfähig war, sondern nur durch einen völlig neuen Ansatz beantwortet werden konnte. Das Luft-Konzept war zu wenig marktwirtschaftlich und hielt an den alten Gliederungen weitgehend fest. Es war unsozial für die Bevölkerung, da es keinerlei Vermögensübertragung an diejenigen vorsah, die das Volksvermögen durch ihre Arbeit geschaffen hatten. Es war überdies sozialer Zündstoff zu befürchten, wenn das Volkseigentum – wie im Entwurf vorgesehen – letztlich nur denjenigen zugute kam, die zum damaligen Zeitpunkt Aktien erwerben konnten. Das Modell sei bürokratisch-zentralistisch, monierte

Wolfgang Ullmann. Letztlich blieb dadurch die Eigentümerfrage weiterhin ungelöst – was die PDS auch bezweckte.

Wolfgang Ullmann erinnerte sich auch später »noch sehr genau« an die entscheidende Ministerratssitzung Ende Februar. »Außenhandelsminister Beil erklärte, man solle die Dinge nicht unnötig komplizieren – schließlich sei das Volkseigentum immer als Staatseigentum behandelt worden und dabei müsse es auch bleiben.«

Während im Ministerrat zwei Tage vor Inkrafttreten des Treuhandgesetzes am 1. März über die weitere Verwendung des Volkseigentums gestritten wurde, hatte der amtierende Ministerpräsident Hans Modrow zusammen mit seinen beiden Ministern Dr. Beil (Außenwirtschaft) und Dr. Siegert (Preise und Finanzen) – alle PDS – schon längst die Weichen für ein großangelegtes Täuschungsmanöver gestellt: Das »Konzept für die Einordnung der verbliebenen Betriebe des ehemaligen Bereichs Kommerzielle Koordination in die Volks- und Finanzwirtschaft der DDR«. Es bezweckte das genaue Gegenteil der deklarierten Absicht. Durch die Bildung des Unternehmensverbandes »Berliner Handels- und Finanzierungsgesellschaft« sollte die weitere Verfügung über die früheren Schalck-Betriebe sichergestellt werden. Spiegelbildlich zur künftigen Treuhand organisiert, wurde der wertvollste Teil des Volksvermögens nicht dem Volke, sondern dem Modrow-Staat und seinen SED- und Stasi-Genossen zugeschlagen, um auch »im Jahre 1990 einen Ertrag von 1 Milliarde Valutamark zu erwirtschaften«, wie aus den Dokumenten hervorgeht (Brief von Siegert und Beil an Modrow vom 28. Februar 1990 siehe Seite 46). Hans Modrow zeichnete ab mit den Worten: »Ich gebe meine Zustimmung.«

Das »zukünftige Leistungsprofil zur Erwirtschaftung von Devisen für den Staat« wurde von Modrow für die KoKo-Firmen Intrac, forum, BIEG, IHZ und die Staatliche Vertreterorganisation bestätigt. Man rechnete immerhin mit einem Jahresumsatz von 5 bis 6 Milliarden DM pro Jahr. Ein schön zusammengebastelter Konzern mit »kapitalmäßigen Verflechtungen zwischen der Dachgesellschaft und den einzelnen Unternehmen« bei der Berliner Handels- und Finanzierungsgesellschaft biete »gute Voraussetzungen«, die Unternehmen für die Volkswirtschaft »maximal wirksam zu machen« – und für die vielen Genossen, die gut untergebracht werden mußten.

MINISTERRAT
DER DEUTSCHEN DEMOKRATISCHEN REPUBLIK
MINISTERIUM FÜR AUSSENWIRTSCHAFT
DER MINISTER

Berlin, den 27. 2. 1990

00515

Amtierenden Minister der
Finanzen und Preise
Herrn Dr. Siegert
Leipziger Str. 5/7
Berlin
1 0 8 0

Sehr geehrter Herr Dr. Siegert!

Beiliegend übersende ich Ihnen ein Konzept für die
Einordnung der verbliebenen Betriebe des ehemaligen
Bereiches Kommerzielle Koordinierung in die Volks-
und Finanzwirtschaft der DDR.

Die vorgeschlagene Bildung eines Unternehmensverbandes
ist eine wichtige Grundlage für die Weiterführung der
Arbeit und die endgültige Auflösung des ehemaligen
Bereiches Kommerzielle Koordinierung als Staatsorgan.

Ich bitte Sie, dieses Konzept mit zu unterzeichnen,
damit ich es kurzfristig dem Vorsitzenden des Ministerrates zur Bestätigung vorlegen kann.

Hochachtungsvoll
Dr. Beil

Anlage

Minister für Außenwirtschaft Berlin, 28. 2. 1990
und Minister der Finanzen
und Preise

Vorsitzenden des
Ministerrates der DDR
Herrn Dr. Hans Modrow
Klosterstraße 47
Berlin
1020

Sehr geehrter Herr Dr. Modrow!

Durch Sie wurde festgelegt, daß der Bereich Kommerzielle Koordinierung mit seinen Betrieben in die Volks- und Finanzwirtschaft der DDR einzugliedern ist.
Als grundlegende Voraussetzung dafür wurde per 31.12. 1989 ein Gesamtstatus für diesen Bereich erstellt sowie die vorhandenen Bestände gesichert und jeglicher Abfluß von Kapital ausgeschlossen.
Des weiteren wurde die Erfüllung und Abwicklung aller bestehenden kommerziellen Verpflichtungen so gewährleistet, daß ein ökonomischer Schaden für die DDR weitestgehend abgewendet werden konnte.
Die vorgesehene Valutaabführung für 1989 in Höhe von 1,4593 Mrd VM wurde per 31.12.1989 erfüllt.
Der vorläufige Abschlußstatus wird im Ergebnis der durchgeführten Kontrollen der Staatlichen Finanzrevision und der Rechenschaftslegungen der Betriebe per 28.02.1990 präzisiert, insbesondere hinsichtlich der Regulierung der Verbindlichkeiten und Forderungen gegenüber dem Staatshaushalt.

Betriebe, für deren weitere Tätigkeit keine Grundlagen bzw. Voraussetzungen mehr bestanden, stellten ihre Tätigkeit ein bzw. befinden sich in Liquidation.
Die DELTA GmbH und die ehemalige Investbauleitung Hönow wurden in den Verantwortungsbereich des Ministers für Bauwesen und Wohnungswirtschaft übergeben.
Aus dem Bereich Kommerzielle Koordinierung selbst sind bereits über 30 % der Mitarbeiter in andere Bereiche der Außenwirtschaft bzw. Volkswirtschaft übergeleitet. Nach Abschluß der Liquidierung des Bereiches werden die gegenwärtig noch benötigten Mitarbeiter ebenfalls entsprechend den geltenden gesetzlichen Bestimmungen übergeleitet.

Für die Betriebe Intrac, forum, BIEG, IHZ und die Staatliche Vertreterorganisation wurden die Konzeptionen für das zukünftige Leistungsprofil zur Erwirtschaftung von Devisen für den Staat bestätigt. Sie haben die Aufgabe, im Jahre 1990 einen Ertrag von rd. 1 Mrd Valutamark zu erwirtschaften.

Wesentliches Element für die Entwicklung der Leistungsfähigkeit vorgenannter Betriebe ist die Bildung eines Unternehmensverbandes, um im künftigen ökonomischen Wettbewerb auf den Binnen- und Außenmärkten bestehen zu können.
Es ist deshalb erforderlich, vor der endgültigen Liquidierung des Bereiches Kommerzielle Koordinierung einen solchen Unternehmensverband als

> **Berliner Handels und Finanzierungsgesellschaft mbH**

zu gründen.

Die besondere Verantwortung dieser Gesellschaft liegt in der Planung und strategischen Umsetzung der Entwicklung des gesamten Unternehmensverbandes entsprechend den gegenwärtigen und künftigen Anforderungen der Märkte.

in der Gewährleistung der dazu notwendigen Liquidität,
der weiteren Erhöhung der Liquidität des Unternehmens
sowie der Sicherung der vorgesehenen Abführungen an den
Staat für 1990 und entsprechender Erträge für die Folge-
jahre.
Ein grundsätzliche Konzeption für die zu gründende Gesellschaft ist als Anlage beigefügt.

Ausgehend davon, daß der Umsatz des Unternehmensverbandes
5 bis 6 Mrd VM pro Jahr betragen wird, ist zur Erfüllung
der zukünftigen Aufgaben eine Ausstattung mit Eigenkapital einschließlich der notwendigen Umlaufmittel erforderlich.
Deshalb wird vorgeschlagen, bei Sicherung der für 1990
gemäß Status vom 31.12.1989 an den Staatshaushalt abzu-
führenden und in die Zahlungsbilanz bereits eingerechneten
Valutamittel aus den bei Auflösung des ehemaligen Bereiches
Kommerzielle Koordinierung per 28.02.1990 noch verfügbaren
Valutamittel einen Teil in Höhe von 300 Mio VM als Eigenkapital einschließlich Umlaufmittel für die zu gründende
Gesellschaft zu bestätigen.
Weiterhin sollten 10 Mio Mark zur marktseitigen Eigen-
finanzierung des Unternehmens verbleiben.
Die kapitalmäßige Verflechtung zwischen der Dachgesellschaft und den einzelnen Unternehmen ist ebenfalls aus
der Anlage ersichtlich und bildet die ökonomische Grundlage für die Wahrnehmung der Konzernleitungsfunktion.

Wir sind der Auffassung, daß mit der Bildung der Berliner
Handels- und Finanzierungsgesellschaft mbH gute Voraussetzungen geschaffen werden, die Potenzen der einzelnen
Unternehmen maximal für die Volkswirtschaft wirksam zu
machen.

Wir bitten um Ihr Einverständnis zu den unterbreiteten
Vorschlägen.

Hochachtungsvoll

Dr. Beil   Dr. Siegert

Anlage

Konzeption zur Bildung der Berliner Handels- und
Finanzierungsgesellschaft mbH (BHF)

1. Das Unternehmen wird als Gesellschaft mit beschränkter Haftung gegründet und in das Handelsregister eingetragen.
   Das Stammkapital der Gesellschaft beträgt

   300 Mio VM.

   Gesellschafter sind:

   - das Ministerium für Außenwirtschaft als Treuhänder des Anteiles des Staates

   - die Deutsche Handelsbank AG

   - die Außenhandelsbetriebe
     . Intrac Handelsgesellschaft mbH
     . forum Handelsgesellschaft mbH
     . Berliner Import-Export GmbH
     . Berliner Makler- und Handelsvertretergesellschaft mbH
     . Internationales Handelszentrum.

   Die Höhe der Beteiligung an der BHF ist kurzfristig
   entsprechend den strategischen Anforderungen und im
   Ergebnis endgültiger Aussprachen mit den vorstehenden
   Institutionen bzw. Unternehmen festzulegen.

2. Die BHF beteiligt sich an den Unternehmen

Intrac	mit	31 %	102 Mio VM
forum	mit	40 %	20 Mio VM
BIEG	mit	30 %	6 Mio VM
IHZ	mit	51 %	2,55 Mio VM
BMH	mit	50 %	0,5 Mio VM
			130,05 Mio VM

Damit ist gewährleistet, daß die BHF als einzelner Gesellschafter in den Unternehmen jeweils die mehrheitlichen Anteile auf sich vereinigt und somit den erforderlichen kommerziellen Einfluß auf die einzelnen Gesellschaften ausüben kann.

3. Die verbleibenden rd. 169 Mio VM werden zur liquiditätsseitigen Absicherung des Umsatzes des Gesamtunternehmens in Höhe von ca. 5 bis 6 Mrd VM pro Jahr sowie zur Erzielung von Gewinn aus Handelstransaktionen und Finanzierungsgeschäften durch die BHF selbst eingesetzt.
Im Ergebnis der zukünftigen unternehmerischen Tätigkeit ist die Hereinnahme fremden Kapitals vorgesehen.

4. Hauptinhalt der unternehmerischen Tätigkeit der Handels- und Finanzierungsgesellschaft ist

   - Einschaltung in Handelsoperationen internationaler Kooperationsbeziehungen zu ausländischen Investoren

   - Entwicklung neuer Geschäftstätigkeit zur Abrundung des Unternehmensprofils;

   - Unterstützung und finanzielle Absicherung von Handels- und Finanztransaktionen der Unternehmen

     . Intrac Handelsgesellschaft mbH
     . forum Handelsgesellschaft mbH
     . Berliner Import-Export GmbH;

   - Finanzierung und Zwischenfinanzierung internationaler Handelstransaktionen;

   - Finanzierung und Zwischenfinanzierung von Rationalisierungsvorhaben und Investitionen der Industrie;

   - Erwirtschaftung von Gewinnen aus Kapitalbeteiligungen an in- und ausländischen Unternehmen;

   - Kontrolle und Gewährleistung der Wiedererwirtschaftung der Kredittilgung und Gewinnsicherung

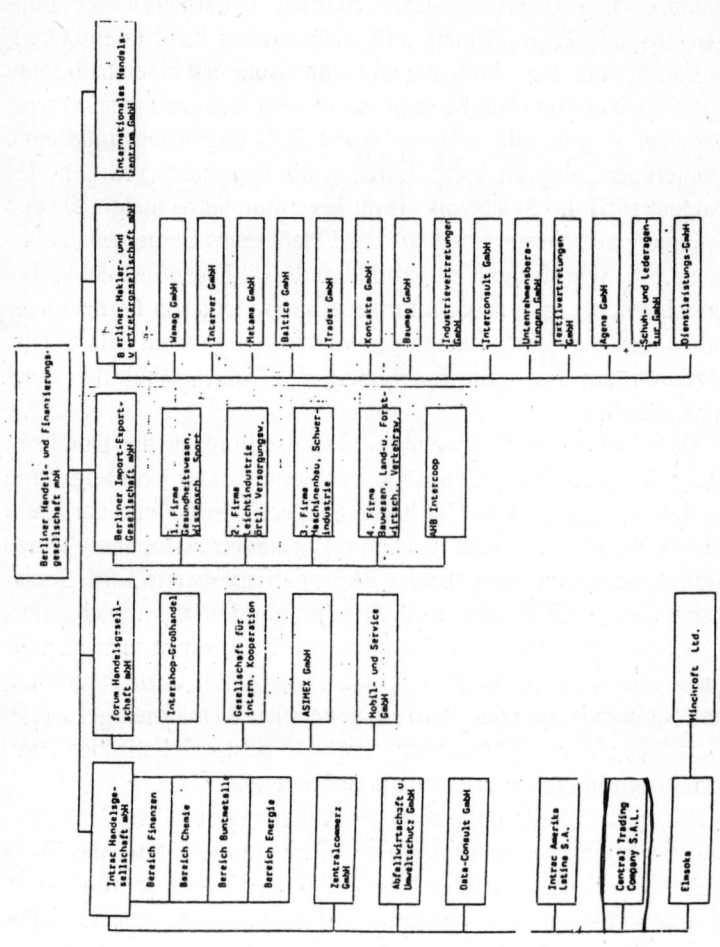

Das Organisationsmuster deckte die gesamte Volkswirtschaft der Noch-DDR ab: Maschinenbau, Leichtindustrie, Landwirtschaft, südamerikanische Verbindungen wie die Intrac America Latina S.A. (wo Insider unter anderem Rauschgift-Geschäfte vermuten), diverse Handelsgesellschaften, Unternehmensberatungen, Im- und Exportfirmen, und vieles andere mehr (siehe Organigramm Seite 52). Wolfgang Ullmann erfuhr erst eineinhalb Jahre später, daß er von Hans Modrow an diesem Tage voll geleimt worden war – wie alle anderen Nicht-PDS-Regierungsmitglieder. Denjenigen, empörte sich Ullmann, die spätestens seit dem 13. August 1961 das Staatsvolk als ihr Eigentum betrachteten, die den Weggang aus diesem Land wie die Flucht eines Leibeigenen als – auch mit Scharfschuß zu verhinderndes – Eigentumsdelikt betrachteten, sei es konsequenterweise auch nicht von Ferne eingefallen, daß die Gleichsetzung des Volkseigentums mit dem Staatseigentum auf eine kalte Enteignung des Volkes durch den Staat hinausläuft.

Doch seit dem 9. November 1989 »schmolzen die Durchsetzungsfähigkeiten wie Schnee in der Sonne«. Das Volkseigentum schien wie herrenloses Gut herumzuliegen, verlockend vor allem für die Wendehälse unter den Übergangskadern. Ullmann: »Hinzu kamen die neuen Versuche der Wirtschaftsministerin Luft, Sozialismus und freie Marktwirtschaft zu kombinieren, was sich natürlich besonders gut in die Tat umsetzen ließ, indem sich Kombinats- oder Betriebsdirektoren, sogar gesetzlich dazu autorisiert, auf einmal als mit allen Wassern gewaschene Unternehmer zu gerieren begannen – Marktwirtschaft als postsozialistisches Freibeutertum interpretierend und praktizierend.«

Da zu dem Zeitpunkt schon die Auflösung der alten SED-Zentralverwaltung feststand, forderte »Demokratie Jetzt«, die Treuhandverwaltung unbedingt dezentral auf der Ebene der fünf neuen Bundesländer als den eigentlichen Rechtsnachfolgern der DDR zu installieren. Doch die Zentralisten setzten sich durch: Am 8. März 1990 wurde im Gesetzblatt der Deutschen Demokratischen Republik der »Beschluß zur Gründung der Anstalt zur treuhänderischen Verwaltung des Volksvermögens (Treuhandanstalt)« veröffentlicht, dazu die »Verordnung zur Umwandlung von volkseigenen Kombinaten, Betrieben und Einrichtungen in Kapitalgesellschaften«. Die volkseigenen Betriebe sollten damit in Aktiengesellschaften transformiert werden. Bei der angestrebten Privatisierungsstrategie orientierte man sich an ausgereiften Marktwirtschaften wie Großbritannien oder Frankreich. Eingeklemmt zwischen den Aufgaben öffentlich-rechtlicher Verwaltung und unternehmerischem Management, wurde die Treuhandanstalt zu einem Supersonderministerium und trotzdem später nur eine angegliederte Nebenstelle des Bonner Finanzministeriums.

Der Entwurf Krauses hatte die Eigentumsfrage bewußt offengehalten, obwohl sie doch der zentrale Grund für die Berechtigung einer Treuhandanstalt gewesen war. Deshalb versuchten die Bürgervertreter, mit ihrem Konzept folgende Hauptprobleme zu lösen:

- Das Volkseigentum umfasse als Rechtstitel alle möglichen Eigentumsformen, nämlich Staatseigentum, kommunales Eigentum, Landeseigentum, genossenschaftliches Eigentum und enteignetes, mit Reprivatisierungsansprüchen versehenes Privateigentum. Die Verteilungsaufgabe bestehe darin, den Kuchen so aufzuteilen, daß die Eigentumsverhältnisse im »Beitrittsgebiet« denen der alten Bundesländer entsprächen.
- Nach groben Berechnungen sei etwa ein Viertel des damals auf 600 Milliarden DM geschätzten Volksvermögens (nach anderthalb Jahren wird der Wert noch auf rund 300 Milliarden geschätzt) in Staats-, Landes- und Kommunaleigentum zu überführen. Dazu brauche man vor der Wirtschafts- und Währungsunion entsprechende Kommunal- und Landesvermögensgesetze.
- Weitere zehn Prozent seien dafür zu nutzen, die Ersparnisse der DDR-Bürger in Sachwerten abzugelten. Denn das Hauptproblem der Währungsunion für den kleinen Mann und die kleine Frau war: Wie sind die Sparguthaben – etwa 160 Milliarden DDR-Mark – wertanteilig in das vereinte Deutschland zu retten?
- Ein weiteres Viertel des DDR-Vermögens solle verwendet werden, um offene Vermögensansprüche zu klären. Die Diskussion »Rückgabe vor Entschädigung« war damals kein Thema, denn am Runden Tisch stand außer Zweifel: Bestehendes oder vordem geltendes Recht sollte nicht aufgehoben werden, um die bekannt fatalen Folgen für den Vereinigungsprozeß zu vermeiden. Auch sah man vor der geklärten Rechtsnachfolge umgehend die Frage auftauchen, bis zu welchem Datum man rückwirkend die Gesetze aufheben sollte oder müßte. Bis zum Dritten

Reich zurück, bis zum Ersten Weltkrieg, bis ins alte Preußen oder bis zur Schlacht im Teutoburger Wald? Also hielt man sich an die Devise: Auch wenn Gesetze und Vorschriften offenkundig ungerecht waren, dürfen sie nicht durch neues Unrecht beseitigt werden. Neues Unrecht heilt altes nicht.

Weiter sahen die Bürgerbewegungen in ihrem Entwurf vor, einen Teil des Volksvermögens für Stiftungen zu verwenden, um hervorragende Initiativen auf dem Gebiet von Kultur, Wissenschaft, Arbeit und Soziales sowie Umweltschutzinitiativen zu fördern und das kreative Potential anzuregen.

Schließlich sollte ein Viertel des Volksvermögens in Form von Anteilscheinen als Sachanspruch jedes DDR-Bürgers ausgegeben werden. Die Idee dahinter war sehr einfach: Die Urkunde sollte in Zahlung gegeben werden können, wenn Leute ihre früher volkseigene Wohnung als Eigentumswohnung erwerben wollten – der Mietwucher hätte einen gewaltigen Dämpfer bekommen. Wenn jemand ein Gewerbe eröffnen wollte, hätte er oder sie per Anteilsschein Geschäfts- und Betriebsräume in unrentabel gewordenen VEBs erwerben können. Die Gründung von GmbHs oder Genossenschaften hätte mit den Volksaktien ebenso vorgenommen werden können. Die Anteilscheine hätten als Stammkapital einer Kapitalgesellschaft und damit als Bankensicherheit dienen können. Über Joint Ventures – also gemischte Kooperationen mit West-Know-how und Ost-Anteilscheinen – hätten Betriebe in Kapitalgesellschaften umgewandelt werden können, deren Aktien per Anteilsurkunde auf die Bürger übergegangen wäre. Diese Volksaktien sollten für eine gewisse Anzahl von Jahren nicht in Bares umzutauschen sein.

Das größte Problem bestand nun in der Gesamtbewertung des Volksvermögens. Der Wert des Sachkapitals konnte sich jedoch erst an einem Markt durch die Preisbildung ergeben, die noch nicht existierte. Was tun? Man verfiel auf den Vorschlag, die endgültige Höhe der Anteilscheine nicht exakt festzulegen, sondern eben auf ein Viertel des Gesamtvermögens festzulegen. Nur mit einem sofort abrufbaren Mindestbetrag versehen, sollten die Scheine bis zur Bildung des tatsächlichen Wertes am Markt offen sein. Aber 25 000 Mark wären pro Kopf mindestens zu verteilen gewesen. Die eingeschalteten Gutachter errechneten bis zu 100 000 Mark pro Kopf.

Zu klären war ebenso, inwieweit die Rechtsansprüche zwangsweise Enteigneter oder 1972 übernommener Betriebe finanziell abgegolten werden sollten.

Doch alle differenzierte Erörterung wurde durch den grandiosen Trick der Umwandlung ehemals sozialistischer Betriebe in Kapitalgesellschaften vom (Runden) Tisch gewischt. Denn für Modrow und Genossen war klar: Ein guter Marxist-Leninist wird auch ein guter Kapitalist. Die alte Konzentration der wirtschaftlichen Lenkungskräfte wurde in ein neues, mächtiges Gebilde überführt, das eine Reihe ehemaliger Einzelministerien zur weltweit größten Holding-Gesellschaft zusammenballte und das am 1. März 1990 gesetzgeberisch abgesichert wurde: Die Treuhandanstalt.

Der bessere Weg wäre mit Sicherheit gewesen, vor der Bildung der Kapitalgesellschaften die Betriebe über eine Unternehmensbörse auszuschreiben, wie es das Bürgermodell vorsah. Nicht der Wert für die alten, verrotteten DDR-Betriebe hätte den Sach- und Anlagekapitalwert bestimmen dürfen, sondern der Gewinnerwartungswert und der Opportunitätswert in einer sich erholenden östlichen Marktwirtschaft. Doch diese Chance wurde frühzeitig vertan. Die alten Führungskräfte, die durch das Modrow-Treuhandgesetz in Amt und Würden blieben, hielten außerdem viele Investoren von einem umgehenden Einstieg ab. Man wartete auf bessere, auf billigere Zeiten.

Nach der Volkskammerwahl am 18. März 1990 wurde nach heftigen inneren Kämpfen in der SPD eine große Koalition gebildet. Die Koalitionsverhandlungen nahmen das Anteilsmodell zur Überführung des Volkseigentums in andere Eigentumsformen auf und schrieben es in der Koalitionsvereinbarung fest. Innerhalb der SPD gab es zwar eine starke Gruppierung, die diesen Bestandteil der Regierungsabsichten in die Tat umgesetzt wissen wollte, aber die SPD-Führung sowohl im Osten als auch im Westen verstand in ihrer traditionellen Staatsfixiertheit lange Zeit das Problem nicht. Das zentrale Argument der Spitzengenossen lautete, man könne »doch nichts verschenken«. Im Rückblick mutet es nachgerade lächerlich an, wenn man die heutigen Milliarden-Summen Revue passieren läßt, die von der Bonner Gießkanne versprizt werden und versickern. Allein in die Sowjetunion flossen angeblich rund 18 Milliarden Mark von August bis Oktober 1990 auf grauen Kanälen in schwarze Märkte, wo Exportlieferungen nur auf dem Papier aufrecht erhalten wurden. Riesige Spielräume für Schieber und Spekulanten taten sich auf.

Das gesamte wirtschaftliche Innovationspotential eines solchen Anteilschein-Systems wurde verschenkt. Allen westlichen Parteien – den großen wie den kleinen, inklusive der Grünen – war gemein, daß sie den Ostvorschlag der Vermögensbeteiligung in Bürgerhand mit hochnäsiger Arroganz abtaten. Nicht im geringsten zeigte man Bereitschaft, die DDR-Bürger, die ihre Situation genau kannten, anzuhören – geschweige denn, entscheiden oder zumindest mitentscheiden zu lassen. Lothar de Maizière und Günter Krause wollten bei der Abgabe des Volkseigentums in Bonn später auch keine Umstände mehr machen.

Da die Konstruktionsprobleme der Treuhandanstalt von den Bürgergruppen am Runden Tisch schon vorab diskutiert und erkannt worden waren, hatte »Demokratie Jetzt« bereits im Februar 1990 Kontakt zum »Lutherischen Weltbund« in Genf aufgenommen, der gerade als »moralische Instanz« die ersten freien Wahlen in Namibia und Nicaragua überwacht hatte. Er sollte nun die Übertragung des Volkseigentums und den Aufbau der Treuhand überwachen. Alle Vorwürfe und Anklagen gegen alte und neue Seilschaften, gegen Korruption und Stasi-Mitgliedschaften, gegen unredliche Bereicherungen und Spekulanten hätten so von Anfang an bei einer unparteiischen und anerkannten Schiedsstelle abgegeben und überprüft werden können. Bei der späteren Treuhandanstalt erkannte man die Problematik erst im Herbst 1990 und richtete die sogenannten »Vertrauensbevollmächtigten« ein, die sich mit äußerst unzulänglichen Mitteln an der Erhellung des Beschuldigungsdickichts versuchten – mit spärlichem Erfolg. Wie notwendig die Überwachung durch den Lutherischen Weltbund oder andere international anerkannte und integre Institutionen gewesen wäre, offenbarte der Bericht des Chefs des Wirtschaftsdezernats der Berliner Kriminalpolizei, der allein im Bereich der Berliner Treuhand Veruntreuungen und Bestechungen im Wert von 500 Millionen Mark ausmachte (Stand: April 1991).

Bis zur Volkskammerwahl hatte sich ein »Verband der Volksaktionäre der DDR« gebildet, um darauf zu drängen, daß die in der Koalitionsvereinbarung festgeschriebene Zusage zur Verteilung des Volksvermögens durchgesetzt würde. Auch Wirtschaftssenator Elmar Pieroth, von de Maizière als Wirtschaftsminister der Noch-DDR ins Gespräch gebracht, erklärte munter im Fernsehen, sich für die Vergabe von Anteilscheinen einzusetzen.

Es entbehrt nicht einer gewissen Ironie, daß Ulf Fink, Hans Katzer und Norbert Blüm vom Arbeitnehmerflügel der CDU im Sommer 1991 den Vorschlag machten, die Ostlöhne nicht nur am Konsumlohn zu orientieren, sondern die Lohnzuwächse als »Investivlohn« in den jeweiligen Betrieben zu lassen. Denn mittlerweile waren die Kapitalmärkte so strapaziert, daß man dringend nach neuen Finanzierungsquellen Ausschau halten mußte.

Blüm entdeckte, daß man mit breit angelegter Vermögensbildung in Arbeitnehmerhand die Motivation im Osten entscheidend verbessern würde. Falls die durch die Wirtschafts- und Währungsunion entstandene Situation sich nicht ändere, so habe, wie Dr. Blüm formuliert, »der Westen das Eigentum, dem Osten bliebe nur die Arbeit«. Schade für die Bürger der fünf neuen Länder, daß dem Arbeits- und Sozialminister dieses Licht (»eine uralte Forderung der Gerechtigkeit«) nicht schon 1990 zur Zeit der Staatsvertrags-Debatte aufgegangen war. Auch andere Einsichten des ehemaligen Werkzeugmachers wären ein Jahr früher am richtigen Platz gewesen: »Warum sollten Arbeitnehmer nicht an ihrem Betrieb mitbeteiligt werden, den sie mit ihrer Arbeit erhalten? Und warum soll denn das, was übrigbleibt, wenn die einen ihre Dividende und die andern ihre Löhne erhalten haben, nur einer Seite zugute kommen?« Die Zeitzeugen des Treuhandskandals sitzen auf der Regierungsbank. Wider bessere Überzeugung schwiegen sie, als die DDR geschlachtet wurde.

Die Eigentumsfragen gehören zum schwierigsten Erbe des SED-Staates und werden viele Gerichte auf Jahre, vielleicht sogar Jahrzehnte beschäftigen. Jeder DDR-Bürger kann ein halbes Dutzend Geschichten dazu erzählen. Und Justizminister Kinkel berichtet über mehr als 50000 »rechtswidrige Strafverfahren« mit anschließender Beschlagnahme von Ackerland, Häusern oder anderen Vermögenswerten, auf die dann SED-Bonzen ihre Hand legten. Besonders hart traf es die Bauern, die mit massiven und systmatischen Schikanen daran gehindert wurden, ihr Plansoll zu erfüllen. Am Ende standen dann nicht selten Gefängnis und Enteignung.

Devote Staatsdiener schwärzten vielfach nach den Enteignungen die Namen von früheren Eigentümern, so daß heute eine unübersichtliche und schwer zu entwirrende Grundbuchsituation die Regel ist.

Oft waren die Reichtümer der Bonzen Ergebnis von Erpressungen. Ausreiseanträge wurden erst dann genehmigt, wenn der Antragsteller sein Häuschen zu einem Schleuderpreis an einen Mann der staatstragenden Parteien verkaufte. Schlimm genug, daß die Regelungen der Rückgabeansprüche unklar waren, darüber hinaus mauerten in den Grundbuchämtern, Stadtverwaltungen und im Justizapparat die alten Genossen, wo sie konnten, um das »sozialistische« Eigentum vor privaten Händen zu schützen. In der Treuhand zur Zeit der Modrow-Regierung war diese Praxis noch gang und gäbe und verzögerte den ökonomischen Neubeginn. Von den 8 000 Betrieben der Treuhand wurden in den ersten drei Monaten von März bis Juni 1990 ganze 170 Firmen in AGs oder GmbHs umgewandelt. Hinsichtlich der 12 000 von der DDR-Regierung 1972 enteigneten Privatbetriebe waren in den ersten drei Monaten nach der Volkskammerwahl von 7000 Reprivatisierungsanträgen lächerliche 183 Antragsteller bearbeitet – die anderen fielen der Obstruktion und Korruption der Bürokraten anheim.

Während der Phase des rechtlosen Zustandes von März bis Oktober 1990 wurden Milliardenwerte unter der Hand verscherbelt. Als warmer Regen für viele Altgenossen erwies sich ein Gesetz, das die Volkskammer in ihrer letzten Sitzung vor der freien Wahl am 18. März durchdrückte: Am 7. März 1990 wurde beschlossen, daß »volkseigene« Grundstücke und Gebäude mit Vorkaufsrecht an die bisherigen Nutzer angeboten werden durften. Das führte dazu, daß eine Vielzahl von Liegenschaften, die schönsten Häuser und größten Villen, zu Spottpreisen den Besitzer wechselten. Mit dem Segen der Modrow-Treuhandanstalt wurde das Volksvermögen zugunsten von Partei- und Stasi-Bonzen veruntreut. Ob in Dresden oder Chemnitz, in Magdeburg oder Berlin(Ost), in Schwerin oder Cottbus, die alten Genossen konnten sich die Rosinen aus dem volkseigenen Kuchen herauspicken.

Eine tragende Rolle spielte hier die uns bereits bekannte Berliner Handels- und Finanzierungsgesellschaft (BHF) mit ihrem von Modrow eingesetzten Geschäftsführer Karl-Heinz Gerstenberger. Sie war offiziell zwar der Treuhand unterstellt, wirtschaftete aber nach der Wende in verschiedene schwarze Kassen. In enger Zusammenarbeit mit dem einzigen Vorstandsmitglied Wolfram Krause, das alle politischen Veränderungen in der Treuhand überstand und deren Konstruktion er eigenhändig unter Modrow gezimmert hatte, sollte die BHF 50 erstklassige Immobilien erwerben. Durch einen »Vertrag über Rechtsträgerwechsel« sollten Grundstücke, Bürogebäude, Wochenendhäuser, Mehrfamilienhäuser an verdiente Kämpfer aus Schalcks KoKo verhökert werden. Ob an den stellvertretenden Generaldirektor der KoKo-Firma »forum« in Weißensee (Flur 09, Flurstück 8064/291) oder an den Direktor des KoKo-Handelsunternehmens »Intrac« in Berlin-Marzahn (Flur 00902, Flurstück 3402/118) oder an viele andere – Treuhand-Krause sollte dafür sorgen, daß die Selbstbedienung schnell über die Bühne ging. Also schrieb er zwei Brandbriefe an das Vermessungs- und Liegenschaftsamt (Siehe Dok. S. 62) in Berlin-Lichtenberg, um den Genossen hilfreich zur Seite zu stehen, doch im letzten Moment flog der Deal auf. Wolfram Krause und seiner Tätigkeit als Finanzvorstand unter Rohwedder tat dies keinen Abbruch.

Daß es sich hier um keine Ausnahme handelte, bestätigte sich auch in anderen Städten der DDR. Der Wirtschaftsdezernent der Stadt Leipzig, Jacke, erlebte den rechtlosen Zustand als Wirtschaftsberater der ersten Stunde hautnah mit. »Recht«, erinnerte er sich , »war das, was man gemacht hat.« Nach der Volkskammerwahl galt das DDR-Recht nicht mehr, das bundesdeutsche Recht noch nicht. Überall wurde geklaut, geschoben und versilbert, was das Zeug hielt. Nach seiner Meinung müßte man alle Verträge aus dieser Zeit »aus dem Verkehr ziehen« – wegen Sittenwidrigkeit. Kinkel habe zwar einmal Ähnliches verlauten lassen, aber daraus würde wohl nichts, weil es die »Bonner Elfenbeinturm-Juristen aus dem Justizministerium abends um halb fünf in ihre Jugendstilwohnung nach Poppelsdorf« zieht. Er habe Dutzende von Verträgen gesehen, »wo für'n Oberhemd und zwei Krawatten alles ging«: etwa Mietverträge für die nächsten 30 Jahre für eine Mark Miete pro Quadratmeter im Gewerbegebiet.

Aber auch die Kommunen hatten unter der alten und der neuen Treuhandanstalt in Eigentumsfragen erheblich zu leiden. Der oft unmögliche lückenlose Nachweis des kommunalen Vermögens wurde von den Treuhändern dazu genutzt, schnell anderweitig zu verkaufen. Obwohl Jacke versuchte, für die Stadt Leipzig so viel wie möglich zu retten (mindestens ein Drittel der umgebenden Flächen könnten der Stadt gehören), scheiterte das Vorhaben am Immobilienhunger der Treuhand und am Personal. Seine ganze Mannschaft, meinte der Wirtschaftsdezernent, sei schon vom Wühlen in den alten Grundbuchfolianten im Keller des Neuen Leipziger Rathauses krank geworden – weitere Fachleute stünden nicht zur Verfügung.

Bei den Besitztümern der Länder ist es ähnlich problematisch: »Aus Angst«, so ein Mitglied des sächsischen Treuhand-Kabinetts – ein Gremium aus Landesregierung, Landtag, Treuhand und Wirtschaftskammern –, würden die Länder sich mit ihren Eigentumsforderungen bei der Treuhandzentrale zurückhalten. Sie liefen sonst Gefahr, bei der Sanierung von Wirtschaftsbetrieben und deren finanzieller Unterstützuung durch die Treuhand schlecht behandelt zu werden. Andererseits war bei der Treuhandanstalt auch noch ein Jahr nach der Wirtschaftsunion niemand für die Liegenschaften der Kommunen so richtig zuständig. Aufgehoben bei der Abteilung Landwirtschaft lag das Sondervermögen herum, ohne von den Städten für Industrie und Gewerbe genutzt werden zu können.

Treuhandanstalt
- Mitglied des Vorstandes -

Magistrat von Berlin
Leiter der Abteilung
Finanzverwaltung
Klosterstraße 59
Berlin
1 0 2 0

Berlin, den 27.08.1990

Sehr geehrter Herr Abteilungsleiter !

Durch die Treuhandanstalt und treuhänderisch im Auftrage der Anstalt durch die Deutsche Handelsbank AG wurde die Berliner Handels- und Finanzierungsgesellschaft mbH gegründet.
Der Berliner Handels- und Finanzierungsgesellschaft mbH wurden am 9. April 1990 durch den damaligen Minister für Außenwirtschaft Immobilien übertragen, für die die Eintragung des Rechtsträgerwechsels bereits vor längerer Zeit beim Magistrat von Berlin beantragt wurde (Anlage).
Bisher wurde weder die Berliner Handels- und Finanzierungsgesellschaft mbH noch die Treuhandanstalt darüber informiert, ob die Eintragung des Rechtsträgerwechsels zwischenzeitlich erfolgt ist.

Entsprechend § 11 in Verbindung mit § 23 des Treuhandgesetzes vom 17. Juni 1990 bewirkt die Umwandlung der Wirtschaftseinheiten in Kapitalgesellschaften gleichzeitig den Übergang des Vermögens aus der Fondinhaberschaft der bisherigen Wirtschaftseinheit sowie des in Rechtsträgerschaft befindlichen Grund und Bodens in das Eigentums der Kapitalgesellschaft.

Demgemäß ist nunmehr auch das Eigentumsrecht der Berliner Handels- und Finanzierungsgesellschaft mbH an den ihr übertragenen Immobilien im Grundbuch einzutragen.

Die Privatisierung und Reorganisation des volkseigenen Vermögens ist entsprechend den Beschlüssen der Volkskammer und des Ministerrates wesentlich zu beschleunigen. Damit verbunden ist das Erfordernis, die gesetzlichen Eigentumsrechte der umgewandelten Kapitalgesellschaften schnellstmöglich zu klären und zu sichern.

Ich bitte Sie daher, die Eintragung des Eigentumsrechts der Berliner Handels- und Finanzierungsgesellschaft mbH an den ihr übertragenen Immobilien kurzfristig zu veranlassen.

Hochachtungsvoll

W. Krause

Anlage

De Maizière stellt
die Weichen – leider falsch

Wenige Tage vor der Volkskammerwahl trat der Runde Tisch am 12. März zu seiner letzten Sitzung zusammen. Eine von der SPD eingebrachte Vorlage zur Privatisierung des Volksvermögens vor der Bildung von Kapitalgesellschaften wurde angenommen, ebenso ein Vorschlag Gerd Poppes von der »Initiative Frieden und Menschenrechte«, am 17. Juni eine Volksabstimmung über eine neue DDR-Verfassung abzuhalten. Werner Fischer, ebenfalls von der »Initiative Frieden und Menschenrechte« und Mitglied im dreiköpfigen Komitee zur Auflösung des Amtes für Nationale Sicherheit berichtete, daß 96 Prozent der früheren Stasi-Mitarbeiter entlassen seien. Das Fernsehen der DDR wurde in eine öffentlich-rechtliche Anstalt umgewandelt und in »Deutscher Fernsehfunk« (DFF) umbenannt. Kurz vor der Volkskammerwahl beschloß der Ministerrat, die rund drei Milliarden Mark, die die SED-PDS dem Staatshaushalt übergeben hatte, für Pflegeheime und das Gesundheitswesen einzusetzen. Michail Gorbatschow sprach zur gleichen Zeit in Moskau noch von der Unzulässigkeit der NATO-Zugehörigkeit des neuen, vereinigten Deutschlands. Der Noch-Immer-Außenminister der DDR, Oskar Fischer, nahm in Prag an einem Treffen der Außenminister des Warschauer Paktes teil. Diese kamen überein, die deutsche Einheit als Sache des deutschen Volkes zu erklären, sie müsse aber in den europäischen Einigungsprozeß eingebunden werden. Ungarn, Polen und die Tschechoslowakei hielten die NATO-Mitgliedschaft Deutschlands für tolerierbar, die Sowjetunion beharrte auf der Neutralität.

Am Abend des 16. März gab BND-Chef Hans-Georg Wieck den wochenlang vernommenen Schalck-Golodkowski ein Abschiedsessen und spendierte ihm eine Italienreise, nachdem Schalck auf die üblichen Aussagegelder für Überläufer (Stundensatz: 300 DM) großzügig verzichtet hatte. Bei der Volkskammerwahl am 18. März 1990, zu der 24 Parteien antraten, bekam die

»Allianz für Deutschland« aus Block-CDU, dem CSU-Ableger DSU und dem »Demokratischen Aufbruch« 47,79 Prozent (CDU: 40,59%; DSU: 6,27%; DA: 0,93%). Die SPD, die nach Umfragen der große Wahlsieger sein sollte, kam auf 21,76 Prozent, die PDS auf 16,32 Prozent. Der »Bund Freier Demokraten, Die Liberalen« wird von 5,28 Prozent gewählt, das Bündnis 90 aus »Neuem Forum«, »Demokratie Jetzt« und der »Initiative Frieden und Menschenrechte« kommt auf 2,9 Prozent. Die »Demokratische Bauernpartei Deutschlands« erhält 2,17 Prozent, die »Grüne Partei« und der Unabhängige Frauenverband zusammen 1,96 Prozent, die NPDP 0,38 Prozent und das »Aktionsbündnis Vereinigte Linke, Die Nelken« erringen stolze 0,18 Prozent.

In seiner Regierungserklärung legte der neue CDU-Ministerpräsident Lothar de Maizière am 10. April 1990 den Zeitplan für die Grundlagen der Wirtschafts-, Währungs- und Sozialunion vor – nach entsprechenden Konsultationen mit dem reichen Bruder in Bonn. Der grundlegende Kurs bei der Währungsunion müsse 1:1 sein, forderte der neugewählte Ministerpräsident, außerdem solle die Sicherung der Eigentumsrechte aus der Bodenreform garantiert sein und aus »Eigentumsübertragungen, die nach Treu und Glauben rechtens waren und daher auch rechtens bleiben müssen.«[1] Beifall von allen Seiten. Für die Landwirtschaft der DDR forderte de Maizière »Schutzmaßnahmen jedweder Art für eine mehrjährige Übergangsperiode«. Bürger, Parlament und Regierung sollten »selbstbestimmt und aktiv« der neuen Situation begegnen – doch er hatte die Rechnung ohne die Bonner Koalition gemacht.

In der Aussprache zu de Maizières Regierungserklärung wagte es Dr. Maleuda von der Bauernpartei, nachdem er lange Zeit dazu geschwiegen hatte, die verabschiedeten Gesetze der Regierung Modrow zu kritisieren. Sie hätte die Zeit vor allem dazu genutzt, »Gesetze zu verabschieden, die den ehemaligen Funktionären weitere Privilegien einräumen sollten« – was auch gelang. Zum Beweis führte Maleuda einen streng geheimen Ministerratsbeschluß vom 18. Dezember 1989 über den Verkauf von staats- und parteieigenen Liegenschaften an, der auf einer Verschlußsache des Mielke-

---

1. 3. Tagung der Volkskammer am 19.4.90, Protokoll S.43

Ministeriums mit der Geheimen Verschlußsache-Nummer 0008-21/86 basierte und der nach Realisierung umgehend vernichtet werden sollte. Außerdem wies er darauf hin, daß Saubermann Modrow jahrelang als SED-Bezirksleiter in Dresden der Stasi die Vorgaben gemacht habe.

Jens Reich vom Bündnis 90/Grüne forderte in der gleichen Debatte, daß die deformiert ins Werk gesetzte Treuhandanstalt nicht von der Regierung, sondern vom Parlament kontrolliert werden müsse, denn es handle sich schließlich um »das Eigentum des Volkes«. Grund und Boden in den Kommunen, soweit er aus dem Volkseigentum stamme, so Reich, dürfe »nicht verkäuflich sein, nur verpachtbar«. Die Regierung solle sich an den Vorbildern wie der englischen Krone orientieren oder an der Stadt Wolfsburg, wo Grund und Boden nicht verkauft, sondern höchstens gepachtet werden dürfe.

Die Inlandsschulden sollten, so das Bündnis 90/Grüne, bei privatisiertem und kooperativem Vermögen gestrichen werden, wie es in den Koalitionsvereinbarungen von CDU, SPD und Liberalen vorgesehen war. Das Umbewerten der Altschulden zu einem Kurs von 2:1, wie es die Konstrukteure der Wirtschaftsunion vorsahen, würde, so Jens Reich damals in weiser Voraussicht, die alten Betriebe wie ein Keulenschlag treffen. Denn ihre Schulden waren durch die Zwangskredite bei jeglicher Investition aufgehäuft worden und würden nun nach der Währungsunion zu kaum mehr zu bedienenden Verbindlichkeiten, die die Deutsche Bank übernehme und daran erst einmal gewaltig verdiene. Diese Übernahme würde am Ende eine große Zahl von Betrieben in die Pleite treiben.

Der Wirtschaftsminister Pohl – er hatte den von de Maizière vorgesehenen Wirtschaftsminister Elmar Pieroth aus unerfindlichen Gründen ersetzt – bot mit seinen Antworten auf die kritischen Fragen nach Eigentum und Treuhandanstalt ein klägliches Schauspiel hilfloser Überforderung. Er mußte eingestehen, daß von 9000 Anträgen auf Rückwandlung ganze 75 Betriebe in eine GmbH umgewandelt worden und weitere 150 umwandlungsbereit seien. Pohl sprach anstelle der Blockade der alten Kader von der »Gleichgültigkeit und Unfähigkeit« in den VEBs, ohne irgendwelche Gegenmaßnahmen zu benennen. Weitere Fragen des Abgeordneten Günter Nooke vom Bündnis 90/Grüne nach der

Gesetzesgrundlage von Privatisierungen, nach der Gleichsetzung von Volks- und Staatseigentum – nach der »zentralen Frage«, blieben ohne inhaltliche Antwort. Nooke in der Volkskammer: »Wir haben doch die Souveränität, ein Staat zu sein. Das Volk ist noch da. In wessen Hände wird privatisiert?« Pohl darauf: »Wir gehen davon aus – und ich habe das auch zu Grund und Boden erklärt – daß das Vorkaufsrecht der DDR-Bürger absolut bestehen bleibt.«

Anträge von SPD und Bündnis 90/Grüne, einen Parlamentsausschuß zur Kontrolle der Treuhandanstalt einzurichten, um sämtliche Übereignungen und Bereicherungen seit dem 7. Oktober 1989 zu überprüfen, hatten aufgrund der Mehrheitsverhältnisse von vornherein wenig Chancen. Der Antrag von Bündnis 90/Grüne sah vor, vom Ministerrat ein Leitliniengesetz »zur Umwandlung des Volkseigentums in Privateigentum der Bürger der DDR und andere Eigentumsformen« erarbeiten zu lassen. Die SPD wollte den Antrag nicht unterstützen, da dieses Umwandlungsmodell »schon in den Koalitionspapieren enthalten« sei. Jedermann könne dies gerne nachschlagen, erläuterte der SPD-Abgeordnete Frank Bogisch. Die Fraktion von CDU/Demokratischer Aufbruch versuchte die Abrechnung mit den alten Betriebsleitern den Staatsanwaltschaften zuzuschieben. Die Betriebsbelegschaften, so der CDU/DA-Abgeordnete Professor Kühne, sollten Anzeige erstatten. Der Präsident der Treuhandanstalt war zu dieser Zeit der ehemalige LDPD-Minister für örtliche Staatsorgane in der Modrow-Regierung, Peter Moreth, und de Maizière direkt unterstellt. Nichts geschah.

Auch die CDU/DA-Fraktion sorgte sich um das Volksvermögen. Jede Verschleuderung sei zu verhindern. »Dieses Volksvermögen ist doch eine Deckungsmasse für die Umwandlung der Spareinlagen von Mark in D-Mark, zu welchem Umtausch- und Umwechslungssatz auch immer. Es ist auch die Grundlage für die Ausgabe von Zertifikaten, Wertpapieren und anderen kaufwirksamen Maßnahmen«, ließ sich der CDU/DA-Vertreter vernehmen. Alles, was ihm zur Treuhandanstalt einfiel, war, daß sie »paßfähig« zu den Bonner Interessen gemacht werden solle.

Für die Fraktion der Liberalen glaubte der Abgeordnete Steinecke, eine »einmalige Chance für breite Vermögensbildung« zu haben. Ebenso wie die DSU plädierten die Liberalen für einen parlamentarischen Kontrollausschuß zur Treuhand, doch Lothar de Maizière erhob Einspruch. Den Treuhandausschuß hielt der Ministerpräsident für »nicht geschäftsordnungskonform«. Alle Fragen seien schon gut in den Ausschüssen für Recht, Wirtschaft und Finanzen aufgehoben – alles andere ergäbe Probleme bei den Verhandlungen zum Staatsvertrag mit Bonns Innenminister Wolfgang Schäuble und seinen Fachbeamten. Schließlich wurden die Anträge samt und sonders an die Ausschüsse überwiesen und verschimmelten dort.

In der 6. Tagung der Volkskammer am 10. Mai 90 verhaspelte sich der Hauptunterhändler Günther Krause ständig. Er konnte nicht klarmachen, ob die Expertengruppen der Bundesrepublik und der DDR, die den Entwurf zum Staatsvertrag vorbereiteten, schon Verhandlungspartner seien oder noch nicht.

Originalton Krause: »Es sind zwischen den Regierungen noch keine Verhandlungen zum Vertragsentwurf, weil es den ja noch gar nicht gibt, realisiert worden.«
Zuruf aus dem Plenum: »Was machen Sie denn da?«
Krause: »Es werden Gespräche auf Staatssekretärebene geführt.«
(Unruhe im Saal)
»Aber ich bitte Sie, müssen wir hier Nachhilfeunterricht in Demokratie üben?«
(Unmutsäußerungen)
»Sie können sich doch ans Mikrofon stellen, denn dann kann man das, was Sie zu sagen haben, vielleicht auch im Fernsehen besser verstehen, damit man weiß, wer hier etwas Ordentliches zu sagen hat.«
(Heiterkeit und Beifall bei CDU/DA und DSU – Abgeordneter Poppe, Bündnis 90/Grüne: »Es ist unerträglich, Sie hier anzuhören!«)
Krause: »Gegenwärtig geht es in Gesprächen darum, einen konsensfähigen Vertragsentwurf zwischen zwei Regierungen auszuhandeln, der dann als Staatsvertrag von beiden Regierungen verhandelt wird. Das als Nachhilfeunterricht an dieser Stelle.«
(Zuruf: »Danke!«)
Krause: »Bitte schön. Ich habe es gern gemacht. Ich mußte es machen, damit hier einige Dinge klargestellt werden.«
(Zuruf: »Wir brauchen keinen Oberlehrer!«)

Inhaltlich bezog sich Krause auf die Verlustrechnung, die seine Zuträger aufgemacht hatten: Den 350 Milliarden Mark der DDR-Bruttoinlandsproduktion standen demnach 18,4 Milliarden Dollar aufgenommene Kredite bei westlichen Banken gegenüber, was zu diesem Zeitpunkt 125 Milliarden Ost-Mark entsprach. Mit 108 Milliarden DDR-Mark sei der Wohnungsbau zum 31. Dezember 1989 verschuldet gewesen, zusammen mit den Zinslasten und der Finanzierung der laufenden Produktion, so Krause, habe die DDR 400 Milliarden Schulden (DDR-Mark) gehabt. Hinzu kam, daß eine Vielzahl von Betrieben nichts mehr an die Staatskasse abführte – dies war nicht mehr *ihr* Staat. Krause verwies weiter darauf, daß die Verschuldung bis Ende 1991 120 Milliarden DM betragen – was die Bonner Regierung allerdings vor der Bundestagswahl nicht berücksichtigen konnte, um keine Wähler zu verschrecken. (Dafür mußte dann später der SPD(Ost)-Finanzminister Romberg seinen Hut nehmen, als er ähnliche Zahlen wiederholte: Finanzminister Waigel wollte derlei überhaupt nicht hören.)

Nach der Verlustrechnung schilderte Krause die Chancen der DDR-Volkswirtschaft: 32 Prozent – rund ein Drittel – der Betriebe seien rentabel, und würden sich ohne Fördermaßnahmen am Markt behaupten. 54 Prozent würden zwar mit Verlust arbeiten, seien aber als sanierungswürdig einzustufen, ganze 14 Prozent seien konkursgefährdet. Nach Ausschöpfen aller Möglichkeiten, hatten ihm die Bonner vorgerechnet, würden einschließlich der Verkäufe durch die Treuhand in 1990 rund 20 bis 25 Milliarden DM Verluste der Betriebe übrigbleiben, im Jahr 1991 etwa 30 bis 32 Milliarden DM. »Nach Lage der Dinge«, so Verhandlungsführer Krause, der das Volkseigentum in Gedanken schon an die Bundesregierung verkauft hatte, »ist somit der Verkauf, das heißt die Privatisierung vorhandenen Volks- bzw. Staatseigentums durch die Treuhandanstalt, Hauptquelle für die Abdeckung der Finanzierung und die Finanzierung der eingeschätzten Verluste.«

Damit wurde deutlich, daß die deutsche Einheit durch die Enteignung der DDR-Bürger finanziert werden sollte und so wurde es auch durch den dann abgeschlossenen Staatsvertrag festgeschrieben. Die Staatsschulden des ehemaligen DDR-Staates sollten auf die volkseigenen Betriebe abgewälzt werden. Daß die DDR-Seite dadurch hoffnungslos ins Hintertreffen geraten mußte, war jedem klar, der sich vergegenwärtigte, daß das Volkseigentum nicht aus (konvertierbarem) Bargeld, sondern hauptsächlich aus Sachvermögen bestand, dessen Wert sich erst in einem späteren Markt realisieren würde. »Korrekt« wäre es gewesen, den Gewinnerwartungswert und den Opportunitätswert für die potentiellen Erwerber dem Verkaufswert zugrunde zu legen – ebenso wie bei Immobilien oder Wohnungen. Voraussetzung dafür wäre die Einrichtung einer Anpassungsphase an die geänderten Umstände gewesen.

Der Staatsvertrag: Die Treuhand soll die Einheit finanzieren

Im Staatsvertrag Artikel 10, Absatz 6 heißt es, daß das volkseigene Vermögen nach einer Bestandsaufnahme seiner Ertragsfähigkeit zur »vorrangigen Nutzung für die Strukturanpassung der Wirtschaft und für die Sanierung des Staatshaushaltes« genutzt werden solle. Die grobe Fehleinschätzung: Die völlig veraltete Wirtschaftsstruktur sei so ertragsfähig, daß damit eben diese alten Strukturen zu sanieren seien. Das Gegenteil wäre nötig gewesen: Eine sofort greifende Struktur- und Sanierungspolitik, um so schnell wie möglich umzurüsten – nicht zuletzt, um die Abwanderung weiterer qualifizierter Fachkräfte zu verhindern.

Der Passus aus dem gleichen Artikel 10, der die Möglichkeit vorsah, den Sparern »zu einem späteren Zeitpunkt für den bei der Umstellung 2:1 reduzierten Betrag ein verbrieftes Anteilsrecht am volkseigenen Vermögen einzuräumen«, verdeutlicht die zweite Fehleinschätzung. Aufgrund des Verkaufs des volkseigenen Vermögens glaubte man an schnell verfügbare und wirksam einzusetzende Finanzmittel, die zudem noch Verteilungsspielräume öffnen würden.

Den gleichen falschen Ansatz findet man im Artikel 26,4 des Staatsvertrages, in dem es heißt: »Es wird eine Bestandsaufnahme des volkseigenen Vermögens aufgenommen. Das volkseigene Vermögen ist vorrangig für die Strukturanpasssung der Wirtschaft und für die Sanierung des Staatshaushaltes in der Deutschen Demokratischen Republik zu nutzen.« Offensichtlich hatte man bei diesen eklatanten Fehleinschätzungen seitens der Bundesregierung Privatisierungsfälle wie die des Salzgitterkonzerns vor Augen, der seinerzeit zur Sanierung der Bonner Kassen für 2,5 Milliarden DM versilbert wurde.

Ein weiterer – vermutlich der entscheidende – Konstruktionsfehler des Staatvertrages war die Behandlung der sogenannten Altschulden. Die volkseigenen Betriebe mußten zu SED-Zeiten ihre Gewinne vollständig an den Staatshaushalt abführen, alle Investitionen mußten durch Kredite getätigt werden. Diese Kredite wurden aber nicht von der DDR-Staatsbank ausgegeben, sondern auf dem Papier mit anderen Leistungen, was zu einer chronischen Unterkapitalisierung der Betriebe führte. Durch eine willkürlich eingeführte zusätzliche Lohnsummensteuer wurden künstlich konsolidierte Bilanzen durch die Staatsführung vorgelegt.

Wie die Bilanzen außerdem gefälscht wurden, beschrieb der Ex-Chef der DDR-Planungskommission im Juli 1990.[1]

Der »Bilanzfälscher der Republik«, Gerhard Schürer, gab zu, daß die Verschuldung unterschlagen wurde. »In unseren Bilanzen stand eine Wachstumsquote, die wir nie erwirtschaftet hatten.« Die 1989 gemeldeten drei Milliarden Mark Exportüberschüsse kamen dadurch zustande, daß die Ergebnisse aus dem Sowjethandel unzulässigerweise in Valutamark umgerubelt wurden. Der regelmäßig vom Politbüro verordnete »ideologische Aufschlag« führte etwa dazu, daß der allgewaltige Wirtschaftsboß Günter Mittag 1988 den Plan der industriellen Produktion um sieben Milliarden nach oben korrigierte. Schürer, der es knapp 40 Jahre in der Plankommission ausgehalten hatte und DDR-weit 25000 Planer dirigierte, hatte ein einfaches Prinzip: »Erfolge wurden übertrieben, Negatives weggelassen.« So kam es, daß beispielsweise Melkmaschinen in den Bilanzen als Industrie-Roboter abgerechnet wurden.

Die Bundesregierung glaubt, mit diesem gigantischen Schuldenbetrug nach Art eines Husarenritts umgehen zu können. Den Betrieben der DDR sollten diese Schulden des alten Systems aufgehalst werden, um sie dem eigenen Schuldenberg formal zu entziehen. Im Artikel 27 des Staatsvertrages »Kreditaufnahme und

---

1. *Wirtschaftswoche*, Ausgabe DDR, Nr.30/90

Schulden« (Absatz 3) heißt es: »Nach dem Beitritt wird die aufgelaufene Verschuldung des Republikhaushaltes in dem Umfang an das Treuhandvermögen übertragen, soweit sie durch die zu erwartenden künftigen Erlöse aus der Verwertung des Treuhandvermögens getilgt werden kann. Die danach verbleibende Verschuldung wird jedem zur Hälfte auf den Bund und die Länder, die sich auf dem Gebiet der DDR neu gebildet haben, aufgeteilt. Von den Ländern und Gemeinden aufgenommene Kredite verbleiben bei diesen.« Der Denkfehler, daß sich die zum Verkauf anstehende DDR-Wirtschaft schnell amortisieren werde, wiederholte sich.

In Paragraph 1 des Staatsvertrages steht die bekannte Formel, daß Verbindlichkeiten und Forderungen bei der Währungsunion so umgestellt werden, daß der Schuldner dem Gläubiger für zwei DDR-Mark eine DM zu zahlen hat. In Paragraph 3 werden die Grundsätze für die Eröffnungsbilanzen aufgestellt. Danach sind alle Vermögensgegenstände und Schulden neu zu bewerten. Bei der Bewertung dürfen die Wiederbeschaffungskosten zum Neuwert oder die Wiederherstellungskosten der Gebäude und Maschinen nicht überschritten werden. Was hieß das praktisch?

Nehmen wir als Beispiel an, eine Firma in Ost-Berlin hatte eine Maschine bei einer Firma in Magdeburg zu einem fiktiv festgelegten Preis von 100 000 DM erworben. Das heißt, die Staatsbank der DDR schrieb 100 000 DM Kredit auf, ohne daß Geld geflossen war. Nach einem Jahr wurde die Maschine abgeschrieben auf 80 000 Mark, mit denen sie nun bei der Berliner Firma zu Buche stand. Nun kam die Eröffnungsbilanz: Nach Paragraph 3 wird der Wert der Maschine nach den Wiederbeschaffungskosten auf dem Weltmarkt bestimmt. Da die Maschine nach internationalen Maßstäben zehn bis zwanzig Jahre hinter dem technologischen Stand zurück lag, hatte sie einen Realwert von vielleicht 1 000 DM. Im Klartext: Es wurde eine Maschine in Form von fiktiven Krediten für 100.000 Mark gekauft, die zu einem Bruchteil des Buchwertes in die Eröffnungsbilanz einging – der Betrieb wird in der Nacht vom 30. Juni 1990 zum 1. Juli durch die Währungs- und Wirtschaftsunion völlig verschuldet.

Die DM-Eröffnungsbilanz für die Betriebe war katastrophal: Ganz wenige ehemalige volkseigene Betriebe konnten mit schwarzen Zahlen den Weg in die Marktwirtschaft antreten. Bei voller Anwendung bundesdeutscher Gesetze wäre ein kollektiver Gang zum Konkursrichter angesagt gewesen. Welche Schwierigkeiten die Betriebe mit den Eröffnungsbilanzen hatten, mag der Umstand belegen, daß sie, obwohl sie am 1.September 1990 abgeschlossen hätten sein müssen, auch ein Jahr später in vielen Fällen noch nicht der Treuhandanstalt vorlagen. Viele Betriebsleitungen verweigerten sich der Treuhandanstalt, um ihre Jobs noch einige Zeit zu retten. Die Bilanzen, die erstellt wurden, warteten oft monatelang auf die Treuhandtestate, denn auch die Mitarbeiter der Treuhand waren völlig überfordert, aus diesem Kuddelmuddel herauszukommen. Erst ein Jahr später gab die THA eine Anleitung zur Eröffnungsbilanz in den Treuhand-Informationen (siehe Seite 74).

In der Anfangsphase nach der Wirtschaftsunion versuchte man die Tatsachen durch künstliche Liquiditätskredite zu vertuschen, doch der Verfall der DDR-Produktion war nicht mehr aufzuhalten.

In der 15. Tagung der Volkskammer am 17. Juni 1990, dem früheren westdeutschen Feiertag der deutschen Einheit, verabschiedete das DDR-Parlament das veränderte Treuhandgesetz »Zur Privatisierung und Reorganisation des volkseigenen Vermögens«, das den Staat zum Eigentümer des Volksvermögens machte – die Enteignung des Volkes und die Absage an eine breite Vermögensbeteiligung im Osten Deutschlands war mit den Stimmen der Koalition beschlossene Sache.

Bis zu diesem Zeitpunkt war eine öffentliche Diskussion im Gange, ob man die DDR-Wirtschaft einfach den Westkonzernen überlassen müsse, um für einen schnellen Aufschwung zu sorgen, oder ob man auch andere Wege gehen könne. So wetterte der CDU-Mittelständler Wilfried Pinger gegen die westdeutschen Großunternehmen wie Lufthansa, Daimler-Benz oder RWE. Die Staatsbetriebe der DDR sollten nach seiner Auffassung in kleinen Portionen an Kleinaktionäre verkauft werden, um einem künftigen Mittelstand eine Chance zu geben. In der heißen Phase nach dem absehbaren Ende des SED-Regimes – also zwischen Januar und Mai 1990, erinnert sich Matthias Artzt, Wirtschaftsberater des Runden Tisches – »standen die Investoren aus dem In- und Ausland Schlange, bereit, schnell einzusteigen«.

Innerhalb weniger Wochen vor und nach der Volkskammerwahl hatten die Großen bereits das Terrain abgesteckt: VW in Zwickau beim Trabi-Kombinat Sachsenring, Opel bei Wartburg in

Modellbeispiel

Die Feststellung der DM-Eröffnungsbilanz

> Die Bilanzfeststellung im Sinne des § 35 DM-Bilanzgesetz ist die rechtsverbindliche Erklärung des zuständigen Organs eines Unternehmens, in der Regel des Gesellschafters, daß die kontenmäßige Gegenüberstellung der Aktiva und Passiva in der Bilanz und die Angaben im Anhang als die vom Gesetz geforderte Eröffnungsbilanz einschließlich Anhang gelten soll. Dazu müssen die Mitglieder des Organs die vorgelegten Unterlagen billigend zur Kenntnis genommen haben.

Die DM-Eröffnungsbilanz: zusammen mit dem Unternehmenskonzept die Basis für Privatisierung und finanzielle Hilfen durch die Treuhand. Für ein fiktives Unternehmen, eine AG, haben wir eine Bilanz aufgestellt, um den Bilanzaufbau zu verdeutlichen und zu erklären, was hinter den Vorgängen um "Testierung" und "Feststellung" steht.

Das Kernstück der Bilanzfeststellung ist die Neufestsetzung des Eigenkapitals. Ausgangspunkt dafür sind die Erwartungswerte für eine Reihe von betriebswirtschaftlichen Eckdaten wie Umsatz, Personalaufwand oder Anlagevermögen, die in den Konzepten der Treuhand-Unternehmen ausgewiesen sind. In dem vorliegenden Beispiel beträgt der Umsatz 128.000 DM - der branchenübliche Eigenkapitalsatz, bezogen auf das Anlagevermögen, zehn Prozent.

Ausgangspunkt: Das Unternehmenskonzept

In der Treuhandanstalt werden nun von der Bundesbank veröffentlichte Kennzahlen über das Verhältnis von Umsatz zum Anlagevermögen und Eigenkapital zum Anlagevermögen herangezogen und mit der voraussichtlichen Umsatzentwicklung des Treuhand-Unternehmens für 1993 ins Verhältnis gesetzt, die aus den Unternehmenskonzepten hervorgeht. Damit ergibt sich für das fiktive Unternehmen ein "branchenübliches" Eigenkapital von 10 Millionen DM.

In einem zweiten Schritt wird das so ermittelte erforderliche Eigenkapital der Unternehmen ins Verhältnis zu dem nach der DM-Eröffnungsbilanz vorhandenen Eigenkapital gesetzt. Die diesen Ausführungen angefügte fiktive DM-Eröffnungsbilanz weist ein Eigenkapital von DM 100.000 aus. Da aber gleichzeitig auf der Aktivseite "ausstehende Einlagen" in Höhe von DM 100.000 angesetzt werden, ist das tatsächlich verfügbare Eigenkapital gleich Null.

Ein Fehlbetrag zwischen erforderlicher Eigenkapitalausstattung und tatsächlich vorhandenem Eigenkapital, in unserem Beispiel 21.945.000 DM, macht in der Regel in dieser Höhe eine Entschuldung des betroffenen Unternehmens von Altkrediten erforderlich.

Voraussetzung für eine Entschuldung ist allerdings der mit dem Unternehmenskonzept zu erbringende Nachweis der Sanierungsfähigkeit des Unternehmens. Die im Zusammenhang mit dem Feststellungsverfahren erfolgte Ablösung von Altschulden vollzieht sich zunächst in einer Art "Verrechnung" der Altkredite mit den gegenüber der Treuhand in die Bilanz ein-

DM-Eröffnungsbilanz, testiert

Aktiva	DM	Passiva	DM
Ausstehende Einlagen		**Eigenkapital**	
(eingefordert 25.000,-)	100.000,-*	Gez. Kapital	100.000,-*
Anlagevermögen		**Rückstellungen**	
I. Sachanlagen		Sonstige Rückstellungen	14.363.000,-
1. Grundstücke	5.848.000,-		
2. Bauten	9.371.000,-	**Verbindlichkeiten**	
3. Techn. Anlagen u. Maschinen	12.589.000,-	1. Verbindlichkeiten gegenüber Kreditinstituten (sogenannte Altkredite)	320.146.000,-
4. Andere Anlagen, Betriebs- und Geschäftsausst.	224.000,-	2. Verbindlichkeiten aus Lieferungen u. Leistungen	3.410.000,-
5. Anlagen im Bau	5.481.000,-	3. Sonstige Verbindlichkeiten	210.000,-
	33.513.000,-		
Umlaufvermögen			
I. Vorräte			
1. Roh-, Hilfs- und Betriebsstoffe	30.225.000,-		
2. Unfertige Erzeugnisse	993.000,-		
3. Fertige Erzeugnisse und Waren	18.758.000,-		
	49.976.000,-		
II. Forderungen und sonst. Vermögensgegenstände			
1. Forderungen aus Lieferungen u. Leistungen	32.398.000,-		
2. Ausgleichsforderungen gemäß §24 DMBilG	220.539.000,-		
3. Sonst. Vermögensgegenstände	338.000,-		
	352.275.000,-		
III. Kassenbestand, Postgiroguthaben. Guthaben bei Kreditinstituten	1.365.000,-		323.770.000,-
Summe	338.229.000,-	Summe	338.229.000,-

* bezogen auf eine AG; bei GmbH's 50.000,-

gestellten Ausgleichsforderungen. Die fiktive DM- Eröffnungsbilanz (Seite 8) weist Altkredite in Höhe von 320.146.000 DM und Ausgleichsforderungen von 220.539.000 DM aus.

Stärkung des Eigenkapitals durch Entschuldung

Erst eine über die Ausgleichsforderungen hinausgehende Entschuldung führt zur Stärkung des Eigenkapitals des Unternehmens durch Bildung einer Rücklage nach § 27 Abs. 2 DMBilG .Im Beispiel beträgt die Differenz zwischen Altkrediten und Ausgleichsforderungen 99.607.000 DM. Dieser Betrag reicht also aus, um das erforderliche Eigenkapital in Höhe von 21.945.000 DM einzustellen, von dem 10.000.000 DM auf die Neufestsetzung des gezeichneten Kapitals entfallen. Alle darüber hinaus gehenden Entschuldungsbeträge, hier wären es 11.945.000 DM, sind einer Rücklage nach § 27(2) des DM-Bilanzgesetzes einzustellen und können lediglich für den Ausgleich zukünftiger Verluste genutzt werden.

Neufestsetzung des Kapitals

Gezeichnetes Kapital und Rücklagen bilden zusammen das Eigenkapital. Nach Erreichen des erforderlichen Eigenkapitals ist dieses Eigenkapital aufzuteilen in gezeichnetes Kapital und in Rücklagen. Im Rahmen der Kapitalneufestsetzung wird die Höhe des gezeichneten Kapitals - möglichst in Anlehnung an entsprechende Kennzahlen der Bundesbank - neu festgelegt. Soweit zur Bildung des erforderlichen Eigenkapitals eine Entschuldung von Altkrediten nicht erforderlich ist, verbleiben diese Kredite beim Unternehmen und sind ab 1.7.1991 von diesem zu verzinsen und zu tilgen.

Soweit das Entschuldungs-Volumen nicht ausreicht, um das erforderliche Eigenkapital (ohne Korrekturen) darzustellen, wird dieses von der Treuhandanstalt als alleinigem Gesellschafter oder Aktionär der Unternehmen in anderer geeigneter Weise, etwa durch Gewährung nachrangiger Gesellschafterdarlehen, gewährleistet.

Sonderverlustkonto und Sonderrücklage nach § 17 (2) DMBilG

Die Entschuldung der Altkredite von DM 232.484.000,- hat zum einen mit DM 220.537.000,- durch "Verrechnung" mit den Ausgleichsforderungen zu deren Entfall und zum anderen mit DM 11.945.000,- zur Bildung der Sonderrücklage gemäß § 27 Abs. 2 DMBilG geführt. Nach dem Wegfall der Ausgleichsforderungen können nach § 17 Abs. 4 DMBilG in Höhe der erstmals gebildeten Rückstellungen nach § 249 Abs. 1 HÖB auf der Aktivseite das Sonderverlustkonto über DM 12.390.000,- und auf der Passivseite eine entsprechende Rücklage gebildet werden.

Hierbei handelt es sich um Bilanzierungshilfen. Denn die Bildung von Rückstellungen gem. § 249 Abs. 1 Satz 1 HÖB in der DM-Eröffnungsbilanz bewirkt, daß die zur Erfüllung der Verpflichtungen anfallenden Ausgaben nicht mehr zu einem ergebniswirksamen Aufwand führen. Sie würden demzufolge bei der steuerlichen Gewinnermittlung in der Folgezeit ebensowenig ergebniswirksam wie in der Vergangenheit. Um diese Nachteile zu mildern und auch um die durch die Bildung der Rückstellungen eintretende Eigenkapitalminderung zu verhindern, sind beide Positionen, das Sonderverlustkonto und die Rücklagen, nach § 17 Abs. 4 DMBilG zugelassen.

... und festgestellt

Veränderungen gegenüber der testierten Bilanz sind durch **Fettdruck** hervorgehoben.

Aktiva	DM	Passiva	DM
Anlagevermögen		**Eigenkapital**	
I. Sachanlagen		*I.* Gezeichnetes Kapital	10.000.000,-
1. Grundstücke	5.848.000,-	*II.* Rücklagen	
2. Bauten	9.371.000,-	**1. Sonderrücklage gemäß §27 (2)**	**11.945.000,-**
3. Techn. Anlagen u. Maschinen	12.589.000,-	**2. Sonderrücklage gemäß §17 (4)**	**12.390.000,-**
4. Andere Anlagen, Betriebs- u. Geschäftsausstattungen	224.000,-	**Rückstellungen**	
5. Anlagen im Bau	5.481.000,-	Sonstige Rückstellungen	14.363.000,-
	33.513.000,-	**Verbindlichkeiten**	
Umlaufvermögen		**1. Verbindlichkeiten gegenüber Kreditinstituten**	**77.662.000,-**
I. Vorräte		2. Verbindlichkeiten aus Lieferungen und Leistungen	3.410.000,-
1. Roh-, Hilfs- und Betriebsstoffe	30.225.000,-	3. Sonstige Verbindlichkeiten	210.000,-
2. Unfertige Erzeugnisse	993.000,-		
3. Fertige Erzeugnisse u. Waren	18.758.000,-		
	49.976.000,-		
II. Forderungen u. sonstige Vermögensgegenstände			
1. Forderungen aus Lieferungen und Leistungen	32.398.000,-		
2. Sonstige Vermögensgegenstände	338.000,-		
	32.736.000,-		
III. Kassenbestand, Postgirogutguthaben, Guthaben bei Kreditinstituten	1.365.000,-		
Sonderverlustkonto	12.390.000,-		81.282.000,-
Summe	129.980.000,-	Summe	129.980.000,-

Messe für Ostprodukte in Leipzig

Die traditionsreiche Leipziger Messe soll als Forum genutzt werden, um Konsumgüter aus den neuen Ländern bekannter zu machen. Bis zu 600 Aussteller erwartet die IHK Leipzig als Veranstalterin der "Produkt '91". Termin: 2. bis 5.10.'91. Kontakt: Organisationsbüro, Tel. Leipzig 211 36 39 oder IHK Leipzig, Tel. Leipzig 715 30.

Eisenach, Mercedes bei IFA im Lkw-Bau, um nur den Automobilbereich zu nennen. Die Kleinen hatten es dagegen sehr viel schwerer: Der Mittelstand im Westen hat in der Regel keine ausreichende Kapitaldecke, um finanzielle Durststrecken zu überwinden, wenn bei den ostdeutschen Partnern Know-how, Management, Verkauf und Marketing erst aufzubauen sind. Bundesdeutsche Förderprogramme für Existenzgründer machten sich auf dem Papier ganz nett, machten den Ost-Kohl aber bei weitem nicht fett. »Eine Eisdiele erhielt als erstes privates Unternehmen in der DDR ein Darlehen in Höhe von 100000 DM«, jubelte der *Bayernkurier* am flächendeckenden Problem vorbei. Ein zweites deutsches Wirtschaftswunder sei »durchaus möglich«, diktierte der CSU-Chef Theo Waigel seinem Zentralorgan in die Spalten.[1] Das private Kapital werde schon fließen, sobald es »sich lohnt, endlich in der DDR zu investieren.« Mit einem ERP-Sondervermögen von zwei Milliarden in vier Jahren wollte Waigel den Klein- und Mittelunternehmen helfen.

Immerhin überzeugte der Christsoziale seinen Widersacher und Koalitionspartner Otto Graf Lambsdorff, der in *Bild am Sonntag* tapfer erklärte, er würde sich als Dreißigjähriger »heute nicht in der Bundesrepublik, sondern auf dem Gebiet der DDR selbständig machen«.[2]

Wie schrieb doch Chefredakteur Stefan Baron stellvertretend für die Haltung der Bundesregierung in der *Wirtschaftswoche* vom 25. Mai 1990 unter der zutreffenden Überschrift »Des Pudels Kern« zum zentralen Punkt des Staatsvertrages, der das volkseigene Vermögen für die Strukturanpassung der Ostwirtschaft und für die Sanierung des DDR-Staatshaushaltes zu benutzen vorsieht: »Die Bundesbürger können erleichtert aufatmen. Höhere Zinsen, Steuern und Inflationsraten sind nun nicht mehr zu befürchten. Die DDR bezahlt die Vereinigung weitgehend – wenn nicht völlig – aus der eigenen Tasche.«

---

1. *Bayernkurier*, 24.3.90
2. *Bild am Sonntag*, 18.3.90

Die Ostwirtschaft:
Zum Ausschlachten freigegeben

Als nach der Wirtschafts- und Währungsunion zum 1. Juli 1990 die Treuhandspitze vom Westen besetzt wurde, war klar: Der Kaiser war nackt – den Regierenden in Bonn mangelte es an jeglicher Konzeption zur Finanzierung und Ankurbelung der übernommmenen Ostökonomie. Sogar der Präsident der Arbeitgeberverbände, Klaus Murmann plädierte in der *Wirtschaftswoche* (13/1991) für unkonventionelle Maßnahmen wider marktwirtschaftliche Ordnungsprinzipien. Für den Übergang von der Planwirtschaft zur Marktwirtschaft sei ein großangelegtes Strukturkonzept notwendig – vor allem hinsichtlich der Zeitvorgaben, der Kosten und der erforderlichen Umschulungsmaßnahmen. Man müsse bereits gemachte Erfahrungen in der Ruhrregion und bei den Strukturreformen im Saarland im Bereich der Montanindustrie berücksichtigen.

Doch fast ein ganzes Jahr dauerte es, bis der Treuhandvorstand ernsthaft über das Defizit an Beschäftigungsgesellschaften nachdenken durfte. Die Kriterien für die Sanierung von Betrieben hätten sinnvollerweise den Aufwand für einen neu zu schaffenden Industriearbeitsplatz – mindestens 40000 bis 50000 DM, in wichtigen Schlüsselregionen auch das Doppelte – beinhalten müssen. Doch eine vorausschauende Strukturpolitik der Treuhänder unterblieb mangels Bonner Vorgaben. Ein weiteres Kriterium für die Entscheidung, ob ein Betrieb saniert werden kann oder liquidiert werden muß, hätte der Kostenvergleich zwischen vorübergehender Kurzarbeit und durchgängiger Massenarbeitslosigkeit sein müssen.

Doch die Vorgabe war eine andere: *Um fast jeden Preis verkaufen* – die Treuhandpraxis wurde in erster Linie betriebswirtschaftlichen Kategorien untergeordnet. »Ich werde weiterhin für eine äusserste Begrenzung der Kosten der Treuhandarbeit eintreten«, tönte Finanzminister Theo Waigel noch in der Haushaltsdebatte des Bundestages am 3. September 1991. »Niemand« könne voraussehen, was in der Schlußbilanz der Treuhand »in zehn oder fünfzehn Jahren stehen wird«. Zu gegebener Zeit müsse man dann eben die positiven gesamtwirtschaftlichen Wirkungen miteinbeziehen – sprich: die gemachten Westgewinne und die auf 200 bis 250 Milliarden DM geschätzten Grundstücks- und Immobilienerlöse. »Die Kreditaufnahme der Treuhand« – für 1991 rund 29 Milliarden DM – werde sich irgendwann durch eine leistungsfähige Volkswirtschaft rechtfertigen.Die Finanzierung des Vereinigungsprozesses, sagte Waigel, das hätten die ersten 20 Monate gezeigt, sei »verkraftbar«. Kein Wort fiel über die gigantische Fehleinschätzung der Bundesregierung ein Dreivierteljahr vorher, die deutsche Einheit koste nichts und wenn sie etwas koste, dann finanziere sie sich selbst. Die Gesamttransferleistung von Ost nach West lag 1991 inklusive Treuhand bei etwa 170 Milliarden DM, ohne Treuhand bei 144 Milliarden. Dies entsprach in etwa den Prognosen, die zur Bundestagswahl 1990 bekannt waren, aber von der Bundesregierung schlicht ignoriert wurden.[1] Über die Fragen, ob dieser Transfer auf die richtige Weise finanziert und sozial gerecht verteilt war, ob die Staatsverschuldung nicht unverantworlich in die Höhe getrieben wurde – darüber wird noch in Jahrzehnten gestritten werde ...

Die schnelle Einführung der Marktwirtschaft in der DDR mit der Wirtschafts- und Währungsunion wirkte wie eine zweite Enteignung. Die meisten Vermögen, Fabriken, die schönsten Immobilien und die fruchtbarsten Landschaften werden von Käufern aus dem Westen übernommen. Am Ende werden die drei Prozent des Westens, die über 70 Prozent des Vermögens in den alten Bundesländern verfügen, auch den Osten zu großen Teilen übernommen haben. Die Rigorosität mit der die neue Wirtschaftsordnung eingeführt wurde, war selbst für den Westen neu. Die Treuhandanstalt war und ist ein »Schlachthof« (IG-Metall-Chef Franz Steinkühler) für die DDR-Volkswirtschaft. Es werden durch die THA zwar in den nächsten Jahren vielleicht eine halbe Million Arbeitsplätze geschaffen oder erhalten (Stand Herbst 1991), aber drei bis vier Millionen Arbeitsplätze dafür abgebaut. Durch die Privatisierung werden Betriebe verkauft, die früher 4000 Arbeit-

---

1. H. Suhr: Was kostet uns die ehemalige DDR?, Frankfurt 1990

nehmer hatten, während der Erwerber 1000 behält. »Der Erfolg der Treuhandanstalt besteht darin, daß nicht alle, sondern nur dreiviertel der Arbeitsplätze verlorengehen«, faßte Wolfram Engels die Folgen der Bonner Politik zusammen.

Betriebe, die in zwei, maximal drei Jahren nicht saniert seien, müßten liquidiert werden, verkündete die Treuhandanstalt noch nach dem Einzug der Demokratie und absehbarer marktwirtschaftlicher Neuorientierung in der Sowjetunion. Mit dieser strukturpolitischen Entscheidung, die meisten Industriestandorte in Ostdeutschland durch völlig unrealistische Umstrukturierungsvorgaben zu ruinieren, werden auch die noch verbliebenen Facharbeiter, Ingenieure und Industriemeister zum bitteren Abgang genötigt. In drei bis fünf Jahren, wenn die osteuropäischen Märkte Anknüpfungspunkte für die alten Handels- und Industriebeziehungen bieten, wird der Wiederaufbau auf sehr viel niedrigerem Niveau vor sich gehen. Den verbliebenen Kennern osteuropäischer Wirtschaften werden dann von den Headhuntern der Westkonzerne lukrative Gehälter geboten werden, was eigenständige Entwicklungen von Ostunternehmen zusätzlich erschweren wird. Ein Witz wird dann Realität, auch wenn seine Pointe etwas ganz anderes meinte: In einem Einstellungstest werden ein Ossi und ein Wessi befagt. Frage an den Wessi: »Wieviel Einwohner hat die ehemalige DDR?« »16 Millionen«. Frage an den Ossi: »Wie heißen die und wo wohnen sie?«

Die Ankündigung des im Frühjahr 1991 ermordeten Treuhandchefs Rohwedder nach seinem Amtsantritt im August 1990, die Treuhand arbeite »entweder schnell oder gut«, erfüllte sich weder in der einen noch in der anderen Richtung. Monatelange Verzögerungen im Aufbau korrespondierten mit schweren Konstruktionsfehlern des Einigungsvertrages, etwa den Eigentumsregelungen. Andererseits wurden von der Treuhand reihenweise Werte verkauft, über die sie nicht hätte verfügen dürfen, weil es sich um kommunales oder Landesvermögen handelte: die Energieversorgungssysteme etwa, die über 120 Klagen ostdeutscher Städte provozierten. Man hatte eine spätere Mehrheitsbeteiligung der Ost-Kommunen an der Stromversorgung unterbunden – zugunsten des Elektrizitätsriesen RWE, Bayernwerk AG und Preußen Elektra.

Weitere Beispiele sind die Recyclingbetriebe der SERO (Sekundärrohstoff-Verwertung), die man verschiedentlich an westdeutsche Entsorger verhökerte, obwohl sie den Kommunen gehörten, oder der überstürzte Verkauf einer Vielzahl von Grundstücken, weil die Kommunen nicht in der Lage waren, umgehend aus den Grundbüchern ihre Verfügungsrechte nachzuweisen.

Der Kolonisatorenstil, mit der in der Treuhand-Zentrale und ihren fünfzehn Niederlassungen Sanierungskonzepte geprüft und verworfen wurden, Altschulden aus der SED-Zeit nach Gutdünken erlassen oder zum Teil gestrichen wurden, in Verbindung mit dem Auftreten der »Besserwessis« und Schnellkarriere-Yuppies, zerstörte in weiten Teilen der Bevölkerung Ost das Vertrauen in den Rechtsstaat, die »soziale Marktwirtschaft« und die politische und wirtschaftliche Führung. Nach einer Umfrage vom April 1991 hatten 83 Prozent der Bürger in der früheren DDR eine schlechte Meinung über die Treuhand und betrachteten deren Wirken mit großen Befürchtungen.[1]

Existenzielle Unsicherheit, Arbeitslosigkeit, Kurzarbeit Null, Entlassungen oft mehrerer Familienmitglieder aus dem einzigen schließenden Großbetrieb am Ort, Depression und Verzweiflung bis hin zu stark steigenden Selbstmordzahlen kennzeichneten die Lage einer ganzen Gesellschaft in »Abwicklung«.

Die Gesundbeter-Riege, mit dem Kanzler an der Spitze, ließ demnach keine Gelegenheit aus, den Wählerinnen und Wählern im Osten eine flächendeckende Depression als rosige Zukunft zu verkaufen. Schon kurz nach der ersten freien Wahl zur Volkskammer am 18. März 1990 sollte der Aufschwung seinen Gang nehmen. Als sich die Lage verschlimmerte, wurden die Hoffnungen auf den Tag der Wirtschafts- und Währungsunion gerichtet, obwohl selbst der frühere Bundesbankpräsident Karl-Otto Pöhl vor den Folgen des Crash-Kurses und der politisch motivierten Währungsumstellung gewarnt hatte. Jedem wirtschaftspolitischen Laien mußte klar sein, was auf die DDR zukam. Über Nacht waren die DDR-Betriebe hoch verschuldet, die Aushöhlung des ehemaligen Volksvermögens begann mit einer radikalen Verschlechterung der Privatisierungschancen.

Als der Aufschwung immer noch ausblieb, aber die Abwanderung unvermindert anhielt, versprach der Kanzler den Aufschwung

---

1. *Frankfurter Rundschau*, 9.9.91

nach dem 3. Oktober 1990, dem Tag der schnell herbeigeführten deutschen Einheit. Die Investoren sollten durch die endlich gewährleistete politische Sicherheit und Stabilität in hellen Scharen kommen. Als immer noch nichts passierte, war die Sache klar: Vor der Bundestagswahl würden die Industriekapitäne des Westens auf deren Ausgang warten – der Aufschwung mußte abermals verschoben werden. Kurz vor der Wahl wollten die sogenannten Wirtschaftsexperten wie Karl Schiller den Aufschwung auf das Frühjahr 1991 festlegen, spätestens auf die Jahresmitte. Unbeeindruckt von der realen Situation gaben Helmut Kohl samt Kabinett vor, daß der Prozeß der deutschen Einheit ohne Steuererhöhungen zu bewerkstelligen sei.

»Betriebe, die nicht privatisiert werden können, können auch nicht saniert werden«,[1] ließ sich die Treuhand vernehmen. Sanierungskonzepte, Beschäftigungs- oder Qualifizierungsgesellschaften wurden abgelehnt. »Nur kein Konzept«, schien die Devise zu lauten – bis Wirtschaftsminister Jürgen Möllemann im Frühjahr 1991 den »Aufschwung Ost« ankündigte. Doch für die Abwicklung der Volkswirtschaft im Osten war nicht er, sondern der Finanzminister Theo Waigel zuständig, der immer noch inständig darauf hoffte, die Verkaufserlöse der Treuhand würden die höchsten Schuldenberge abtragen helfen, die je in der Bundesrepublik gemacht wurden.

Während man im Öffentlichen Dienst den Ost-Beschäftigten durch Nichtanerkennen ihrer Dienstjahre »einfach die Lebensarbeitsleistung ausgelöscht hatte« (Lothar de Maizière), während die Mieten zum 1. Oktober 1991 im Ost-Schnitt um ein Mehrfaches stiegen, während hunderttausende Arbeitnehmer auf ihre Entlassungspapiere zu den Kündigungswellen am Quartalsende warteten, während man künstlich mit ABM-Stellen die Arbeitslosenstatistik hochfrisierte, erklärte der Kanzler im August 1991, daß die Talfahrt in den neuen Bundesländern allmählich zu Ende gehe und »der Aufschwung« bevorstehe – wenn nur die Lohnabschlüsse »maßvoll« ausfielen.

Die Politik der Bundesregierung könne dazu führen, erklärte hingegen der Bundestagsabgeordnete Werner Schulz vom Bünd-

---

1. *Treuhand-Informationen*, 2/91

nis 90/Grüne, daß in den nächsten Jahren bis zu drei Millionen Menschen aus den neuen Bundesländern in die alten übersiedeln würden, während in den ländlichen Regionen ganze Dörfer mit Alten und Gebrechlichen zurückblieben. Das Bundespresse- und Informationsamt der Bundesregierung erläuterte im Sommer 1991 in Informationsblättern hingegen, daß sich durch die Entindustrialisierung immerhin die Umwelt erhole und die Luftverschmutzung stark zurückgegangen sei.

Festzuhalten bleibt: Seit den dramatischen Tagen der Wende versuchte die Bundesregierung zu keiner Zeit, mit den Bürgerbewegungen, die den Sturz Honeckers herbeigeführt hatten, ins Gespräch zu kommen. Ihr war nie daran gelegen, die Interessen und Vorstellungen der friedlichen Revolutionäre kennenzulernen oder gar zu berücksichtigen. Wie Wolfgang Ullmann von ›Demokratie Jetzt‹ vor dem Bundestag erklärte,[1] habe er in den dramatischen Novembertagen 1989 verzweifelt versucht, »Kontakt zur Bundesregierung herzustellen«. Doch die Mühen waren vergeblich – im Kanzleramt hatte Wolfgang Schäuble zwar ständigen Umgang zu Stasi-Oberst Alexander Schalck-Golodkowski, aber auf die Idee, der DDR-Bürgerbewegung den Rücken gegen die SED-Diktatur zu stärken, war niemand gekommen. Auch beim Putschversuch in Moskau war das erste Anliegen der Bundesregierung, daß die »Verträge erfüllt« würden. Wolfgang Ullmann im September 1991 rückblickend: »Wenn ich gewußt hätte, daß der Herr Bundeskanzler damals so intensive Kontakte zu Herrn Schalck-Golodkowski gehabt hat, wie es die Akten ausweisen, und daß er ein so langes Telefongespräch just mit Egon Krenz geführt hat, hätte ich mir natürlich von vornherein sagen können: Es hat gar keinen Zweck, dort irgendeinen Kontakt zu suchen.« Ähnlich handelte Bonn bei den anderen osteuropäischen Revolutionen.

Hätte die Bundesregierung seinerzeit die DDR-Bürgerrechtbewegung nach dem Abgang des Egon Krenz massiv unterstützt, wäre es der Regierung Modrow kaum gelungen, sich noch monatelang zu halten und entscheidende Weichen zu stellen. Doch revolutionär-demokratische Entwicklungen lagen nicht im Interesse Kohls. Er wollte die Vorgänge im Osten Deutschlands vor allem

---

1. 12. Wahlperiode, 37. Sitzung am 4. September 1991

»unter Kontrolle« halten. Mit der Wahl Lothar de Maizières zum Vorsitzenden der Ost-CDU Ende 1989 hatte sich auch ein zwar schwieriger, aber alles in allem doch geeigneter Statthalter der West-CDU gefunden. Durch diese halbe Revolution wurde ermöglicht, daß die alten Parteien, die CDU, die Bauernpartei und die LDPD in den regierenden West-Parteien aufgingen und überhaupt zur Volkskammerwahl antreten konnten. Alles weitere bewirkte das Winken mit der schnellen D-Mark, was die Volkskammerwahl am 18. März 1990 entsprechend beeinflußte.

Mit der Treuhandanstalt verfuhr man in Bonn ähnlich wie mit den Blockfreunden: Zuerst ließ man die meisten SED-Kader in den Betrieben weitermachen, nur die wichtigsten Posten wurden vom Kanzler handverlesen besetzt. Dieses Verfahren bot jedoch eine Garantie dafür, daß auch der freie Rest der Hierarchie von genehmen Leuten besetzt wurden und daß Störenfriede wie Bürgerbewegungen oder Gewerkschaften draußen blieben. In vielen Betrieben wurden diejenigen, die alte Seilschaften anprangerten oder durch ihr Engagement in den Bürgerbewegungen auffielen, als erste entlassen. Die politische Verantwortung hierfür trägt die Bundesregierung: der Treuhandskandal ist seit dem 1. Juli 1990 ihr Skandal.

Personalpolitik mit Dampfwalze

»Ihr seid auf mich angewiesen, denn ich bin reich und Ihr seid arm. Schließen wir also ein Abkommen miteinander. Ich werde Euch die Ehre gewähren, mir gefällig zu sein unter der Bedingung, daß Ihr mir das wenige gebt, was Euch bleibt, für die Mühe, die ich auf mich nehme, um Euch zu befehlen.«
           Jean-Jacques Rousseau in seiner *Politischen Ökonomie*, 1775

Die Gegenwehr war beachtlich: Die Volkskammer der DDR hatte im Juni 1990 zwar beschlossen, einen Oppositionsvertreter in den 17-köpfigen Aufsichtsrat zu entsenden, doch der nominierte Volkskammerabgeordnete Günter Nooke vom Bündnis 90/Grüne war der Regierungsmehrheit nicht genehm. Dreimal ließen sie den kritischen Begleiter der Treuhandentwicklung durchfallen, bevor sie beim viertenmal mit knapper Mehrheit zustimmten. Der Diplomphysiker hatte entscheidend an den früheren Treuhandmodellen mitformuliert und häufig vor einer reinen Westübernahme der DDR-Volkswirtschaft gewarnt. Wegen des Hickhacks um Nookes Berufung mußte die erste Sitzung des Aufsichtsrates unter Detlev Karsten Rohwedder verschoben werden. Die vom Ministerrat – also von CDU-Krause auf Anregung Helmut Kohls – benannten Wirtschaftsführer und die von der CDU/SPD-Mehrheit aufgestellten Ostvertreter wären lieber unter sich geblieben.

Die Treuhand, bis zur Übernahme durch den neuen Vorstand weithin von alten Kadern geleitet, sollte nun mit unbelasteten Experten aufgefrischt werden. Erstes Hauptziel Rohwedders, dem wenige Tage nach dem Inkrafttreten der Wirtschafts-, Währungs- und Sozialunion am 1. Juli 1990 das Treuhand-Ruder vom Kanzler angetragen wurde, war es, die internen Abläufe von Privatisierung, Sanierung und Liquidierung zu beschleunigen.

Also wurde alles mögliche probiert, um Manager anzuwerben. Man importierte »Topkräfte« wie den Hamburger Wirtschaftsprüfer Otto Gellert für den Treuhand-Aufsichtsrat, der im Juli 1990 vor Amtsantritt verkündete, daß »am Erfolg der Treuhandanstalt der Erfolg der Marktwirtschaft hängt«.[1] Nach dem ersten Jahr – Mitte 1991 – waren etwa 3000 von mittlerweile 10000 Unternehmen verkauft (durch Entflechtungen wurden es immer mehr), die Treuhand hatte mittlerweile auch rund 3000 Mitarbeiter.

Nach dem ersten Jahr waren 120 Leihmanager aus dem Westen dem Appell des Kanzlers gefolgt und hatten sich für die Treuhand verdingt. Das Gehalt wurde von ihren Heimatunternehmen weiterbezahlt – durchschnittlich für sechs Monate. Wert der Spende: Läppische 15 Millionen.[2] Manchmal half der Kanzler auch persönlich nach, vor allem beim Verwaltungsrat, damit auch alles im rechten Lot blieb. Über die Aufbauphase unter Detlev Karsten Rohwedder (der freilich den Sozialdemokraten zugerechnet wurde) resümierte Günter Nooke: »Der Treuhand-Vorstand hat sich von Anfang an radikal auf nahezu die gesamte Volkswirtschaft der DDR draufgesetzt, wollte so weit wie möglich zentralisieren. Entsprechend wurden die Mitarbeiter ausgewählt. Die Verantwortung bekamen nur Leute, von denen man wußte, daß politisch mit ihnen alles klar geht.«[3]

Dabei seien die meisten neu eingestellten Treuhänder »gut und ehrlich« gewesen. Doch an den Schalthebeln saßen und sitzen Leute, die sich den politischen Vorgaben aus der Regierungszentrale in vorauseilendem Gehorsam unterordnen, befand Nooke, später Fraktionschef des Bündnis 90 im Brandenburger Landtag. »Es gab bestimmte Bonner Interessen und die wurden durchgesetzt. Auf anderslautende Ratschläge, die auf einen wirklichen Wettbewerb in der Wirtschaft hinausliefen, wurde einfach nicht gehört – geschweige denn über strukturelle Fragen nachgedacht.«

Einige sensiblere westdeutsche Manager sahen voraus, daß eine Dampfwalzen-Personalpolitik die Aufbruchsstimmung im Osten eher lähmen als befördern würde. Gertrud Höhler, Beraterin der Deutschen Bank, Germanistikprofessorin und vom Kanzler schon vergeblich als Ministerin umworben, beschrieb die Qualifikationsanforderungen für Führungskräfte. Man brauche keine in ihrer Persönlichkeit verarmten Menschen, »wie wir sie hier vielfach noch haben, weil sie auf dem Weg in die Spitzenposition verschlissen wurden.«[4]

---

1. *Hamburger Abendblatt*, 10.7.90
2. *FAZ*, 27.8.91
3. *Der Morgen*, 7.7.91

Mit bloßem Besserwissen, Anordnen und Organigrammen, mit dem Mythos der großen Bosse, sei der Erfolg nicht zu erreichen, schrieb die konservative Kritikerin dem Kanzler ins Stammbuch. »Wir dürfen nicht nur der starke vollgefressene Nachbar sein. Sonst besteht die Gefahr, daß die Unselbstständigkeit der DDR-Bürger verlängert wird.« Denn Menschen, die 40 Jahre in einem lagerähnlichen Zustand leben mußten, seien mißtrauisch und dennnoch zugleich bereit zum Gehorsam. Sie folgten viel schneller einem Vorschlag als dies die selbstbewußten Wessis täten, »schlagen aber sofort zurück, wenn sie nicht gleich den Erfolg dieses Gehorsams erkennen können«. Doch der Kanzler blieb unbeirrt. Höhler: »Er hat wie immer wenig Rücksicht auf das Echo genommen. Er sieht das als eine Stärke seiner Politik.«

Die Chance, Abhängigkeiten aufzubauen, Fäden zu ziehen und Seilschaften zu bilden, hat Helmut Kohl, seinem Naturell entsprechend, natürlich auch bei der Eingemeindung des Ostens weidlich genutzt. Man denke nur an die glücklichen Gesichter von Birgit Breuel (CDU), Josef Duchac (CDU) und Lothar Späth (CDU), wie sie sich zum ersten großen Coup aktiver Industriepolitik bei Zeiss Jena einig wurden. Sie feierten ein Arbeitsbeschaffungsprogramm, nach sozialdemokratischen Muster gewirkt, als christdemokratische Errungenschaft.

Mit der Benennung Reiner Gohlkes zum ersten Vorstandspräsidenten der Treuhand und Detlev Karsten Rohwedder als Vorsitzenden des Aufsichtsrates hatten Kohl, Waigel und Lambsdorff geschickt zwei SPD-nahe Sanierer plaziert, die Hinterlassenschaft des gescheiterten Sozialismus aufzuräumen, um im Falle des Mißerfolges Sündenböcke der anderen Fakultät vorweisen zu können (ähnlich wie der SPD-Chef des Bundesnachrichtendienstes Konrad Porzner mit den Hinterlassenschaften von Mischa Wolf, Schalck-Golodkowski und Konsorten betraut wurde).

Als der Verwaltungsrat der Treuhand zur konstituierenden Sitzung am 15. Juli 1990 um 11 Uhr zusammentrat, hatte Detlev Rohwedder in der Einladung schon die markanten Erkennungszeichen des damaligen Treuhandgebäudes am Alexanderplatz 6 angegeben, damit die Herren auch ins richtige Etablissement fän-

---

4. *Hamburger Abendblatt*, 3.8.90

den: »... gegenüber dem Interhotel Berlin. Im Erdgeschoß hat die Deutsche Bank Geschäftsräume. Sie sehen die Bankreklame am Eingang.« Beigefügt erhielten die Mitglieder des übernommenen größten Konzerns der Welt das Treuhandgesetz der Volkskammer vom 17. Juni, die Satzung war noch nicht fertig – alles mußte ganz schnell gehen, schließlich war die Wirtschaftsunion erst seit zwei Wochen in Kraft.

Das Gremium hatte Gewicht – eine ganze Reihe von westlichen Industriebossen erschien. Neben ihnen mußten sich die Ostvertreter wie Exoten vorkommen: Hans-Olaf Henkel, Vorsitzender von IBM Deutschland, Professor Dr. Claus Köhler, Direktor der Deutschen Bundesbank, André Leysen, Aufsichtsratsvorsitzender der AGFA Gevaert, Dr. Frank Niethammer, Vorstandsvorsitzender der AGIV AG, Klaus Piltz, Vorstandsvorsitzender der VEBA AG, Dr. Horst Pastuszek, Vorstandsmitglied der Tchibo Holding AG, Johan J.G.Ch. van Tilburg, Vorstandsvorsitzender der Grundig AG.

Aus dem Osten waren mit von der Partie Dr. Karl Döring, vorläufiger Vorstandsvorsitzender der EKO Stahl AG, Gerd-Rainer Grimm von der Kranfabrik TAKRAF (die später von Klaus von Dohnany übernommen werden sollte), Jürgen Mäder, vorläufiger Vorstandsvorsitzender der Torgauer Glasindustrie, Lutz Modes von der SKL-Motoren- und Systemtechnik AG Magdeburg, NARVA-Chef Uwe Wulf, Harald Tausch-Marton von der Dresdener Spitzen GmbH.

Reiner Gohlke als designierter THA-Präsident, der SPD-Finanzminister Ost, Walter Romberg, Günter Nooke von Bündnis 90/Grüne, Dr. Dube vom Bonner Wirtschaftsministerium, ein Vertreter der Thyssen AG, Vorstandsmitglied Professor Kuhn und Wolfram Krause als amtierender Direktor der Treuhand (und späterer Finanzvorstand) komplettierten die Runde.

Rohwedder, der Ende März 1991 einem Mordanschlag der RAF zum Opfer fiel, war als rigider, aber erfolgreicher Sanierer der Dortmunder Hoesch AG zu Ehren gekommen. Er galt als einer der wenigen SPD-Leute, die »aufs trefflichste mit fremdem Kapital umgehen« konnten, wie die *Wirtschaftswoche* anläßlich seiner Berufung zubilligte. Denn innerhalb einiger Jahre – aber immerhin Jahre – gelang es ihm, den Stahlkonzern vom Verlustbringer zum finanzkräftigen und gewinnträchtigen Unternehmen umzubauen. Damals wurde ein Drittel der Arbeitsplätze wegrationalisiert.

Westdeutsche Wirtschaftsjournalisten wählten Rohwedder zum Manager des Jahres 1983. Der 57-jährige galt als einer der wenigen, der sowohl zum Kanzler wie zum Herausforderer Oskar Lafontaine über gute Kontakte verfügte. Außerdem hatte er ausgezeichnete Verbindungen zur westdeutschen und europäischen Bankenwelt sowie zur Industrie, was sich auch in seiner Personalpolitik entsprechend niederschlug. Rohwedder saß in den Aufsichts- und Beiräten namhafter westdeutscher Unternehmen wie IBM, Ruhrkohle, Deutsche Babcock, Bertelsmann und der Allianz Versicherungs-AG – die die DDR-Versicherung in toto übernahm.

Als Staatssekretär in den siebziger Jahren unter SPD- und FDP-Ministern führte Rohwedder viele Wirtschaftsverhandlungen mit der damaligen DDR-Führung, was ihm den Ruf einbrachte, über beste Beziehungen zum anderen Teil Deutschlands zu verfügen.

Aber auch die anderen westdeutschen Wirtschaftsführer im Aufsichtrat wußten, warum sie sich bei der Aufteilung der neuen Ost-Claims beteiligen wollten: IBM-Henkel hoffte auf neue Märkte und Behördenausstattungen für dringend benötigte Informationstechnik, Tchibo wollte ganz schnell 1 000 neue Kaffeeläden installieren (zu den 2 200 im Westen) und beteiligte sich an Kaffeeröstereien in Stralsund, Magdeburg und Nordhausen. Für die Energiewirtschaft und die Infrastruktur saßen neben Rohwedder die Herren Piltz (Veba) und Niethammer (Aktiengesllschaft für Industrie- und Verkehrswesen) im Kontrollgremium der Treuhand.[1]

Von Beginn an versuchte Rohwedder, Gohlke Vorschriften zu machen, wie er seine Aufgabe wahrnehmen sollte. Insider berichteten, Gohlke sei ihm zu akribisch, zu sehr auf langsame Sanierung und überlegte Veräußerung vorgegangen. Verschiedentlich habe Gohlke zu »amerikanisch« gehandelt; nur auf den Preis bedacht, vor allem, wenn es um westdeutsche Großinteressenten ging.

Mit Schreiben vom 25. Juli 1990 belehrte Rohwedder seinen Treuhandpräsidenten, daß die wichtigen Bereiche Fernmeldewesen (Siemens), Verkehrsträger (Lufthansa) und Versorgungsunternehmen für Wasser und Energie (die großen Elektrizitätsversor-

---

1. *Wirtschaftswoche*, Ausgabe DDR v. 20.7.90

ger) erst im September vom EG-Ministerrat harmonisiert werden sollten, also noch Spielraum für »eine gewisse vergabemäßige Flexibilität« bestünde (siehe Dok. Seite 90). Dabei handle es sich »um eine sehr sensible Problematik, bei der viele Nuancen nur durch eine detaillierte Kenntnis der Praxis zu beurteilen« seien. Gohlke solle sich bei den Bonner Ministerien entsprechend fit machen, um in keine Fettnäpfchen zu treten.

In der zweiten Sitzung des Treuhand-Aufsichtsrates am 30. Juli 1990 (siehe Protokoll Seite 92) stritt man sich zuerst über den Verkauf der Interhotel-Kette, die nach Auffassung der Treuhand-Spitze unberechtigterweise und für eine Milliarde zu billig verkauft wurde. Zu einem Pachtzins von vier Prozent anstatt der marktüblichen zehn Prozent bei einer Laufzeit von zwanzig Jahren wurden die 35 DDR-Spitzenhotels unautorisiert an die Steigenberger-Gruppe vergeben. Doch Rohwedder und Gohlke wollten kein altes Monopol durch ein neues ersetzen. Obwohl der Interhotel-Chef Hellmuth Fröhlich beteuerte, die Treuhand sei über alle Verhandlungen informiert gewesen, wurde er beurlaubt. Die Treuhand wollte die Verträge rückgängig machen, die eine Milliarde DM Verkaufspreis war zu niedrig. Fröhlich war durch besondere Angebote (angeblich sollte er zwei Hotels weiter führen dürfen) bewegt worden. Der Verkauf platzte. Nach einem Jahr war immer noch keines der 35 Hotels verkauft, aber es gab 200 Interessenten von internationalem Rang, darunter Kempinski, Maritim, Ritz Carlton, Hilton, Holiday Inn, Marriott, Hyatt – sie wollen alle in der touristisch unerschlossenen DDR ihren Schnitt machen. Auch der Treuhand hatte die Intervention nicht geschadet: Der Verkaufspreis wird aller Voraussicht nach über drei Milliarden liegen, die Zahl der Beschäftigten allerdings von 12500 auf 7500 zurückgegangen sein.

Als Punkt 2 stand auf der Tagesordnung des Verwaltungsrates am 30. Juli 1990: Die Treuhandschaft Land- und Forstwirtschaft als Anstalt des öffentlichen Rechts unter dem Dach der Treuhandanstalt. Rohwedder begrüßte die Eigenständigkeit dieser von der Volkskammer empfohlenen Einrichtung, und auch die anderen Herren waren sich einig, »daß es besser wäre, für die Treuhandschaft Land- und Forstwirtschaft nicht voll verantwortlich zu sein«, wie im Protokoll festgehalten wurde (siehe S. 93). Ein Jahr später war man von der öffentlich-rechtlichen Orientierung gänz-

Dr. Rohwedder   Berlin, den 25. 07. 1990

Herrn Dr. Gohlke
─────────────────

Vermerk

Betr : Local content im öffentlichen Auftragswesen der DDR

Zu diesem Thema berichte ich in der Verwaltungsratssitzung
am 30. 07. 1990 wie folgt:

Bei öffentlichen Aufträgen sind nach Art. 30 EWG-Vertrag
Waren aus anderen EG-Mitgliedstaaten gleichzubehandeln.
Art. 30 EWG-Vertrag gilt in der DDR zwar erst ab deren Beitritt
zur Bundesrepublik Deutschland. Jedoch ist den anderen Partner-
staaten zugesichert worden, daß bereits in der Zeit vor dem Beitritt die Grundsätze des EWG-Vertrages, insbesondere die Nichtdiskriminierung gewährleistet werden. Nach dem Beitritt könnten
alle Wirtschaftsbürger die Unwirksamkeit einer local content
Regelung geltend machen.

Die Kontrolle, daß die Nichtdiskriminierung beachtet wird, erfolgt in der Praxis insbesondere durch die EG-Vergabevorschriften
für öffentliche Bau- und Lieferaufträge; durch die Harmonisierung der Vergabeverfahren wirkt sie Diskriminierungen entgegen.
Ausschreibungen sind z.B. im Amtsblatt der EG zu veröffentlichen,
und die Vergabekriterien sind EG-einheitlich festgelegt.

Für die wichtigen Bereiche der sogenannten ausgeschlossenen
Sektoren (Fernmeldewesen, Verkehrsträger, Versorgungsunternehmen
für Wasser und Energie) sind die Vergabeverfahren noch nicht
harmonisiert. Die Harmonisierung soll im September vom Rat endgültig verabschiedet werden. Die Mitgliedstaaten werden dann eine
Umsetzungsfrist von mindestens 18 Monaten haben. Auch während
dieser Übergangszeit darf keine Diskriminierung - etwa durch
Verordnung eines local content - erfolgen. Es besteht aber noch
eine gewisse vergabemäßige Flexibilität für die betroffenen
öffentlichen Auftraggeber. Z.B. bedarf es noch keiner EG-weiten

Ausschreibung. Für den Fernmeldebereich wiederum gilt bereits
während der Übergangszeit die Fernmeldeempfehlung des Rates vom
12. 11. 1984. Danach sind bei Ausschreibungen auch Unternehmen zu
beteiligen, die in anderen EG-Mitgliedstaaten ansässig sind.

Insgesamt handelt es sich um eine sehr sensible Problematik, bei
der viele Nuancen nur durch eine detaillierte Kenntnis der Praxis
zu beurteilen sind. Zu diesem Zwecke empfehlen sich baldige enge
Kontakte zwischen den öffentlichen Auftraggebern der sogenannten
ausgeschlossenen Sektoren auf Expertenebene. Für Anfang August
ist ein erstes Gespräch zwischen der zuständigen Referatsleiterin
im BMWi, Frau Krause-Sigle, dem zuständigen Referatsleiter im
BMPost, Herrn Müller, und den zuständigen Vertretern des
DDR-Postministeriums beabsichtigt. Sicher läßt sich ein ähnliches
Gespräch leicht zwischen den zuständigen Stellen der Deutschen
Bundesbahn und der Reichsbahn arrangieren. Weitere Gespräche mit
den betroffenen Sektoren sollten folgen; die DDR-Regierung sollte
die zuständigen Stellen benennen.

Das BMWi hat mich wissen lassen, daß es ferner hilft, korrespon-
dierende Behörden zu finden - auch im Bereich der Bundesländer.

Protokoll

über die 2. Sitzung des Verwaltungsrates der Treuhandanstalt am 30. 07. 1990

Ort: Treuhandanstalt Berlin, Alexanderplatz 6
Beginn: 11.00 Uhr
Ende: 17.30 Uhr
Teilnehmer: siehe Anlage 1

Tagesordnung: siehe Anlage 2

Zu Tagesordnungspunkt 1

Das Protokoll über die Sitzung des Verwaltungsrates am 15. 07. 1990 wurde bestätigt.
Im Anschluß daran informierte Dr. Rohwedder über Aktivitäten zwischen der Interhotel-AG und der Hotel-Gruppe Steigenberger, die im Gegensatz zu den Interessen und Orientierungen der Treuhandanstalt stehen. Er verwies auf Kompetenzüberschreitungen des Beauftragten der Treuhandanstalt und des vorläufigen Vorstandsvorsitzenden der Interhotel-AG, die rechtlich noch zu prüfende Konsequenzen nach sich ziehen. Der Vorstand der Treuhandanstalt wurde beauftragt, auf der nächsten Sitzung des Verwaltungsrates über den Fortgang zu informieren.

Zu Tagesordnungspunkt 2: Satzung der Treuhandanstalt

Die im Verwaltungsrat am 15. 07. 1990 beratene Fassung wurde von der Volkskammer mit Empfehlung bestätigt.
Die Empfehlung der Volkskammer betreffen:

1. Organisation der ~~Treuhandschaft Land- und Forstwirtschaft~~
   als ~~Anstalt des öffentlichen Rechts~~ unter dem Dach der Treuhandanstalt. *(Anstalt des öffentlichen Rechts)*

   Der Vorsitzende des Verwaltungsrates, Herr Dr. Rohwedder, brachte zum Ausdruck, daß die Eigenständigkeit der Treuhandschaft Land- und Forstwirtschaft dem Verständnis der Treuhandanstalt als industriepolitischem Instrument entgegenkommt. Auch andere Verwaltungsratsmitglieder hoben hervor, daß es besser wäre, für die Treuhandschaft Land- und Forstwirtschaft nicht voll verantwortlich zu sein.
   Der Präsident der Treuhandanstalt, Herr Dr. Gohlke, äußerte, daß eine öffentliche Anstalt Land- und Forstwirtschaft unter der Treuhandanstalt nicht unproblematisch sei, die Vor- und Nachteile zu prüfen sind und eine optimale Lösung gefunden werden müsse.
   Im Ergebnis der Diskussion wurde dem Vorstand empfohlen, einen Standpunkt auszuarbeiten, wie die rechtliche Verbindung zwischen der Treuhandanstalt und der Treuhandschaft Land- und Forstwirtschaft auszugestalten ist.

2. Veränderung der Satzung der Treuhandanstalt im § 11 um den Zusatz, daß die vorgesehenen Vorstandsmitglieder vor ihrer Bestellung ihre anderen Funktionen offenlegen sollen.

   Die Satzung ist um diese Empfehlung zu ergänzen.

3. Zuordnung des Handels zu den Treuhand-Aktiengesellschaften.

   Es wurde die Festlegung getroffen, daß der Bereich des Handels der Treuhand-Aktiengesellschaft Konsumgüterindustrie zuzuordnen ist.

Zu Tagesordnungspunkt 4

Zur Vorbereitung der Gründung der Treuhand-Aktiengesellschaften erfolgte eine intensive Diskussion.

Im Ergebnis wurde festgelegt:

1. Der Vorstand der Treuhandanstalt wird beauftragt, Entscheidungsvorschläge für die Ausgestaltung der Beziehungen zwischen dem Vorstand der Treuhandanstalt und den Aufsichtsräten der Treuhand-Aktiengesellschaften auszuarbeiten.

2. Durch den Vorstand der Treuhandanstalt sind zur nächsten Sitzung des Verwaltungsrates personelle Vorschläge für die Besetzung von Vorständen und Aufsichtsräten in den Treuhand-Aktiengesellschaften einschließlich einer territorialen Zuordnung dieser Aktiengesellschaften zu unterbreiten. Die Mitglieder des Verwaltungsrates der Treuhandanstalt werden dabei die notwendige Unterstützung geben.

Zu Tagesordnungspunkt 5

Über die Lage in der DDR hinsichtlich Situation in der Wirtschaft, Liquidität der Unternehmen in den Monaten Juli und August sowie Stand der Privatisierung, Sanierung und Liquidation informierte Herr W. Krause. Sein schriftlicher Bericht wurde allen Teilnehmern der Verwaltungsratssitzung übergeben.
In der anschließenden Diskussion verwiesen insbesondere die Minister Dr. Hildebrandt und Dr. Romberg auf eine sich immer mehr zuspitzende Entwicklung mit möglichen dramatischen sozialen Konsequenzen.
Sie begründeten damit einen unbedingten Handlungsbedarf der Treuhandanstalt, vor allem im Hinblick auf die Ingangsetzung von Struktur-, Beschäftigungs- und Finanzierungsprogrammen zur Wiederbelebung des Inlandmarktes.

Im Verwaltungsrat wurde die Festlegung getroffen, unter Federführung von Dr. Rohwedder diese Fragen in einem Memorandum aufzuarbeiten und sowohl dem Bundeskanzler der BRD als auch dem Ministerpräsidenten der DDR zur Kenntnis zu bringen. Prof. Köhler wurde gebeten, bei der Abfassung mitzuwirken.

lich abgekommen und übertrug die Verkäufe der landwirtschaftlichen Nutzfläche einem Bankenkonsortium.

Zu Punkt 3 der Tagesordnung »Satzung der Treuhand-Aktiengesellschaften, Treuhandvertrag und Erste Durchführungsverordnung (1. DVO) zum Gesetz zur Privatisierung und Reorganisation des volkseigenen Vermögens«, kurz »Treuhandgesetz«, stellte Rohwedder fest, daß die Treuhand Schwierigkeiten habe mit den »Durchgriffsmöglichkeiten« wie Finanzhoheit, Garantiebegebung und Beleihungen – sprich: mit der Übernahme der Geschäftsgewalt. Außerdem empfand man »unangenehme zentralistische Komponenten« im Treuhandvertrag. Noch war vom Volkskammer-Gesetz vorgesehen, vier Treuhand-Aktiengesellschaften zu gründen, – vier Wochen später rückte man davon ab, um alles in der Zentrale abwickeln zu können. Die Aktiengesellschaften hätten dezentral und branchenorientiert aufgebaut werden sollen, doch die Bonner Vorgaben waren andere. Hinzu kamen die enormen Aufbaupobleme der Treuhandzentrale.

Wolfram Krause, immer noch Vorstandsmitglied der Treuhand, gab im Verwaltungsrat einen Situationsbericht zur wirtschaftlichen Lage; die SPD-Minister für Soziales und Finanzen aus dem Kabinett de Maizière machten schon zu diesem Zeitpunkt auf »eine sich immer mehr zuspitzende Entwicklung mit möglichen dramatischen sozialen Konsequenzen« aufmerksam. (siehe S. 94) Es wurde beschlossen, diese Fragen in einem Memorandum aufzuarbeiten und sowohl dem Kanzler wie dem DDR-Noch-Ministerpräsidenten zur Kenntnis zu bringen.

Der Komplex Altschuldenbelastung wurde durch den EKO-Stahl-Vorsitzenden Döring erstmals angesprochen. Man nahm sich vor, »weitere Überlegungen« anzustellen, wie mit den Schulden zu verfahren sei. (Erst nach vielen Monaten, als etliche Betriebe nicht zuletzt durch die unklaren Schuldensituation zusammengebrochen waren, fand man halbwegs verläßliche Richtlinien zur Streichung der alten SED-Kredite).

Reiner Maria Gohlke scheiterte bereits nach fünf Wochen Amtstätigkeit an Rohwedder. Gohlke, der bei IBM Deutschland eine steile Karriere bis zum Geschäftsführer hinter sich hatte, war vom damaligen SPD-Verkehrsminister Volker Hauff als Sanierer zum Bundesbahnchef gemacht worden. Doch der 56-jährige, der als knallharter Verkäufer in der Treuhand wegen seiner oft ruppigen

Art bald zwischen allen Stühlen saß, zog sich durch das Verprellen einiger nobler Industrieller auch das Mißtrauen des Kanzlers und de Maizières zu. Gohlke hatte nämlich entgegen der Optimismuspropaganda aus dem Kanzleramt öffentlich erklärt, die wirtschaftliche Lage sei noch schlechter als erwartet. Aufgaben im Umweltschutz, im Schienenverkehr, im Straßen- und Städtebau seien gewaltig und auch zu finanzieren, wenn man die weggefallenen Kosten der Teilung und einen Abbau der Rüstungsausgaben (»jährlich etwa 50 Milliarden Mark«) für die Ankurbelung der Ost-Wirtschaft zur Verfügung stellen würde. Als Hieb gegen Lufthansa-Chef Ruhnau erklärte der Amtswalter der DDR-Fluggesellschaft Interflug zu allem Überfluß, bei der Privatisierung komme auch nicht unbedingt derjenige zum Zuge, der über »die größte Staatsnähe« verfüge, sondern der am meisten zahle. Damals wollte sich die Lufthansa noch mit 26 Prozent an »Interflug« beteiligen. Gohlke wollte dabei eigene Wartungsdienste für den »Airbus« in Dresden aufbauen, um die Öffnung nach Osteuropa zu forcieren.

Wichtige bundesdeutsche Kaufinteressenten wollten bald nur noch mit Rohwedder verhandeln. Auf seiner nächsten Pressekonferenz bekam Gohlke als Aufpasser den DDR-Chefunterhändler und Kohl-Fan Günther Krause zur Seite, der dann eine »klar positive Bilanz« der wirtschaftlichen Entwicklung zu verkünden hatte. Gohlke hatte außerdem kurz nach seinem Amtsantritt für einzelne, kurz vor dem Abschluß stehende Verkaufsverhandlungen noch neue Wertgutachten bestellt und weitere potentielle Käufer im In- und Ausland anschreiben lassen – sehr zum Ärger einiger bundesdeutscher Interessenten, die ihre Beute schon unter Dach und Fach glaubten.

Als Rohwedder endlich vom Aufsichtsrat auf den Posten Gohlkes überwechselte, tat er dies uner seiner bekannten Devise: »Entweder wir arbeiten schnell oder gut.« Gohlke habe sich als Treuhandchef zu sehr in Details gemischt, er, Rohwedder, verstehe sich »als Kapitän auf einem Schiff, das von vielen kräftigen Männern gesteuert wird, und nicht als derjenige, der im Unterdeck selbst die Kohle schaufelt.« Kohlen-Schaufler Gohlke kehrte zu seinen Lokomotiven zurück und war für niemanden mehr zu sprechen.

Sowohl Gohlke wie Rohwedder mußte es als erfahrenen Sanierern klar gewesen sein, daß jeder Umbau der DDR-Industrieregionen erstens Jahre dauern würde – wie sie bei ihren vorherigen Sanierungsobjekten gelernt hatten –, daß zweitens dafür hunderte von Milliarden DM notwendig sein würden, und daß drittens gewaltige Qualifizierungs- und Beschäftigungsprogramme vonnöten seien. Als Marktwirtschaftler mußten sie zudem wissen, daß die Wirtschafts- und Währungsunion alle 8000 Staatsbetriebe der Treuhand über Nacht zu hochverschuldeten, unrentablen Einrichtungen degeneriert hatte, nachdem die wirtschaftlichen Rahmenbedingungen unvorbereitet und abrupt geändert worden waren. Gohlke formulierte vor seinem Abgang, daß es unter diesen Umständen »keinen einzigen konkurrenzfähigen Betrieb in der DDR« gebe.[1] Nachfolger Rohwedders als Aufsichtsratsvorsitzender wurde Jens Odewald, Vorstandsvorsitzender der Kaufhof AG, die sich zehn Kaufhäuser in der Ex-DDR sichern wollte und sich mit Karstadt die Konsumpaläste aufteilte.

Schlechter Rat ist teuer

Da in vielen Betrieben aufgrund der unklaren Situation und der aufgehäuften Zwangsschuldenberge aus SED-Zeiten die testierten Eröffnungsbilanzen über viele Monate fehlten, verlangten die Treuhandstellen für jeden Kredit, jede Investition, jede Änderung der Betriebsstruktur und der Organisation ein »Beraterpapier«. Das mußte selbstredend von westlichen Beratungsfirmen eingebracht werden, um in den Augen der Banken und der Treuhand kreditwürdig zu sein. Ein lukratives Geschäft, denn die Bonner Politik machte es dubiosen Beratern leicht, an die Zuschüsse (bis zu 80 Prozent) zu den Beratungskosten zu kommen. Während die Branchenriesen wie Roland Berger, Mc Kinsey oder Kienbaum ihr Hauptgeschäft im Westen ließen, stürzten sich zahllose kleine Firmen auf das sprudelnde Ostgeschäft.

Etwa der Fall Ziegler: Per Ferndiagnose schrieb der selbsternannte Unternehmensberater dem thüringischen Unternehmer

---
1. *Die Tageszeitung*, 22.8.90

Horst Steinmann: »Sie brauchen mich«, und attestierte dem Puppen- und Gartenzwerghersteller »eine falsche Verkaufspolitik«.[1] Ein Vertrag kam zwar nicht zustande, weil dem 71jährigen Steinmann das Marketing-Gelaber des aufdringlichen Beraters auf die Nerven ging, aber die Rechnung in Höhe von 5301 DM kam trotzdem, unter anderem für einen nicht gewünschten Hausbesuch im thüringischen Königssee. Nach der dritten Mahnung ging Steinmann zum Staatsanwalt.

Ziegler ist kein Einzelfall: Zu hunderten fallen die modernen Raubritter in die Ostbetriebe ein, um mit oft banalen Ratschlägen und seichten Schulungskursen, mit Drängeln, Bitten und Drohen an Aufträge zu kommen. Beliebtes Opfer sind die Geschäftsführer der vielen neuen GmbHs. Oft wollen alte Kader mit Erfahrung im Ducken und Anpassen ihren Posten durch Westberatung abstützen und die Belegschaft durch ihre »hervorragenden West-Kontakte« von der eigenen Unersetzbarkeit überzeugen – ein leichtes Spiel für den wendigen Wessiberater. Die Industrie- und Handelskammer Schleswig-Holstein, die etliche dubiose Fälle ausgemacht hatte, warnte die Ostunternehmen öffentlich vor den »neuen Plünderern«.

Blumig-wolkige Beratungsziele werden in den clever ausgestalteten Verträgen zum Lockmittel für die oft an der Liquidation entlangschliddernden Ost-Unternehmer. Sie sind nur allzu gern bereit, sich an jeden Strohhalm West anzuklammern. Da ist die Rede von »Marktlückenseminaren« oder Lehrgängen über »Verkäufertraining« bis zum Managerkurs »Positiv führen« oder gar »Erfolgreich Mahnungen schicken«. Das einzige, was konkret feststeht, ist der saftige Preis, der sich angesichts der Notlagen und der Bonner Subventionszahlungen gut eintreiben läßt. Seriöse Westberater nehmen Tagessätze bis zu 3000 DM – kein Pappenstiel. Die halbseidenen Know-how-Dealer lassen sich oft am Umsatz beteiligen, fordern Gesellschaftsanteile oder sogar den Posten des Geschäftsführers.

Dabei steht das Interesse an Umsatzbeteiligung in krassem Widerspruch zu den Kriterien einer erfolgreichen Beratung, denn oft müssen im Interesse künfiger Rentabilität bestimmte Produktlinien

---

1. *Der Spiegel*, 20.5.91

abgestoßen werden. Der gute Rat würde zu Umsatzminderung und damit zu Honorareinbußen führen, also unterbleibt er. Dem Bundesverband Deutscher Unternehmensberater (BDU) ist das Treiben der schwarzen Schafe zwar unangenehm, aber solange die Treuhand so beraterfixiert ist, wird sich nichts ändern.

Ein Niederlassungsleiter einer Baufirma in Sachsen-Anhalt bat die »Wirtschafts- und Kapital-Analyse-Unternehmensberatung« (WKA) um ein Gutachten, ob er seinen Firmenverbund verlassen solle. Er und seine 63 Mitarbeiter wollten sich über die Risiken der Eigenständigkeit in der regionalen Bauwirtschaft klar werden. Der Berater erzählte ihm etwas aus den BWL-Fibeln, die in jedem Buchladen zu bekommen sind: von hoher Flexibilität, die im harten Konkurrenzkampf der Marktwirtschaft erforderlich sei. Im Kapitel »Umsatzplanung« erfuhr er, daß Marktvolumen nur bei entsprechender Kaufkraft wirksam wird und »daß Marktakzeptanz das zentrale Problem jedes Unternehmens ist.« Über die Baubranche erfuhr der Auftraggeber nichts. Die Rechnung für den Einführungskurs in Marktwirtschaft und Nepperei: 16569,90 DM.

Die WKA, die sich mittlerweile zur Deutschen Beratungs AG (DEBERAG) mauserte, will im Jahr 1991 mit rund 90 Beratern 12 Millionen umsetzen – bei 480 Firmen im Osten.

Einer Zusammenstellung der Bundesregierung vom 23. Januar 1991 ist zu entnehmen, daß immerhin 225 Beratungsfirmen Geld in Bonn beantragt haben, die meisten für mehrere Projekte.

Die lukrative Tätigkeit lockte nicht nur flotte Wessis an »wie Motten das Licht«. Auch Ostler stiegen mittlerweile forsch in die Hochkonjunktur des von der Treuhand inspirierten Beraterunwesens ein. Ein Potsdamer Neuberater legte seinem Werbeanschreiben gleich die Kontaktliste seiner sämtlichen Seilschaften bei – von den »Kadern der mittleren Leitungsebene in Moskau« (vor dem Putsch) bis zu den »Direktoren der Musikinstrumentenindustrie«. Für die Marktwirtschaft glaubt Herr Hardenberg mit seiner »speziellen Kenntnis im Leiten von Kollektiven« gerüstet zu sein.

Nicht selten sind die Grenzen zwischen Beratern und Betrügern fließend. So erzählt der Chef der Treuhand-Niederlassung in Halle, Michael Dickerhof, von der guten Zusammenarbeit zwischen einem dubiosen Unternehmensberater aus dem Westen, der in Absprache mit den beiden Geschäftsführern aus alten Zeiten für eine Firma ein Gutachten fertigte, das so umwerfende Erkenntnisse brachte wie »Die Kaufkraft in den neuen Ländern wird steigen«. Die Treuhand bezahlte 500 000 DM für das gescheite Stück Papier; die Knete wurde unter den Brüdern aus West und Ost geteilt – die Kaufkraft stieg.

Das hemmungslose Zocken ist inzwischen in allen Branchen verbreitet und beschäftigt die Treuhand oft weit mehr als ihre regulären Geschäfte. Bernd Capellen von der Treuhand Halle: »Man gerät hier von einem Sumpf in den anderen. Bestimmt zwei Drittel der täglichen Arbeitszeit geht durch das Aufdecken dieser Machenschaften verloren.«[1]

Die Treuhand-Mitarbeiter vor Ort stehen oft unter ungeheurem Zeitdruck. Sie haben daher wenig Möglichkeiten, genau zu überprüfen, was in den Betrieben vor der Privatisierung abgelaufen ist. Die politische Vorgabe diktiert den Abwicklungsprozeß: Schnell zu agieren – egal was es (die Steuerzahler) kostet. Wie leicht die Treuhand auch von großen Beraterfirmen ausgetrickst werden kann, zeigt der Fall der KPMG, einer der weltgrößten Wirtschaftsprüfungs- und Unternehmensberatungsfirmen. Die KPMG hat im Auftrag der Treuhand zahlreiche Sanierungs- und Verkaufskonzepte für ehemalige DDR-Unternehmen entwickelt. Gleichzeitig steht sie den Käuferfirmen im Westen beratend zur Seite. Juristisch nennt man das »Parteiverrat«: Alle Bilanzzahlen, alle Geschäftsstrategien, alle betriebswirtschaftlichen Prüfziffern werden vom Unternehmensberater gehandelt und die künftige Auftragsvergabe ist ein Selbstläufer, da niemand bessere Konditionen zu vermitteln weiß.

Dem ehemaligen DKP-Funktionär und heutigen Kölner Journalisten Jörg Heimbrecht blieb es vorbehalten, dieses schnöde Stück Kapitalismus in *Monitor*[2] zu enthüllen: Die KPMG-Mitarbeiter Townsend und Schuler betreuten die Freiberger Papierfabrik zu Weißenborn im Erzgebirge. Im Dezember 1990 verkaufte die Treuhand das Werk an die westdeutsche Unternehmensgruppe Schoeller GmbH & Co. KG, der das Ostangebot ausgezeichnet ins Sortiment paßte. Ein Blick Heimbrechts in den normalerweise streng geheimen Zentralcomputer des Beratungskonzerns mit 2,7 Milliarden DM Umsatz erwies, daß die beiden Mitarbeiter Town-

---

1. *Tagesthemen, ARD*, 13. 8. 91
2. *Monitor*, 13.8.91

send und Schuler auch die Schoeller-Gruppe betreuten. Eine standeswidrige Interessenkollision auf Kosten des Steuerzahlers – verraten und verkauft mit Hilfe einer Treuhand, die ihrer Kontrollfunktion nicht gerecht wurde. Daß dies kein Einzelfall, sondern eher die Regel ist, belegen Hausmitteilungen der KPMG mit folgender Anweisung an die Mitarbeiter: »Für den Fall, daß der potentielle Erwerber ebenfalls Mandant ist, sollte die Frage der Unterschriften – möglichst nicht dieselben – bedacht werden.«

Auch die Münchner Roland-Berger-Gruppe kam glänzend mit der Treuhandanstalt ins Geschäft – zum einen als Berater der Treuhand, zum anderen auf vielfältige Art und Weise als Consultant für Treuhandbetriebe. Erleichternd kam hinzu, daß die Deutsche Bank seit 1987 mit 75,1 Prozent Mehrheitsaktionär bei Roland Berger ist, was allen Entscheidungsträgern der Treuhand bekannt war. Hatte die Unternehmensberatung Roland Berger ein Gutachten gemacht oder hatte man ein solches bei ihr in Auftrag gegeben, so wußte man, daß die Kreditwürdigkeit kein Problem war. Ein Dreiseitengeschäft, das die Umsatzzahlen bei Berger in traumhafte Höhen trieb. Denn das größte deutsche Kreditinstitut (letzter Jahresumsatz: 404,7 Milliarden DM) hatte in der DDR zwei Drittel des Filialnetzes der ehemaligen Staatsbank übernommen und war so zur wichtigsten Hausbank für die meisten ostdeutschen Betriebe geworden. Der Münchner Starberater Berger, der schon im März 1990 Birgit Breuel anbot, in sein Unternehmen einzusteigen, beriet über die Hälfte der 50 größten Ost-Kombinate, darunter Robotron und Takraf, die Schiffsbau- und die Stahlindustrie. Gleichzeitig beraten Berger-Leute die Treuhand auf allen Ebenen – von der Präsidentin über die Direktoren, in den Branchengruppen und in den Niederlassungen. »Berger«, befand die *Wirtschaftswoche* (38/91), »ist der heimliche Herrscher über die ostdeutsche Wirtschaft.«

Die Yuppies kommen

»Unerträglich«, fand es Tino Schwierzina (SPD), erster frei gewählter Oberbürgermeister im Ostteil Berlins, »wenn Westler unterstellen, die meisten Bürger im Osten seien faul und nicht umschulungswillig.« Aus denselben Ecken, so sei noch vor gar nicht allzu langer Zeit zu hören gewesen, wie gut ausgebildet und qualifiziert die Ossis seien. Der Sinneswandel provoziere den Gedanken, so der Vizepräsident des Berliner Abgeordnetenhauses im Frühjahr 1991, man lasse »die Wirtschaft der neuen Länder den Bach runtergehen, um sich dann billig einzukaufen«. Und er stört sich an den Wessi-Allüren, die so viel Atmosphäre zwischen »Siegern« und »Besiegten« zerstören, etwa die »Auftretungsarten der alerten jungen Männer um die 40 herum, die im feinen Tuch vortreten und all das, was für die Menschen in den neuen Ländern über viele Jahre Bestandteil ihres Lebens war, auf den Kehrichthaufen werfen wollen«. Ihn stört die »Gutsherrenmanier«, in der mit vielen Pferdestärken unter der Motorhaube der Osten erobert wird, aber Sozialdemokrat Schwierzina widerspricht, wenn »man den Westen hinstellt als den hungrigen Wolf, der auf das kleine Rotkäppchen geguckt hat. Wir im Osten haben doch die Einheit gewollt, das wurde doch auch immer wieder skandiert«.[1]

Sein Kollege Lehmann-Grube, Leihexport der Hannoveraner SPD, spürte just zur gleichen Zeit »eine Feindseligkeit gegen die Westdeutschen«. Der Hallenser und Bundesaußenminister Hans-Dietrich Genscher plädierte für einen »Burgfrieden« zwischen den Parteien, um gemeinsam die Offensive »Go East« vorzutragen. Die Berliner Treuhand, so Genscher im April 1991, solle ehemalige Staatsfirmen auch unter Wert verschleudern, »wenn damit Menschen in Arbeit und Brot bleiben.«

Der Crash-Kurs zur deutschen Einheit mit verheimlichten Steuererhöhungen im Westen und verharmlosten Strukturproblemen im Osten hatte zwar bis zur Bundestagswahl Erfolg, doch dann folgte auf das Einwickeln das Abwickeln. Mitte 1991 ergab eine Umfrage im Auftrag des *Spiegel* über die Ergebnisse der Teilung durch Einheit aufschlußreiche Volksmeinungen. Der Ansicht, »Die Westdeutschen haben die ehemalige DDR im Kolonialstil erobert,« stimmten 63 Prozent der verbliebenen Ostdeutschen zu, nur 36 Prozent waren anderer Ansicht.[2]

Gleiche Ergebnisse brachte die Frage nach der Fähigkeit der Westdeutschen zu teilen: 64 Prozent der Ostdeutschen waren der

---
1. *Die Welt*, 2.4.91
2. *Der Spiegel*, Nr. 30/90

Meinung, daß die Deutschen im Westen trotz ihres Wohlstandes nicht gelernt hätten zu teilen. Auch die Westdeutschen glauben zu 39 Prozent, sie würden zu wenig abgeben, aber satte 60 Prozent halten sich für gerechte Teiler.

Noch schlimmer: Der Meinung »Ostdeutschland wird fast nur als Absatzgebiet für Westwaren gesehen«, stimmten im Osten 92 Prozent zu, im Westen immerhin eine Mehrheit von 55 Prozent. Anderer Auffassung waren im Osten ganze sieben Prozent, im Westen 44 Prozent. Und 82 Prozent der Ostdeutschen haben den Eindruck, »Sehr viele Westdeutsche sind ›Besserwessis‹ und halten sich für klüger als die Ostdeutschen«, lediglich 18 Prozent glauben dies nicht. Sogar im Westen halten sich 56 Prozent für Besserwessis, 42 Prozent widersprechen diesem (Vor-)Urteil.

Die Hälfte aller Deutschen in Ost und West sind der Auffassung, der Vereinigungsprozeß laufe »schlechter als erwartet«, acht Prozent sehen ihn besser ablaufen und der Rest erklärt, er habe die Entwicklung so kommen sehen. Auf die Frage, ob es ein längeres Nebeneinander zweier deutscher Staaten, der Bundesrepublik und einer »eigenständigen, demokratischen DDR« hätte geben sollen, antworteten ein Jahr nach der Wirtschafts-, Währungs- und Sozialunion 45 Prozent im Westen und 47 Prozent im Osten mit »Ja«. Trotzdem hofft man im Osten verständlicherweise, daß in naher Zukunft die Vorteile die Nachteile überwiegen – immerhin fürchtet die Hälfte der Ostdeutschen zu diesem Zeitpunkt um den eigenen Arbeitsplatz.

Anstatt die vorwärtsstrebenden Nachwuchskräfte aus dem zweiten und dritten Glied – oft hervorragende Fachleute – ins Management zu holen und die alten Kader zu entlassen, machte die Treuhand den Fehler, viele alte Seilschaften in den Betrieben zu halten und hauptsächlich im Westen nach dynamischen »Yuppies« zu suchen.

In einer großangelegten Anzeigenkampagne warb die »Curriculum Personalberater GmbH« im Auftrag der Treuhand und in Zusammenarbeit mit großen Westunternehmen »100 junge Kaufleute für den größten Konzern der Welt«. Unter dem Foto eines staatsmännisch lächelnden Erich Honecker war zu lesen: »Ihn mußten wir leider entlassen. Wann fangen Sie an?« Unterzeichnet war die Übernahmeanzeige der DDR-Wirtschaft von den Firmen ABB, Adidas, Allianz, Amexco, Audi, Babcock, Bayerische Hypotheken- und Wechselbank, Bayerische Vereinsbank, Boehringer Mannheim, Bosch, Colonia, DASA, DEMAG, Deutsche Bank, Digital Equipement, EFFEM, Freudenberg, Henkel, Hoechst, Hoesch (im Treuhand-Verwaltungsrat vertreten), IBM (im THA-Aufsichtsrat vertreten), Karstadt (im Aufsichtsrat vertreten), KHD, Klöckner & Co., Krauss- Maffei, Krupp, Lufthansa , MAN, Mannesmann, Merck, Opel, Quandt, Reemtsma, Rheinmetall, SEL, Siemens, Springer, Steag, Tchibo (im Aufsichtsrat der Treuhand), Teves, Thyssen, VDO, Volkswagen, Zeiss.

Für vier Yuppies war als Preis der zweieinhalb-monatige Senior Management Course der Harvard Business School ausgeschrieben. Die jeweils 26 000 Dollar Teilnehmergebühr und die Flugkosten wollen die Sponsoren Bertelsmann, Daimler-Benz, Philipp Morris und VEBA unter sich aufteilen. Den Nachwuchsmanagern versprach die Annonce, daß sie »viel Verantwortung tragen müssen, viel entscheiden, aber auch viel Dankbarkeit erfahren.« Für die Last, einige Jahre im Osten tätig zu sein, verhieß man den Nachwuchskräften, könne man bei den genannten Spitzenunternehmen Meriten verdienen, die später für Aufgaben »auf Geschäftsleitungsebene« empfehlen würden. Initiiert wurde das Unternehmen »Aktion Karriereschub« übrigens vom BDI, von *Capital* und von *Sat 1*.

Einer, der ein bißchen vom Geschäft versteht und vor allem die Verhältnisse vor Ort kennt, ist der Diplom-Ingenieur für Gärungstechnik Conrad-Michael Lehment (46). Der gebürtige Rostocker war nach der Wende Parlamentarischer Geschäftsführer der FDP in der Volkskammer, vorher führte er den enteigneten Getränkebetrieb seiner Eltern. Als Multi-Kommerz-Minister für Wirtschaft, Technik, Energie, Verkehr und Tourismus in Mecklenburg-Vorpommern weiß er nicht nur, wer im Hotel Neptun Dienst tat, als Barschel im Lotterbett von der Stasi gefilmt wurde (es war und ist auch nach der Wende der Altgenosse Klaus Wenzel), sondern er kennt viele Leistungsträger in den Betrieben entlang der Ostsee-Küste. Lehment kritisiert vehement die lasche Haltung gegenüber den alten Seilschaften, aber er hält auch keine Führungsimporte aus dem Westen für notwendig. Man könne zwar nicht von den durch 40 Jahre Sozialismus geprägten ostdeutschen SED-Spitzenkräften effektive Umstiegstaten in die Marktwirtschaft erwarten (»Man kann Nichtschwimmer doch nicht per Handschlag zu

Rettungsschwimmern machen«), aber es gebe in allen Betrieben der Ex-DDR »hervorragende, hochmotivierte Menschen«. Überall in der zweiten, dritten Ebene seien sehr gute Fachkräfte zu finden, »die Führungsaufgaben übernehmen könnten«. Wenn man sie lasse. Wenn man sie schnell qualifiziere. Wenn man die Altlasten frühzeitig abgelegt und dafür junge Ostmanager in die Verantwortung gerufen hätte.

Aber die Strategie in Bonn und damit in der Treuhand war eine andere: Nur keine unübersichtliche gesellschaftliche Orientierungsphase zulassen – die Mischung aus alten roten Hasen und jungen schwarzen Karrieristen würde es schon bringen.

»Die Musik«, so der Jüngste der vierzig mächtigen Treuhand-Direktoren, Detlef Scheunert (31), »spielt nicht in New York, sondern hier.« Scheunert ist für die noch rund 130 000 Beschäftigten der niedergehenden ostdeutschen Optik-Industrie verantwortlich und muß sich unter anderem mit Lothar Späth, dem Sanierer von Jenoptik, herumschlagen. Von der Treuhand-Präsidentin wird der Jungmanager gern als »Vorzeige-Ossi« bezeichnet – er ist einer von drei Ostdeutschen, die es zum Treuhand-Direktor gebracht haben. Das sind immerhin 7,5 Prozent Führungsanteil (Stand: Mitte 1991). Im neunköpfigen Vorstand befand sich zu der Zeit mit Wolfram Krause ein (ehemals staatstragender) Ostdeutscher, verantwortlich für das wichtige Ressort Finanzen. Dreiviertel der rund 2 800 Treuhand-Mitarbeiter kamen (Stand Mitte 1991) aus den neuen Bundesländern. Doch die Führungsriege ist fest in den Händen der Westdeutschen, die zu wissen glauben, wo's langgeht.

Detlef Scheunert war zwar mal in der SED, heute ist er überzeugter Kapitalist. Auch die Post und die Bahn würde er am liebsten privatisieren, genauso wie seinen früheren Stammbetrieb, die Deutsche Waggonbau AG, damals noch VEB. Aufstiegschancen hat natürlich nur, wer sich in der alltäglichen Praxis zum gnadenlosen Privatisierer mausert. Die Waggonbau AG, weltweit größter Eisenbahnbauer, wird inzwischen von einem anderen Treuhand-Yuppie in privates Eigentum überführt, dem 33-jährigen Georg Muesing. Er ist für die noch 30 000 Beschäftigten verantwortlich – ausgeliehen wurde er an die Treuhand auf Bitten des Kanzlers, wie andere Westexperten auf Zeit. Daß sich kaum erfahrene Manager für die Systemtransformation im Osten gemeldet haben, liegt an familiären Bindungen, der Furcht vor unstandesgemäßen

Wohnverhältnissen und der Angst vor Karrierebrüchen bei einem möglichen Scheitern. Treuhand-Personalchef Alexander Koch, der durch seine munteren Ankündigungen von Massenentlassungen zur Jahresmitte 1991 nicht nur bei seinen Vorstandskollegen in Mißkredit geraten war, bewies auch bei der Managersuche eher wenig an dem an Birgit Breuel geforderten Fingerspitzengefühl. Trotz des Einsatzes von Kopfjägern (»Headhunters«) und weiterer Anzeigenkampagnen für qualifiziertes Personal gingen hauptsächlich Jungdynamiker mit den bekannten Besserwessi-Manieren zur THA, um sich ihre ersten Sporen auf dem langen Marsch nach Osten zu verdienen, denn so Muesing halb scherzend, »viele werden sich in Moskau wiedersehen«. Schließlich denkt sein früherer Arbeitgeber, die renommierte Consultingfirma Price Waterhouse, daran, die Privatisierung bei Mütterchen Rußland fortzusetzen. Die Treuhandanstalt ist sozusagen der Einführungskurs für die Veranstaltung »Wie übernehmen wir Osteuropa?«

Treuhand-Yuppie Muesing war schon bei der Privatisierung der britischen Wasserwerke und des tschechoslowakischen Automobilherstellers Skoda mit von der Partie, doch erst »hier lernt man, richtig zu verkaufen«. Mit dem Daumen nach oben oder unten entscheiden die jungen Herren der Treuhand oft über zehntausende von Arbeitsplätzen und damit über ebensoviele Schicksale. Die Vorgaben für Bedenkzeiten sind dabei sehr knapp. Wurden in den Anfangsmonaten der Treuhand etwa 20 Betriebe im Monat privatisiert, gab Rohwedder die Devise von 20 Privatisierungsvorgängen pro Tag aus. Diese Quote wurde im Februar und März 1991 auch erreicht. Der von der Treuhandspitze forcierte Zeitdruck führte dazu, erzählt einer aus der Treuhandfiliale Dresden, der lieber ungenannt bleiben möchte, daß »zur Überprüfung eines Sanierungskonzeptes oft nicht mehr als zwei Tage Zeit war.«

Alte Seilschaften und neue Verbindungen

Zum Zeitpunkt von Gohlkes Abgang und Rohwedders Antritt war der Leiter der Treuhand-Abteilung Wirtschaft ein gewisser Professor Paul Liehmann, der vor dieser Schlüsselrolle Diplomlehrer für Marxismus-Leninismus und stellvertretender Minister für Leichtindustrie bei Erich Honecker war. Ebenfalls noch in leitender Stellung: Klaus-Günter Sorg, einst stellvertretender Minister für Erzbergbau, Metallurgie und Kali. Neben ihm wurde auch der als »Kulturstalinist« bekannte Christian Hartenhauer gut im Treuhand-Management versorgt. Außerdem überlebte als Antiquität im Treuhand-Vorstand immer noch: Wolfram Krause, ehedem stellvertretender Chef und Bilanzfälscher der DDR-»Staatlichen Plankommission«, bevor er als Staatssekretär von Wirtschaftsministerin Christa Luft das erste Treuhandmodell des Runden Tisches zu einem Beförderungsprojekt für Alt-Genossen umwandeln durfte. Vor seiner Zeit als Planungskommissionsvize unter Schüren war Wolfram Krause Referent der Berliner SED-Parteisekretäre Naumann und Schabowski gewesen. Bis zum Redaktionsschluß dieses Buches diente er Birgit Breuel als Finanzvorstand.

Als Vertreter Waigels saß in der Außenstelle Berlin des Finanzministeriums ein weiterer SED-Vizeminister: Klaus Klinke, vormals Vize-Finanzminister und gefürchteter Dogmatiker, zuständig für Finanzorgane in der SED-Kreisleitung. Mit in der Außenstelle des Bonner Finanzministers: Siegfried Zeisig, ebenfalls ehemaliger Vizeminister im DDR-Finanzministerium. Beide CSU-gewendeten Herren hatten sich bei ihrem neuen Dienstherren dadurch nützlich gemacht, daß sie halfen, den SPD-Finanzminister Walter Romberg aus dem Kabinett de Maizière zu jagen und die Kontakte zur Treuhand beziehungsweise zu ihren Ex-Genossen Wolfram Krause und andern aufrecht zu halten.

Ebenfalls noch mit in den oberen Treuhandetagen: Dieter Koschalla, ehemaliger Staatssekretär im Ministerium für Leichtindustrie und »vorbildlicher« früherer Enteigner halbstaatlicher Betriebe; Treuhand-Direktor Erhard Schulz, früher Staatssekretär im Ministerium für Werkzeugmaschinen; Manfred Schulz, SED-Spitzenkader und Vizeminister für Elektrotechnik und Elektronik; Klaus Löscher, einst Abteilungsleiter und Parteisekretär im Finanzministerium. Alle durften trotz »Einstellungsprüfung« in der Treuhand Verantwortung übernehmen, während hunderttausende DDR-Bürger, die die Wende herbeiführten, stempeln gehen mußten.

Bis zum Juni 1991 wurde im Treuhandvorstand Gunter Halm gehalten, ehemals Mitglied der NDPD und wegen hervorragender Anpassungsleistung bis zum – eigentlich nur SED-Mitgliedern vorbehaltenen - Rang eines Vizeministers für die Glas- und Keramikindustrie befördert. Noch weiter aufwärts ging es mit ihm im Kabinett Modrow als »Minister für Leichtindustrie« – allerdings nur fünf Monate. Dann fand man für Halm das »Amt für Wettbewerbsschutz«, bevor er im Sommer 1990 den ehemaligen Wirtschaftsminister Pohl im Treuhandvorstand ablöste. Zuständig war der wendige Spitzenfunktionär nun für Land- und Forstwirtschaft, Bergbau sowie Nahrungs- und Genußmittel. Als Halm im Mai 1991 zum Ausscheiden aus dem THA-Vorstand gedrängt worden war, erhielt er eine beträchtliche, aber geheime Abfindung, da sein Vertrag noch drei Jahre lief. Bei seinem Abgang betrachtete er seine Aufgaben »hier als weitgehend abgeschlossen«. Im September 1991 wurde wegen des Verdachts der Bestechung und der Bestechlichkeit gegen den 51jährigen ermittelt und in Zusammenhang damit 14 Banken, Firmen und Wohnungen durchsucht.

Zwischen den hochrangigen Bankrotteuren der SED-Wirtschaft und den alert-effizienten westdeutschen Bossen und Bürochefs gab es häufig eine verblüffende Harmonie. In stiller Kumpanei lernte man sich schätzen: Die Westmanager honorierten Anpassungsbereitschaft und Disziplin ohne Widerworte , die Kader waren umgekehrt froh über ihre hochbezahlten Volkshochschulkurse in Sachen Marktwirtschaft.

Ob alte Kader oder neue Manager – Rohwedder war sich im klaren darüber, daß »die in ihrem Charakter und in ihrer Fülle einzigartige Aufgabenstellung einerseits und die organisatorischen und personellen Gegebenheiten andererseits« es als unverzichtbar erscheinen ließen, »außerordentlich rasch zu handeln«, wie er in einem Brief an de Maizière im August 1990 (leider ohne Datum) schrieb (siehe Dok. S. 110). Da die übliche Sorgfalt »unvertretbare Verzögerungen« mit sich bringe und deshalb mit hohen betriebs- und volkswirtschaftlichen Schäden zu rechnen sei, solle der Staat die handelnden Akteure in Vorstand und Verwaltungsrat »in vollem Umfang von jeder persönlichen Haftung freistellen«. Das Licht der Öffentlichkeit werde ausreichend garantieren, »Schäden von der Treuhandanstalt und damit vom Staat abzuhalten«.

Rohwedder ging davon aus, daß »die vorgeschlagene Haftungsfreistellung« de Maizières Zustimmung fände – da der Ministerpräsident keine Einwände geltend machte, konnten alle Spitzentreuhänder davon ausgehen, daß sie risikolos schalten und walten konnten.

Bezahlt werden die Mitglieder des Berliner Treuhand-Vorstandes recht ordentlich. Ihre Bezüge liegen über denen ihrer meisten Kollegen in der freien Wirtschaft. Obwohl aus öffentlichen Mitteln finanziert, bekommen die acht Vorstandsmitglieder Jahresgehälter von einer Million DM aufwärts. Detlef Karsten Rohwedder bekam sogar 1,8 Millionen DM, seine Nachfolgerin Birgit Breuel kaum weniger. Damit liegen die Treuhandgehälter deutlich über den Verdiensten der Top-Manager etwa beim Pharmakonzern Schering, bei der Commerzbank, bei Siemens oder der BASF. Die über 40 Treuhand-Direktoren bekommen rund 220000 DM pro Jahr plus Wohnungszulage von DM 6500 monatlich und standesgemäßen Dienstwagen.

Besonders begünstigt waren Beamte, die aus Bonn zur Treuhand wechselten. Die hohen Bezüge wurden dadurch gerechtfertigt, daß es sich nur um Zeitverträge handle. Anders als ihre Kollegen aus der Wirtschaft haben sie jedoch nach ihrer Sanierungsausleihe wieder Anspruch auf Beschäftigung im Bundesdienst.

Eine Woche nach den großen Einheitsfeiern zum 3. Oktober 1990 erstattete Rohwedder Bericht zur Lage der Treuhand vor dem Haushaltsausschuß des Bundestages (siehe Dok. S. 112). Er schilderte vor den Abgeordneten ausufernd, wie schwierig es sei, neue und »permanente« Arbeitsstrukturen in der Zentrale aufzubauen. Aus der in der *FAZ* formulierten Hoffnung, »am 31. Juli

TREUHANDANSTALT
Vorstand
Der Präsident

Ministerpräsident der DDR
Herrn Lothar de Maizière

Klosterstraße 47

Berlin

1 0 2 0   Berlin,

Sehr geehrter Herr Ministerpräsident,

die Ihnen gestern eindringlich geschilderte Situation der Treuhandanstalt, das heißt die in ihrem Charakter und in ihrer Fülle einzigartige Aufgabenstellung einerseits und die organisatorischen und personellen Gegebenheiten andererseits lassen es als unverzichtbar erscheinen, daß die Organe der Treuhandanstalt außerordentlich rasch handeln.

Würde in jedem Einzelfall und ohne weitere Regelungen § 12, Absatz 2, der Satzung gelten und damit die in einem normalen Wirtschaftsunternehmen übliche Sorgfalt im Detail angewandt werden müssen, müßten Sie mit unvertretbaren Verzögerungen vieler sofort erforderlicher Entscheidungen und damit mit hohen betriebs- und volkswirtschaftlichen Schäden rechnen.

Vorstand und Verwaltungsrat müssen daher die Möglichkeit haben, bis auf weiteres der Schnelligkeit der Entscheidungen den Vorrang vor der an sich wünschenswerten Prüfung im Detail zu geben. Um die Verwaltungsrat- und Vorstandsmitglieder nicht Risiken auszusetzen, die für sie und ihre Familien völlig untragbar sind und um gleichwohl zu angemessenen Entscheidungsprozessen zu kommen, muß der Staat sie daher in vollem Umfang von jeder persönlichen Haftung freistellen.

2

Die Tatsache, daß sich alle Mitglieder des Verwaltungsrates
und des Vorstandes im vollen Lichte der Öffentlichkeit
diesen Aufgaben gestellt haben, ist aus meiner Sicht auch
eine mehr als ausreichende Garantie, daß sie alles in ihren
Kräften stehende tun werden, um Schäden von der Treuhandanstalt
und damit vom Staat abzuhalten.

Da bereits jetzt täglich Entscheidungen von großer Tragweite
zu fällen sind, darf ich bis auf weiteres davon ausgehen, daß
die vorgeschlagene Haftungsfreistellung Ihre Zustimmung findet.

Mit freundlichem Gruß

Dr. Rohwedder

Auftritt

Detlev Karsten Rohwedder

vor dem Haushaltsausschuß des Deutschen Bundestages

am 10. Oktober 1990

Prot.-auszug Nr. 89 Seite 25 f.

vom: 10.10. 1990

89/25

Präsident Dr. Rohwedder stellt dem Ausschuß das Mitglied des Vorstandes der Treuhandanstalt Wolfgang Krause vor und führt sodann aus:

Organe der Treuhandanstalt seien der Vorstand und der Verwaltungsrat. Der Vorstand bestehe aus insgesamt neun Mitgliedern, von denen bislang acht bestellt seien. Der Verwaltungsrat werde demnächst um Vertreter der fünf neuen Bundesländer sowie der Gewerkschaften erweitert werden.

Eines der derzeit entscheidenden Probleme der Treuhandanstalt bestehe darin, zugleich sowohl ihren eigenen organisatorischen und personellen Aufbau betreiben als auch die sachliche Arbeit aufnehmen zu müssen. In dieser Anlauf- und Aufbauphase mache sich der eklatante Mangel an kompetentem Personal als Handicap bemerkbar; der Aufbau eines qualifizierten Mitarbeiterstabes gestalte sich relativ schwierig und schreite nur langsam voran. Deshalb sei die Treuhandanstalt derzeit auf externe Hilfen, insbesondere von Wirtschaftsprüfern und Rechtsanwälten, angewiesen. Im übrigen entsprächen die bisherigen räumlichen Arbeitsbedingungen bei weitem nicht den Erfordernissen.

Ungeachtet dessen, so fährt Präsident Dr. Rohwedder fort, habe die Treuhandanstalt damit begonnen, neue und "permanente" Arbeitsstrukturen zu bilden: Zwar habe die FAZ jüngst die Hoffnung vermeldet, am 31. Juli 1991 über die Beendigung der Tätigkeit der Treuhandanstalt berichten zu können; diese Einschätzung halte er indes für illusorisch, da die Treuhandanstalt Aufgaben wahrzunehmen habe, die nur in einer längerfristigen Perspektive zu verwirklichen seien. Insgesamt seien ihr ca. 8 000 Unternehmen zugewiesen worden. Unter ihnen befänden sich ca. 100 große Unternehmen mit ca. 1 000 Tochtergesellschaften sowie 400 Domänen, ferner ca. 2 000 Unternehmen, die den Kommunen übertragen würden; weitere 3 500 Betriebe und Unternehmen würden von den insgesamt 15 Niederlassungen der Treuhandanstalt geführt. Gerade im Hinblick hierauf komme es entscheidend darauf an, zügig dezentrale Verwaltungsstrukturen aufzubauen. Die Bemühungen hierzu seien in entscheidendem Maße vorangekommen, indem in der vergangenen Woche die Direktoren der 15 Niederlassungen bestellt worden seien. Im übrigen seien zwischenzeitlich für ca. 100 große Aktiengesellschaften die Aufsichtsräte gebildet und qualifizierte Vorstände eingesetzt worden; dasselbe werde zur Zeit für weitere 150 große Unternehmen durch die Zentrale der Treuhandanstalt, für weitere 2 000 bis 3 000 Unternehmen durch die regionalen Niederlassungen vorbereitet.

Sodann geht Präsident **Dr. Rohwedder** im einzelnen auf die Aufgaben der Treuhandanstalt ein:

Was die Privatisierung anbelange, so würden derzeit Verkaufsverhandlungen über rund 200 Unternehmen durch die Zentrale der Treuhandanstalt geführt. Insgesamt seien bislang Erlöse in Höhe von 820 Mio DM vertraglich erzielt worden; Verkäufe mit einem Volumen von 1,5 Mrd DM seien in Vorbereitung. Die Treuhandanstalt sei bemüht, das Tempo der Privatisierung weiter zu erhöhen; diesem Bemühen seien jedoch Grenzen gesetzt, weil zum einen die Veräußerung "sensitiver" Unternehmen, insbesondere des Verlags- und Pressebereiches, länger währender Vertragsverhandlungen bedürfe und zum anderen zahlreiche Verträge deshalb "nachverhandelt" werden müßten, weil die vorgesehenen vertraglichen Vereinbarungen die Belange der Treuhandanstalt bislang nicht hinreichend berücksichtigten. Die insgesamt erzielbaren Erlöse ließen sich zum gegenwärtigen Zeitpunkt nicht quantifizieren, da noch keine DM-Eröffnungsbilanzen der Unternehmen vorlägen. Die Treuhandanstalt verfolge das Ziel, höchstmögliche Verkaufserlöse zu erreichen, habe jedoch in zahlreichen Fällen in Rechnung zu stellen, daß der Erwerber Verbindlichkeiten, insbesondere solche, die aus Umweltaltlasten resultierten, zu übernehmen habe, die sich kaufpreismindernd auswirkten.

Was die weitere Aufgabe der Treuhandanstalt betreffe, nämlich: die Unternehmen zu sanieren, so stehe diese im sachlichen Zusammenhang mit dem Privatisierungsziel. Die Treuhandanstalt verstehe sich nicht als "Strukturbehörde", die Betriebe saniere, um sie weiter zu verwalten, sondern sehe ihre Aufgabe darin "zu sanieren, um privatisieren zu können". Er erwarte, daß in den kommenden Wochen die Sanierungskonzepte für ca. 3 000 bis 4 000 Unternehmen erarbeitet und vorgelegt sowie entsprechende Anträge auf die Gewährung von Kreditbürgschaften und Darlehen bei der Treuhandanstalt gestellt werden. Die Konzepte würden durch Wirtschaftsprüfer und externe Berater überprüft werden. In den Monaten von Juli bis September 1990 habe die Treuhandanstalt den Unternehmen Liquiditätshilfen in Höhe von insgesamt 26 Mrd DM gewährt. Dies habe ihr den Vorwurf eingetragen, sie sei nach dem "Gießkannenprinzip" verfahren. Dieser Vorwurf sei zwar in der Sache berechtigt; zu bedenken sei jedoch, daß alternative Konzepte nicht zur

Verfügung gestanden hätten, da die Treuhandanstalt zum damaligen Zeitpunkt keine detaillierten Kenntnisse über die Situation der einzelnen Unternehmen besessen habe. Für die Zukunft setze die Treuhandanstalt freilich die in den Monaten Juli bis September 1990 geübte Praxis nicht fort. Sie leite nunmehr auch Stillegungen von Unternehmen ein, die keine Marktchancen besäßen. Wirtschaftsprüfer hätten bislang ca. 300 Unternehmen geprüft, die in besonderem Maße Liquiditäts- und Ertragsprobleme hätten; von ihnen ständen ca. 30 zu umgehenden Stillegungen an, darunter auch Pentacon Dresden. Ein bedeutender Sanierungsfall mit umfangreichen Teilstillegungen betreffe Unternehmen des Kalibergbaus; aus diesem Stillegungsverfahren resultierten erhebliche finanzielle Belastungen für die Treuhandanstalt, die die bergrechtlichen Stillegungskosten zu tragen habe. Insgesamt zeichne sich ab, daß ca. 3 000 Unternehmen Liquiditäts- und Ertragsprobleme hätten; dies bedeute freilich nicht, daß die Stillegung aller dieser Unternehmen anstehe.

Präsident Dr. Rohwedder geht sodann auf die Privatisierung und anderweitige Verwertung der der Treuhandanstalt übertragenen Sondervermögen ein. Bisher habe die Treuhandanstalt übernommen:

- ca. 2 900 Immobilienobjekte der ehemaligen Staatssicherheitsbehörden mit einem angenommenen Verkaufswert in Höhe von 5 Milliarden DM;

- diverse Objekte der ehemaligen Staatsreserve, die relativ kurzfristig verwertbar seien und einen Veräußerungserlös in Höhe von ca. 650 Mio DM erwarten ließen;

- mehr als 1 000 mineralische Lagerstätten mit z.T. ebenfalls kurzfristigen Verwertungsmöglichkeiten;

- ca. 1,7 Mio ha landwirtschaftliche und ca. 1,9 Mio ha forstwirtschaftliche Nutzflächen, die z.T. den Kommunen übertragen würden und im übrigen nur mittel- und langfristig verwertbar seien;

- Ferienheime der Gewerkschaften mit einem Wert in Höhe von ca. 1,4 Mrd DM.

Nicht übernommen seien dagegen die ehemaligen Partei- und Organisationsvermögen sowie das Vermögen der NVA. Das der Treuhandanstalt zugeordnete Vermögen werde sich in den kommenden Wochen und Monaten u.a. dadurch verringern, daß den Kommunen aufgrund des kommunalen Vermögensgesetzes Vermögenswerte übertragen würden; derzeit lägen der Treuhandanstalt ca. 5 000 entsprechende Anträge der Kommunen vor, deren Bearbeitung einen erheblichen Teil der personellen Ressourcen der Treuhandanstalt binde.

Abschließend erläutert Präsident Dr. Rohwedder die derzeit erkennbaren finanziellen Verpflichtungen der Treuhandanstalt. Aufgrund der Vorschriften des Einigungsvertrages und sonstiger gesetzlicher Regelungen beständen bis Jahresende 1990 folgende finanzielle Belastungen:

- 5,2 Mrd DM Zinsen für Altkredite, die gemäß Art. 25 Abs. 7 des Einigungsvertrages den Unternehmen bis zur Feststellung der DM-Eröffnungsbilanz gestundet würden und den Kreditinstituten von der Treuhandanstalt zu erstatten seien;

- 1,5 Mrd DM Stützungen von Verlusten im RGW-Export, die im Rahmen des Vertrauensschutzes von der Treuhandanstalt übernommen würden; in den Bundeshaushalt seien für diesen Bereich 2 Mrd DM eingestellt worden, wobei allerdings nicht berücksichtigt sei, daß der reale Bedarf sich auf mindestens 5 Mrd DM belaufe;

- voraussichtlich 3 bis 5 Mrd DM für die Sanierung, Stillegung und den Verlustausgleich bei Privatisierungen; die exakte Höhe der insoweit erforderlichen Mittel lasse sich freilich erst nach Erarbeitung der Sanierungskonzepte quantifizieren.

Die Treuhandanstalt plane im übrigen, im laufenden Haushaltsjahr Kredite in Höhe von 12 Mrd DM aufzunehmen.

Die finanziellen Belastungen der Treuhandanstalt für das Jahr 1991 beziffert Präsident Dr. Rohwedder wie folgt:

- 7,3 Mrd DM Zinsen für Altkredite gemäß Art. 25 Abs. 7 des Einigungsvertrages;

- 3,8 Mrd DM: 50 v.H. der Zinsen aus Verbindlichkeiten des Sondervermögens zur Verwaltung der Staatsschulden der früheren DDR in Höhe von 85 Mrd DM (Art. 23 Abs. 3 des Einigungsvertrages);

- ca. 4 Mrd DM einkalkulierte Ausfälle aus den verbürgten Liquiditätskrediten;

- ca. 2,8 Mrd DM Zinsen für eigene Kredite der Treuhandanstalt;

- ca. 8 Mrd DM, wenn bereits 1991 mit der Tilgung von Altkrediten begonnen werden sollte.

Nicht enthalten seien in dieser Aufstellung Mittel zur Sanierungsförderung und für Stillegungskosten sowie für eine eventuelle Fortführung von Maßnahmen im Rahmen des Vertrauensschutzes im Bereich des RGW-Exportes. Aus alledem erwachse ein erheblicher Druck, unverzüglich durch Privatisierung Erlöse zu erzielen. Nicht zuletzt im Hinblick hierauf sei der schnelle Aufbau eines kompetenten Mitarbeiterstabes für die Treuhandanstalt unerläßliche Voraussetzung dafür, die vordringlichen und umfänglichen Aufgaben sach- und zeitgerecht erfüllen zu können.

1991 über die Beendigung der Tätigkeit der Treuhandanstalt berichten zu können«, werde wohl nichts, es gehe schließlich um »längerfristige Perspektiven.« Die Veräußerung »sensitiver« Unternehmen etwa im Presse- und Verlagsbereich verzögerten das Privatisierungstempo ebenso wie zahlreiche Verträge, die »nachverhandelt« werden müßten.

Die finanziellen Verpflichtungen der Treuhand bis Ende 1991 schätzte Rohwedder auf rund 50 Milliarden DM. Ein Jahr später lagen die internen Schätzungen aus dem Hause Waigel bei 400 Milliarden DM Finanzbelastugen bis 1995 ohne Berücksichtigung der Grundstückserlöse. In seiner Kostenaufstellung vor dem Ausschuß berücksichtigte Rohwedder allerdings weder Mittel zur Sanierungsförderung noch Belastungen aus früheren RGW-Verträgen. »Aus allem erwachse erheblicher Druck, unverzüglich durch Privatisierung Erlöse zu erzielen«, verzeichnete das Ausschußprotokoll. Das hohe Tempo für die Veräußerung der ehemals volkseigenen Betriebe war vorgegeben.

Alte Kader: Geheuert statt gefeuert

Personalchef Alexander Koch befand wenige Wochen nach seinem Arbeitsbeginn im Oktober 1990, daß »das Personal der zweiten oder dritten Ebene – anders als in der Bundesrepublik – die jetzt vorhandenen Vorstände kaum ersetzen«[1] könne. Sie seien in den meisten Fällen reine Befehlsempfänger und kaum zu eigenen Entscheidungen fähig. Zur gleichen Zeit promovierte Koch bei einem alten SED-Wirtschaftsideologen an der Humboldt-Universität über Personalführung. Er verglich die Situation 1990 mit der von 1948 und stellte fest, auch damals seien »nicht alle Nazis in den Unternehmen gefeuert worden. »Das alte Führungspersonal, so der Spezialist für Managementfragen, müsse eben nun soziale Marktwirtschaft lernen.

Neun Monate später erlebte die staunende Welt einen beherzt auftretenden Doktor Alexander Koch. »Entscheidende Fehler« in

---

1. *Die Welt*, 20.11.90)

der Personalpolitik seien bereits unter de Maizière gemacht worden, als alle Geschäftsführungen in den Unternehmen pauschal abberufen wurden, um dann kommissarisch wieder eingesetzt zu werden: »Das war ein Fehler, an dem wir heute noch kranken. Man hätte alle Vorstände und Geschäftsführer generell nach Hause schicken müssen.«[1] Er erinnerte sich auch nach fast einem Jahr noch daran, daß *man* damals argumentiert habe, *man* dürfe den Betrieben nicht einfach »den Kopf abhacken«. Das Argument habe »so tief« gesessen, »daß wir – selbst wenn die Belegschaften bereits lautstark auf die roten Socken geschimpft haben – tolerant waren.« In der Tat – um sich möglichst wenig Widerspruch in die Übernahmepraxis zu holen, setzte die Treuhand-Chefetage Hand in Hand mit eben diesen »Socken« auf die geräuschlose Abwicklung. Schließlich handelte es sich um Leute, die die Tugend der Verschwiegenheit zu ihrem Leitprinzip erhoben hatten. Viele West-Manager und Beamte paktierten offen oder verdeckt mit den Alt-Genossen, um ihre Politik ohne störende demokratische Elemente umzusetzen.

Immerhin kannte Alexander Koch nach dem ersten Jahr einige ostdeutsche Manager, die »wissen, worauf es ankommt und sofort hinfassen können«. Solche Leute könne er sich sogar gut auf den Vorstandssesseln westlicher Unternehmen vorstellen, »sie bilden aber die Ausnahme«. Immerhin 12 000 der insgesamt rund 25 000 Geschäftsführer, Vorständler und Aufsichtsratsmitglieder will der mächtige Personalexperte jetzt wegen politischer Belastung oder mangelnder Qualifikation aus ihren Posten entfernen. Während der westlichen Treuhandübernahme seien in einem Jahr nur 1 400 unfähige Mitarbeiter abberufen worden. Er, Koch, werde nun »nach und nach alle Unternehmensführungen überprüfen und schneller reagieren als bisher.« Doch zerstörtes Vertrauen kann man nur schwer durch flotte Sprüche und vage Versprechungen wiedergewinnen.

---

1. *Neue Zeit*, 19.8.91

Die Ost-Block-CDU

Das Management und die Personalpolitik der Treuhand sind ein einziges Drama verpaßter Chancen des Neuanfangs – höchstens vergleichbar mit der »Zusammenarbeit« von Kohls und Rühes West-CDU mit der Ost-Block-CDU von de Maizière, Diestel und Bergmann-Pohl. Es dauerte lange bis zum Herbst 1991 –, daß es zwischen Kohl und de Maizière zum Eklat kam. CDU-Generalsekretär Volker Rühe hatte den Ost-Landesverbänden in rüdem Ton einen »desolaten Zustand« attestiert, worauf die CDU-Ost-Landesfürsten samt de Maizière den Aufstand probten und die Erneuerung auch der West-Landesverbände forderten. Der klägliche Ausgang ist bekannt ...

Aus welch edlem Holz die Ost-Union geschnitzt ist, versuchte Verkehrminister Günter Krause, CDU-Chef Mecklenburg-Vorpommerns, zu belegen. »Gut 35 Prozent der heutigen CDU-Ost-Mitglieder waren Gründungsmitglieder, also schon in der Partei, bevor sie 1952 endgültig gleichgeschaltet wurde. Für sie sind solche Pauschalverurteilungen besonders verletzend. Sie haben es jetzt schwer zu zeigen, daß sie als Demokraten jahrzehntelang versucht haben, über die CDU in der DDR das Schlimmste zu verhindern«, erklärte er in *Bild am Sonntag*. Auf den Vorhalt, Lothar de Maizière habe noch nach Honeckers Sturz den Sozialismus »die schönste Vision der Menschheit« genannt, räumte Krause ein, es sei »natürlich unangenehm, wenn einer so was gesagt hat«. Ähnlich wie Treuhand-Koch formulierte Krause beherzt, bis Jahresende 1991 »sämtliche Vorstände völlig neu wählen« lassen.[1] Nur »Demokraten« hätten dann noch eine Chance.

Dabei wußte man in der West-CDU von Anfang an, wes' Geistes Kind die Blockflöten-Brüder und -Schwestern waren:
- Alfred Gomolka, CDU-Ministerpräsident von Mecklenburg-Vorpommern und vor der Wende Stadtrat für Wohnungswesen in Greifswald, der das volle Vertrauen der SED genossen hatte.
- Rudolf Duchac, Ministerpräsident von Thüringen, trat 1957 in die Ost-CDU ein und machte dort schnell Karriere als Ratsmitglied in Gotha. Noch zur letzten gefälschten Kommunalwahl

---
1. *Bild am Sonntag*, 1.9.91.

der DDR rief er zu reger Wahlbeteiligung auf, später besetzte er fast alle wichtigen Posten der Ministerialbürokratie mit alten Parteifreunden.
- Klaus Reichenbach (mittlerweile zum Rücktritt veranlaßt), Präsidiumsmitglied der Gesamt-CDU, war ehemals CDU-Bezirksvorsitzender in Karl-Marx-Stadt. Noch am 7. November 1989 beglückwünschte er die DDR zum 40. Geburtstag: »Allein der Sozialismus gewährleistet Sicherheit und Geborgenheit.«
- Rudolf Krause, mittlerweile abgetretener Innenminister Sachsens, trat 1959 in die Ost-CDU ein, war im Zentralrat der sozialistischen Jugendorganisation, der FDJ, wo er 1987 über Margot Honeckers Bildungspolitik schrieb: »Kommunistische Erziehung ist gegenüber der sozialistischen Erziehung keine neue oder andersartige Aufgabe, sondern ihre kontinuierliche, systematische Weiterführung ...«.
- Herbert Goliasch, CDU-Fraktionsvorsitzender im sächsischen Landtag und vor der Wende Block-CDU-Vorsitzender in Leipzig, zugleich stellvertretender linientreuer Chefredakteur des *Thüringer Tagblatts*.
- Sabine Bergmann-Pohl, Staatsekretärin im Bonner Gesundheitsministerium. Sie sollte eigentlich Ministerin werden, fiel aber ein wenig wegen verschiedener Eskapaden in Ungnade. 1981 trat sie in die Ost-CDU ein und pries noch im Sommer 1989 auf Klinikversammlungen den real-existierenden Sozialismus. Parteifreunde verpaßten ihr den Spitznamen »Zwergmann-Hohl.
- Gerd Gies, ehemaliger Ministerpräsident von Sachsen-Anhalt, trat 1970 in die CDU ein, um noch bei der manipulierten Kommunalwahl auf der Einheitsliste der Nationalen Front zu kandidieren. Gies nötigte einige Unionskandidaten vor der Bundestagswahl abzutreten, weil ihre Vergangenheit politisch unsauber sei (was sich später als haltlose Unterstellung entpuppte). Eine ganze Reihe von Gies-protegierten Unions-Kollegen mußte wegen Stasi-Mitarbeit abtreten, darunter Otto Mintus, Landwirtschaftsminister, der seit 1957 für die Staatssicherheit arbeitete.
- Willibald Böck, CDU-Vorsitzender Thüringens und zu SED-Zeiten Bürgermeister von Bernterode, wo er die letzten SED-Kommunalwahlen zu einem »politischen und gesellschaftlichen Höhepunkt im 40. Jahr der Existenz unseres Arbeiter- und Bauernstaates« hochjubelte.

- Kersten Radzimanowski (mittlerweile abgetreten), Landesgeschäftsführer der Brandenburger CDU, vor der Wende Abteilungsleiter für internationale Beziehungen beim Hauptvorstand der Block-CDU und unter de Maizière ins Außenministerium gehievt. Im Sommer 1989 fiel er auf durch eine verständnisvolle Erklärung zum Massaker auf dem Pekinger Platz des Himmlischen Friedens, wo die chinesische Demokratiebewegung niedergewalzt worden war.
- Karl-Heinz Kretschmer, stellvertretender CDU-Chef in Brandenburg unter Lothar de Maizière, der den nach der Wende aller Parteiämter Beraubten wieder an die Spitze holte. Der frühere Brandenburger CDU-Chef von Cottbus, Herbert Schirmer, der mittlerweile aus der Union austrat, behauptet unwiderlegt, daß der ehemalige CDU-Bezirksvorsitzende von Cottbus »mit der Stasi zu tun« hatte.
- Lothar de Maizière, stellvertretender CDU-Vorsitzender, der unter dem Vorwurf, er habe unter dem Decknamen Czerny für die Stasi gearbeitet, als Minister ohne Geschäftsbereich zurücktrat. Einige hundert Seiten Akten waren unauffindbar, bewiesen werden konnte nichts. Aber der Vorsitzende der christdemokratischen Grundwertekommission war sich sicher, daß er von manchen in der CDU als »lästig« empfunden werde. Im September 1991 legte er alle Ämter in der Union nieder.
- Sylvia Schultz, 35 Jahre alt und in der DDR-Sterbephase engste Mitarbeiterin und Vertraute de Maizières, wurde Geschäftsführerin der Berliner Treuhand, bis sie wegen »schwerwiegender Verdachtsmomente im Hinblick auf eine Stasi-Mitarbeit« von Treuhand-Direktor Axel Nawrocki entlassen wurde. Zwar lagen keine konkreten Unterlagen der Gauck-Behörde vor, aber Sylvia Schultz war sich ihrerseits sicher, daß die Bonner CDU-Zentrale die Finger im Spiel hatte.

Noch kein Jahr war vergangen, daß die Ost-CDU kampflos die DDR in Kohls Hände gelegt hatte. Mit Hilfe der alten Kader wurde die Bundestagswahl grandios gewonnen, in vier der fünf neuen Länder konnte eine Reihe Parteifreunde so versorgt werden, daß man auf ihre Dankbarkeit rechnen durfte. Bei der Treuhand hatte das Zusammenspiel reibungsloser funktioniert, aber, so Günther Krause, »psychologisch« dauere die Wiedervereinigung »eben doch länger als wirtschaftlich«.

Krause könnte sich täuschen. Nach Alexander Kochs Schätzungen vom Juli 1991 stammen 70 bis 80 Prozent der Vorstände und Geschäftsführer in den Treuhandunternehmen aus dem Kreis der Leiter ehemaliger volkseigener Betriebe. Der Personalvorstand der Treuhand rechnete diese Führungsschicht auf 25000 Köpfe hoch. Viel Arbeit für die »auf Anregung des Bundeskanzlers« (Birgit Breuel) eingerichteten Vertrauensbevollmächtigten, 17 an der Zahl (15 in den Filialen, zwei in der Zentrale).

Verdrängte Vergangenheit

Die Bundesregierung hatte das Problem der Vergangenheitsbewältigung lange Zeit gezielt geleugnet. Als im November 1990 bereits einige hundert Beschwerden bei dem Vertrauensbevollmächtigten Albrecht Krieger vorlagen, erklärte die Bundesregierung noch munter, ihr lägen »keine Daten und konkreten Informationen« darüber vor, daß sich Repräsentanten der aufgelösten SED wieder in leitenden Positionen von Treuhand-Betrieben befänden. Die Zahl der Beschwerden summierte sich in die Tausende – doch die politisch Verantwortlichen in Bonn taten so, als handle es sich um übliche Provinzquerelen.

Dabei spielten sich ständig Tragödien ab. »Oft«, berichtete der Vertrauensbevollmächtigte Krieger, »sitzen in Tränen aufgelöste Menschen vor mir und berichten von ihrem Schicksal. Sie können nicht verstehen, daß man ihren Arbeitsplatz streichen mußte und ehemalige Generaldirektoren und Parteisekretäre jetzt das Fünffache verdienen und im dicken Mercedes vorfahren«.[1] Krieger verfährt in der Regel nach dem Konstrukt der »objektiven Kompromittierung«, die der Sozialdemokrat Klaus-Dieter Arndt nach 1950 für den Umgang mit ehemaligen Nazis geprägt hatte. Es bedeutet, daß sich Bonzen durch ihre Funktionen disqualifiziert haben, »jetzt noch Macht auszuüben«. Jedoch wolle er sich keine Schuldzuweisungen anmaßen. (»Wir sind doch keine Besatzungsmacht«.)

Von Kochs Forderungen nach notwendigen Neubesetzungen ist

---

1. *Neue Zeit*, 25.7.91

die Realität meilenweit entfernt. Von 4000 Eingaben der Belegschaften hatten lediglich zehn Prozent bis Ende Juli 1991 Konsequenzen, (siehe Brief von Birgit Breuel »an alle Aufsichtsratsvorsitzenden der Beteiligungsunternehmen der Treuhandanstalt«, S. 142). Ernster Grund zum Eingreifen bestehe erst, so die Treuhand-Präsidentin nach der eingehenden Erörterung am 26. Juli im Verwaltungsrat, »wenn die politische Vergangenheit solcher Führungskräfte zum Gegenstand von Auseinandersetzungen in den Unter-nehmen selbst führt«. Mit anderen Worten: Solange es keinen Ärger gibt, läßt man besser alles so, wie es ist.»Fingerspitzengefühl« verlangte die Parteifreundin des Kanzlers beim Umgang mit diesem delikaten Problem.

Für die bereits verkauften 3000 Treuhandbetriebe kam der Brief von Frau Breuel zu spät. Der Leipziger Bundestagsabgeordnete Gunter Weißgerber (SPD) klagt heute, die Revolution habe »eben vor den Betrieben haltgemacht«. Seit der Volkskammerwahl im März 1990 seien viele Monate ungenutzt verstrichen, ohne daß man ernsthaft vesucht habe, neue Strukturen zu schaffen. Daß in den meisten Unternehmen der Ex-DDR die alte Garde häufig unbeschadet die Wende überstand und die damaligen Opfer wieder die Opfer von heute sind, ist vielen unbegreiflich.

Jörg Büttner, 49, ist Vorsitzender des Bundes stalinistisch Verfolgter, einer Regimeopfer-Organisation mit 6000 Mitgliedern. Er ist arbeitslos geworden, als ihm das Leipziger Klavierbauunternehmen Blüthner gekündigt hatte. Der Betrieb Blüthner wurde 1972 enteignet und 1990 wieder seinem ehemaligen Besitzer übertragen. Zwischenzeitlich war Blüthner Direktor seines früheren Betriebs. Als Büttner ihm deswegen einige unangenehme Wahrheiten sagte, wurde er entlassen – »betriebsbedingt«. (Büttner hat als Regimegegner wegen »staatsgefährdender Hetze« zweieinhalb Jahre Haft hinter sich.)

Zur gleichen Zeit sperrte das westdeutsche Management der Treuhand eine Kopie des Haustelefonbuches in den Panzerschrank der Anstalt. 70 Namen auf der Telefonliste waren unterstrichen – angeblich handelte es sich um Offiziere im besonderen Einsatz (OibE) der Stasi. Die Bürgerrechtler vom Neuen Forum, Fachforum Wirtschaft, taten, was Pflicht der Treuhand gewesen wäre. Sie verglichen die nach der Wende sichergestellte Gehaltsliste der OibE mit dem Treuhand-Telefonverzeichnis. Nach ersten

Weigerungen der Treuhand ließ die Anstalt dann doch die Namen durch den Computer der Gauck-Behörde laufen, um sie mit den dort gespeicherten Daten von Mfs-Mitarbeitern zu vergleichen. Hocherfreut verkündete die Treuhand, die 70 Namen stimmten mit keinem Geburtsdatum der OibE-Spitzel überein. 70 Namenszufälle? Korrekturen von Personendaten gehörten zum Standardhandwerk für Mielkes verdeckte Oberspitzel.

Ausgewählt wurden die Führungskräfte für die Treuhandanstalt unter Modrow von der Kaderabteilung des DDR-Ministerrats, erwiesenermaßen eine OibE-Hochburg. Dieselbe Kaderabteilung schleuste 400 hochrangige Stasi-Offiziere in das Komitee zur Auflösung des Ministeriums für Staatssicherheit ein. Sie wurden enttarnt. In der Treuhand flogen bis zum Frühjahr 1991 nur ein Stasi-Heizer und eine Stasi-Sekretärin auf. Personalchef Alexander Koch treuherzig: »In der Treuhand muß ohnehin jeder unterschreiben, daß er nichts mit der Staatssicherheit zu tun hatte oder in der unmittelbaren Umgebung des ZK gearbeitet hat.«[1] Dabei stelle man immer wieder im eigenen Hause fest, daß die »Unterschriften leichtfertig« gegeben würden. Koch, noch treuherziger: »Die Leute hoffen, daß die Wahrheit nicht ans Tageslicht kommt, oder wenn doch, dann haben sie schon Zeit gewonnen und wichtige Kontakte geknüpft.« Kontakte, die sie in und außerhalb der Treuhand zu nutzen wissen.

Wie spät die Wahrheit ans Licht kommt, zeigte sich nach weitergehenden Überprüfungen in der Treuhand-Niederlassung in Schwerin: Zehn Prozent der betreuten Geschäftsführer hatten trotz gegenteiliger schriftlicher Bekundung frühere Stasi-Kontakte aufzuweisen.

Die SED-Seilschaften

Wieviele Milliarden Mark und D-Mark vom »Volkseigentum« verschwunden sind – ob fünf oder fünfzig oder hundertfünfzig – niemand vermag es zu sagen. Zu viele Machenschaften sind unerkannt, eine hohe Dunkelziffer von Dunkelmännern bleibt aller

---

1. *Das Parlament*, 10.5.91

Voraussicht nach vom Mantel der Geschichte verhüllt. Die allseitige Zuständigkeit der Treuhand auch für geringe Vermögenswerte und einzelne Grundstücke, für längst davongeschwommene große Fische und für personelle »Altlasten«, ließ einen mafiosen Sumpf entstehen. Die chaotische Phase des Übergangs trug dazu bei, daß ausreichend im Trüben gefischt werden konnte. Friedhelm Farthmann, fehlgestarteter Landtagskandidat der SPD in Thüringen und heute wieder braver Fraktionsvorsitzender im Düsseldorfer Landtag, wurde es nach verschiedenen Rundreisen im Osten schwummrig. Ob »mit oder ohne Stasi, mit oder ohne Seilschaften«, befand der vom Betriebsrat der Zeiss-Werke ins Spiel gebrachte Sanierer, »die Sache wird fast unübersehbar.«[1]

»Die Sache«: Unentwirrbare Schiebergeschäfte, Ausschlachten von Betrieben, Bestechungen und Begünstigungen. Der Stuttgarter Staatsanwalt Hans Richter, der zu Beginn des Jahres 1991 für die Stabsstelle »Besondere Aufgaben« der Treuhandanstalt eingesetzt wurde, hatte wenige Monate später mit seinen Mitarbeitern schon 250 Fälle zu bearbeiten. »Doch das«, so der Ermittler, sei »nur die Spitze des Eisberges«. Vor seiner Zeit waren verdächtige Unternehmen »keinem Druck der Strafverfolgungsbehörden ausgesetzt«. Zudem seien sie von ihrem Hauptgesellschafter, der Treuhand, »höchst lückenhaft« kontrolliert worden.[2]

Ein Jahr nach Übernahme der Treuhand durch Reiner Gohlke war eine Revisionsabteilung mit 30 Leuten aufgebaut; einige externe Wirtschafts- und Steuerprüfer forschten mehr oder weniger systematisch nach »Unregelmäßigkeiten« in den Treuhand-Betrieben. Doch auch in der Treuhand-Zentrale saßen (und sitzen?) etliche Leute mit alten Verbindungen und/oder krimineller Energie.

Nach Angaben der Bundesregierung auf eine entsprechende Anfrage von Bündnis 90/Grüne zu den alten Seilschaften in der Treuhand im Juni 1991 – also ein Jahr nach Übernahme durch Gohlke und Rohwedder – waren unter den Mitarbeitern der Treuhand noch zwei ehemalige Staatssekretäre, elf ehemalige stellvertretende Minister und fünf ehemalige Mitarbeiter von SED-Bezirksleitungen. Fünf alte Genossen waren zu diesem Zeitpunkt noch in leitenden Treuhandämtern.

---

1. *Bonner Rundschau*, 12.4.91
2. *Frankfurter Rundschau*, 22.8.91

Auch nach dem 3. Oktober 1990 wurden noch 45 Mitarbeiter aus dem Kreis der Nomenklaturkader der Kategorie I und II eingestellt. Nur sieben Personen hingegen, die vorher den Führungskadern aus Partei-, Staats- und Wirtschaftsapparat angehört hatten, schieden aus Treuhanddiensten aus.

In ihren Antworten auf Fragen nach der Personalpolitik bei der Treuhand bestritt die Bundesregierung, daß der Finanzminister Einfluß »im Einzelfall« genommen habe; im übrigen sei man »von Anfang an« mit der Treuhandanstalt übereingekommen, daß »keine politisch belasteten Personen« beschäftigt werden sollten. Die wachsweiche Ausrede wird schon im nächsten Satz konterkariert: »Die drängenden Probleme« des Wiederaufbaus in Ostdeutschland hätten »allerdings auch einen beschleunigten Personalaufbau« in der THA verlangt – ähnlich dem beschleunigten Aufbau der CDU und FDP in den neuen Bundesländern? Immerhin ist sich die Bundesregierung ein Jahr nach Übernahme der Treuhand trotz aller aktiven Altkader ganz sicher, daß mittlerweile eine Personalpolitik betrieben wird, die »ihrem gesetzlichen Auftrag entspricht«.[1]

Ebenso stolz berichtet die Bundesregierung, daß sie bereits im Herbst 1990 mit dem Aufbau eines internen Systems »zur vorbeugenden Verhinderung von Straftaten begonnen« habe.

Was aus den vorbeugenden Maßnahmen der Bundesregierung wurde, schilderte der Leiter des Dezernats Wirtschaftskriminalität in Berlin im April 1991. Es seien oder waren Mitarbeiter der Treuhandanstalt »in Betrugs- und Bestechungsmanöver großen Stils« verwickelt.[2] Der entstandene Schaden, schätzte Uwe Schmidt, belaufe sich auf »mindestens 500 Millionen DM« bei den Fällen, in die er Einblick hatte. Viele Betrugsfälle drehten sich nach Schmidts Angaben um Grundstücke und Sachwerte der einzelnen Kombinate und Unternehmen. Viele Betriebe seien durch die Geschäftsführungen »ausgeschlachtet« worden, teilweise in Kooperation mit Westunternehmen. Die Drahtzieher dieser Geschäfte seien mit Geld oder attraktiven Posten belohnt worden. Viele sanierungsfähige Unternehmen sind so durch zu späte und zu fahrlässige Kontrolle der politisch Verantwortlichen kaputtgegangen, »mehrere

---

1. Bundestagsdrucksache 12/782
2. *Augsburger Allgemeine*, 11.4.91

tausend Beschäftigte«, so Schmidt, hätten dadurch ihren Arbeitsplatz verloren. Während Treuhandsprecher Wolf Schöde zu Schmidts Einlassungen am gleichen Tage erklärte, daß es sich »bei den Angelegenheiten ausschließlich um Vorgänge aus den vergangenen Monaten« handle, die »der Justiz bekannt« seien, mußte die Justizsprecherin einräumen, daß bei der Berliner Staatsanwaltschaft zu diesem Zeitpunkt drei weitere Ermittlungsverfahren liefen, deren Schaden für die Treuhand bei 60 Millionen liege. Hinzu kämen 84 Fälle von Transferrubel-Geschäften und verschobenen PDS-Geldern. Der Schaden belief sich zu diesem Zeitpunkt auf fast vier Milliarden DM.[1]

Während die Bundesregierung nach Bekanntwerden dieser Betrugsfälle tapfer davon sprach, die Maßnahmen zur Verhinderung von Straftaten seien »umfassend auf die Vermeidung, Aufdeckung und Verfolgung eventueller Straftaten gerichtet«, stiegen die Fallzahlen möglicher Betrügereien und Veruntreuungen sprunghaft an. So wurden im August 1991 allein in der Treuhandanstalt 250 kriminelle Vorgänge bearbeitet. Der Pressesprecher der Treuhand teilte mit, daß aus sämtlichen(!) Betrieben der Treuhand Hinweise auf Betrügereien eingegangen seien. Dabei sei jeder Anfangsverdacht sofort an die zuständige Staatsanwaltschaft weitergegeben worden. Bei einzelnen Fällen wurden Schäden »in dreistelliger Millionenhöhe«[2] vermutet.

Als vier Monate vorher der Kriminalrat Schmidt den Teppich des verordneten Schweigens an der Ecke des organisierten Verbrechens anhob, kanzelte ihn Treuhandsprecher Schöde noch in rüder und ehrabschneidender Form ab. »Der Versuch, die Arbeit der Treuhand durch solche Destabilisierungspropaganda zu stören, wird an uns abprallen.«[3] Schmidt wurde denn auch ordnungsgemäß gedeckt und hat seitdem stillgehalten. Uwe Schmidt hatte erläutert, wie der normale Treuhand-Seilschafts-Betrug im »Kernprinzip« ablief: Frühere Ministerialbürokraten aus SED-Zeiten, mittlerweile in Brot und Arbeit bei der Treuhand, stimmten bereitwillig zu, wenn die alten und neuen Geschäftsführer der früheren Staatsbetriebe Filetstücke ihrer Firmen an Westinvestoren verkauften. Mit gutdotierten Po-

---

1. *Frankfurter Allgemeine*, 12.4.91
2. *Süddeutsche Zeitung*, 30.8.91
3. *Augsburger Allgemeine*, 12.4.91

sten, etwa als Geschäftsführer in Grundstücksverwaltungsfirmen, revanchierten sich die Immobilienkäufer. Große Chancen, relevanten Quoten der Gaunereien aufzudecken, hatte Schmidts 100-Mann-Abteilung nicht, da sie für alle Fälle »vereinigungspezifischer« Wirtschaftskriminalität zuständig ist – von den verschwundenen Millionen der SED/PDS bis zu Schalcks Imperium.

Schon viele Monate vorher – im November 1990 – wußte der Ober-Vertrauensbevollmächtigte der Treuhand, Albrecht Krieger, daß neue Seilschaften zwischen Westunternehmen und den alten Ost-Geschäftsführern zu hunderten existierten. Es werde mit allen Mitteln versucht, sich zu Vorzugsbedingungen in die alten DDR-Betriebe einzukaufen. Als Gegenleistung würden die alten Kader im Amt belassen, ohne Prüfung ihrer »moralischen und fachlichen Eignung«.[1]

Die Vertrauensbevollmächtigten hatten – auf Wunsch des Kanzlers – am 6. November 1990 in der Treuhandzentrale und in den Niederlassungen ihre Arbeit aufgenommen: Die »siebzehn Musketiere«, unbestechlich, unabhängig, an keine Weisung oder Überweisung gebunden. Aber auch vorsichtig genug, in den Blockreihen keinen falschen Schaden anzurichten. Krieger war sich schon bei Amtsantritt sicher, daß es »ganz ausgeschlossen« sei, das gesamte Führungspersonal der ehemaligen DDR auszuwechseln. Der marktwirtschaftliche Aufbau sei nicht ohne die früheren SED-Manager möglich. Man werde die früheren Chefs »integrieren müssen, soweit sie nicht belastet« seien. Seine Äußerungen waren zumindest eine Ermunterung für diejenigen, die beim rettenden Sprung in die neue Gesellschaft noch ein paar hundert Millionen erhaschen konnten.

Die Bundesregierung steuerte dem sich anbahnenden Desaster auf ihre Weise. In einem »umfassenden« Maßnahmenkatalog zur Strafvereitelung stellte sie ihrem obersten Vertrauensbevollmächtigten einen(!) »in Wirtschaftsstrafverfahren besonders sachkundigen Staatsanwalt, drei in Wirtschaftsstrafverfahren tätige Kriminalbeamte und eine weitere Mitarbeiterin der Justiz zur Verfügung«.[2] Mit dem Sandschäufelchen die Ausbreitung der Sahara stoppen, wäre ein ähnlich erfolgversprechendes Unterfangen.

---

1. *Frankfurter Neue Presse*, 20.11.90
2. Bundestagsdrucksache Nr. 12/782

Die Staatsanwaltschaft ist hoffnungslos überfordert. Die besten Fahnder und Staatsanwälte wurden ins Ressort Regierungskriminalität abgeordnet und durch unerfahrenen Nachwuchs ersetzt. Folge: Nur in einem Bruchteil der Fälle kann erfolgreich ermittelt und Anklage erhoben werden. Trotz mehrmaliger geringfügiger Aufstockungen sind erhebliche Personallücken im Bereich Wirtschaftskriminalität zu verzeichnen. Wegen Überlastung der ermittelnden Staatsanwälte mußte eine ganze Reihe von Fällen unerledigt zu den Akten gelegt werden.

Im August 1991 schlugen die Verbände Berliner Kriminalbeamter und Staatsanwälte Alarm: Sie warfen der Berliner Justizsenatorin Limbach Untätigkeit vor. Die schnelle Aufklärung der enormen Wirtschaftsverbrechen sahen die Kriminalbeamten und Staatsanwälte gefährdet: Von 40 Großverfahren waren zu dem Zeitpunkt 20 wegen Personalmangels auf Eis gelegt.

Ein Großteil dieser Fälle spielte sich nicht in der Treuhandzentrale ab, sondern in Treuhandunternehmen, wo die Revisionsabteilung versagt hatte. Die Berliner Treuhand versuchte die Fälle herunterzuspielen und offenkundige Fehlverhalten zu beschönigen. So hatte die Treuhandniederlassung Cottbus die »Cottbusser Planungs- und Ingenieur GmbH«, die von den 120 Mitarbeitern übernommen werden sollte, kurzfristig an einen amtlich bekannten Schwindler verkauft – ohne Finanzierungsnachweis. Die Firma hatte eine gute Auftragslage, die Überlebenschancen waren günstig – bis die Treuhand den Kaufvertrag abschloß und der neue Eigentümer 274000 DM bei der Deutschen Bank vom Firmen-Konto abhob, ohne den Kaufpreis für das Unternehmen bezahlt zu haben. Der Betrieb kam daraufhin in Liquidationsschwierigkeiten. Zehn Tage, nachdem der Fall in der Fernsehsendung *Monitor* aufgerollt worden war, meldete sich Frau Breuel: Es sei eine Panne gewesen. Bei der notariellen Beurkundung des Kaufvertrages sei »der dingliche Übergang der Unternehmenswerte zeitlich vor die Fälligkeit des Kaufpreises gedrückt worden«.

Die Cottbusser Niederlassung, deren umstrittener Leiter Günter Lühmann seinen damaligen Verkaufsdirektor angewiesen hatte, den Kaufvertrag trotz erheblicher Mängel zu unterschreiben, sollte nun auf Breuels Anweisung versuchen, »Unternehmen und Bargeld zurückzuerhalten«.

Der Wessie Günter Lühmann, Chef von 50 Mitarbeitern in der

Cottbusser Treuhandfiliale, verdient rund 300000 DM im Jahr und fährt einen BMW 525i als Dienstwagen. Der vorher freiberufliche Unternehmensberater zog damit im Osten das große Los, als ihn der Ruf nach Brandenburg ereilte. Für die Privatisierung von Betrieben war dort Werner Mikolajczak (52) zuständig, der seinerseits in der SED als Vorsitzender des Wirtschaftsrates der Bezirksleitung und so als Chef des ganzen industriellen Inventars eine Bilderbuchkarriere machte. Bekannt in der ganzen Umgebung als vormaliger gnadenloser Enteigner durfte Mikolajczak nun das Rad der Geschichte wieder eigenhändig zurückdrehen und privatisieren – zugunsten der Kumpel aus sozialistischen Tagen. Den Spezialisten fürs »Bauernlegen« – so nannte man die Enteignungen in der Landwirtschaft – hat er gleich miteingestellt: Wolfgang Stiebitz, den ehemaligen Justitiar des Rates des Bezirks Cottbus. Angesprochen auf die alten Genossen in der Treuhand erklärte Lühmann: »Die leisten gute Arbeit – und ich will ihnen den Rücken stärken.« Weniger gute Arbeit leistete er selbst, ohne von Frau Breuel bislang Konsequenzen befürchten zu müssen. Die beiden SED-Genossen bekamen von Lühmann die Vollmacht zum Abschluß notarieller Kaufverträge und konnten fortan unter Beibehaltung des treuhandüblichen »Sechsaugen-Prinzips« jeden Käufer abservieren. Pressesprecherin dieser gut funktionierenden Ost-West-Beziehung ist Lühmanns Freundin Monika Okrent, die andererseits glücklicherweise eine Werbeagentur im nordhessischen Nentershausen betreibt. Für eine Anzeigenkampagne in ausländischen Zeitungen wie der *Financial Times*, wo mittelständische Unternehmen aus der Lausitz zum Kauf angeboten wurden – sogar aus den arabischen Emiraten meldeten sich Interessenten –, ließ sich Frau Okrent 50000 DM Provision von ihrem Treuhändchenhalter übermitteln. Von den Firmen, die Lühmann verkaufen läßt, versucht die Pressesprecherin auch noch ein paar Werbeaufträge zu bekommen und findet das »alles ganz normal«.[1] Lühmann steht voll hinter Breuels Devise »Privatisierung ist die beste Sanierung.« Sein »offensives Marketing« stößt auf Wohlwollen, er selbst behauptet: »Wir geben Haien, die hier nur ein Schnäppchen machen wollen, keine Chance.«[2] Chancen gibt

---

1. *BamS*, 18.8.1991
2. *Handelsblatt*, 22.4.91

er auch vielen Arbeitnehmern nicht: 240 Mitarbeiter der Cottbusser Obstbau GmbH hatten im Juni 1991 ihre Arbeitsplätze verloren, obwohl ein West-Unternehmer die Firma mit allen Beschäftigten weiterführen wollte, was aber Lühmann nicht paßte.

In Cottbus ging schon bald nach der Wende manches anders: Da gründeten HO-Direktoren im April 1990 über Nacht die GLIG-GmbH (Großhandel, Lebensmittel, Industriewaren, Gaststätten) – die Mitarbeiter der HO erfuhren es aus der Zeitung, daß sie ohne Mitbestimmung umfunktioniert worden waren von Herren, die eigentlich längst abserviert hätten sein sollen.

Ein Jahr nach der Wirtschaftsunion streiten sich die Experten, ob die kriminelle Energie eher von Wessis oder eher von Ossis ausgeht. Das *Neue Deutschland* spielte sich bei der Bewertung als Saubermann auf und geißelte das Bestechen und Betrügen in der Treuhand, die Seilschaften, die »für Geld und lukrative Posten das Familiensilber verscherbeln«. Das Fazit des ehemaligen Zentralorgans: »Eindämmen läßt sich die Korruption nur, wenn die Treuhand wirklich demokratisch kontrolliert wird.« So demokratisch wie die DDR? Die *FAZ* hingegen ist sich sicher, daß alle Liebesmüh' vergeblich zu sein scheint: »Das Übel der Treuhand ist ihre unübersehbare, undurchdringliche, unkontrollierte Situation.« Die Treuhand müsse ein schnelles Ende finden. Eile sei »Dienst am Recht.«

Hans Richter, Staatsanwalt aus Stuttgart, mit Erfahrung in Wirtschaftsstrafsachen und jetzt bei der Treuhand, beobachtet die Praxis aus nächster Nähe. Neben den als Käufer auftretenden Pleitiers der alten Bundesländer, die nichts in der Tasche haben, aber flott auftreten können, hält der Staatsanwalt die Verkaufspolitik des Hauses Breuel als »besonders betrügeranfällig« für viele Betrüger aus. Um schnell zu verkaufen und um Investoren zu locken, macht die Treuhandanstalt oft erhebliche Preiszugeständnisse. In Extremfällen verschenkt sie die Unternehmen sogar oder legt noch was drauf, um ihren Auftrag der Arbeitsplatzsicherung zu demonstrieren. Richter weiß: »Das öffnet Betrügern natürlich Tür und Tor.«

Wie unglaublich leicht derlei funktioniert, zeigten in Wallraff-Manier die *Monitor*-Mitarbeiter Jörg Heimbrecht und H.C. Schultze. Sie hatten eine Scheinfirma gegründet (»Euro-Consult«), die weder im Handelsregister eingetragen war noch eigene

Büroräume hatte – lediglich ein Türschild an einem Kölner Haus. Die beiden schlüpften in modische Anzüge, fotokopierten Visitenkarten und fuhren in schweren Karossen bei der Treuhand vor – angeblich im Auftrag eines internationalen Chemiekonzerns und auf der Suche nach lohnenden Investitionen in der DDR.
Der Erfolg war gigantisch: Mit Investitionszulagen, Investitionszuschüssen, Sonderabschreibungen und Steuererleichterungen erhielten sie zwei Drittel des Kaufpreises vom Staat zugesagt. Giftmüllverbrennung? Kein Problem – alles drin. Ein Strompreis von 10 Pfennig/kwh wurde vom Wirtschaftsminister als Sonderangebot draufgelegt, ein Autobahnanschluß wäre kostenlos mit drin gewesen, weitere Fördergelder in Aussicht gestellt – von 4,4 Milliarden Kaufpreis hatte man den beiden falschen Unternehmensberatern sage und schreibe 3,3 Milliarden DM zugesichert. Mit dieser Summe, so die beiden Rechercheure, hätte die Hälfte der ostdeutschen Chemiebetriebe saniert werden können.

Beratervertrag für den Doktorvater

Auf der Visitenkarte stand im Dezember 1990 noch »Alexander Koch, Diplomsoziologe, Mitglied des Vorstandes der Treuhandanstalt«. Der Personalchef der Treuhand gilt seit seiner Zeit bei Grundig als Sanierungsfachmann. Dort hatte er bis 1987 12 500 Mitarbeiter, wie er selbst sagt, »ohne viel Blutvergießen«[1] entlassen. Der freundliche Herr mit den Lach- und Sorgenfalten im leicht zerknautschten Gesicht hat schon einige Stufen auf der Karriereleiter hinter sich: Er begann beim Reifenfabrikanten Dunlop, trat 1974 in den Vorstand der Braun AG ein und wechselte 1981 zu Grundig in den Vorstand. Vor seiner Anstellung bei der Treuhand gehörte er noch dem Vorstand der Vereinigten Haftpflicht Versicherungen in Hannover an. Schon während seiner Zeit bei Grundig reifte in Koch die Vorstellung, daß er eigentlich promovieren müsse. Als Thema schien ihm auf dem Hintergrund der eigenen Erfahrungen die Fragestellung interessant, welche Ände-

---

1. *Stern*, 27.12.90

rungen der Personalführung bei durch technischen Wandel bedingten Beschäftigtenabbau notwendig seien. Er brachte seine Arbeit 1988 – nach seiner Grundig-Zeit war er selbständiger Berater – bei dem Würzburger Soziologen Lothar Bossle unter, der jedoch kurz darauf wegen umstrittener Promotionsverfahren in die Schlagzeilen geriet. Koch ließ sich seine Arbeit zuückgeben. Mitte 1990 reichte er seine Arbeit bei einem neuen Doktorvater ein: Dem Professor für Sozialwissenschaften an der SED-Kaderschmiede in der Humboldt-Universität, Artur Meier.

Drei Monate später wurde Koch, dessen Promotionsverfahren mittlerweile lief, gefragt, ob er in die Treuhandanstalt eintreten wolle, um das Ressort Personal zu übernehmen (siehe Lebenslauf S. 138). Kurz nach seinem Amtsantritt am 1. Oktober war ihm klar, daß er eigentlich über das Bildungs- und Ausbildungswesen der ehemaligen DDR Bescheid wissen sollte. Von den Vorstandskollegen wurde ihm der Wunsch nach einer eigenen Bildungsabteilung für Qualifizierung, Umschulung, Aus- und Weiterbildung abgelehnt – Kochs vielleicht beste Idee wurde abgeschmettert, weil man ja Betriebe verkaufen, nicht Mitarbeiter weiterbilden wollte. Also sah sich Koch nach externem Sachverstand um, befragte seinen Doktorvater nach einem Bildungsexperten in der ehemaligen DDR, worauf sich der Gefragte gleich selbst als geeigneten Spezialisten vorschlug. Noch im November nahm Koch seinen Doktorvater für 25 000 DM unter Vertrag, um von seinen Studenten eine genaue Analyse der Ausbildungssituation und der Ausbildungskapazitäten im Osten anfertigen zu lassen. Um keine schlafenden Hunde zu wecken, hatte er seinen Vorstandskollegen davon nichts erzählt, dazu habe auch »keine Veranlassung bestanden«.

Die Doktorarbeit Kochs wurde in der Zwischenzeit von drei Gutachtern bewertet, darunter Artur Meier und der umstrittene Lothar Bossle. Sie empfahlen das Werk unter dem Titel »Personalführung als betriebliche und gesellschaftliche Aufgabe« zur Annahme. Am 20. Dezember standen sich Doktorvater und Student respektive Berater und Auftraggeber zur öffentlichen Erörterung von Kochs Arbeit an der Uni gegenüber. Geleitet wurde die Dissertationsverteidigung vom Leiter des Instituts für Interdisziplinäre Zivilisationsforschung, Dieter Klein, der vor der Wende Prorektor für Gesellschaftswissenschaften der Humboldt-Universität und wichtiges Mitglied der SED-Bezirksleitung war. Alle Kommisionsmitglieder – neben Klein die Herren Meier, Bossle und ein weiterer Humboldtprofessor namens Georg Aßmann – waren sich einig: »Magna cum laude«. Seit März 1991, als der Wissenschaftliche Rat der Universität die Abnahme bestätigt hatte, hat die Treuhandanstalt nun Dr. Koch als Personalchef.

In einer schriftlichen Frage an das Bonner Finanzministerium wollte der CSU-Abgeordnete Otto Regensburger wissen, wie die Bundesregierung denn dieses Geschäft beurteile. Doch Waigels Staatssekretär, Dr. Joachim Grünwald, wollte an dem Vorgang nichts finden. Die Promotion sei »lange vor der Berufung in den Vorstand« begonnen worden, schrieb er am 30. April 1991 an den Abgeordneten, wenige Tage nachdem Koch Doktor geworden war und ein halbes Jahr nach seinem Amtsantritt bei der Teuhand. Ohne mit einer Silbe auf das Beratergeschäft einzugehen, vermutete das Finanzministerium in seiner Antwort, die Funktionsausübung bei der Treuhandanstalt sei »nicht beeinträchtigt worden«. Man wollte sich kein weiteres Aufsehen mehr leisten. Während sich die Treuhand-Präsidentin Birgit Breuel selbst gegenüber der *FAZ*, die den Fall öffentlich gemacht hatte, »jeder Wertung enthalten« hatte, behauptete die Bundesregierung: »Dem Vorstand der Treuhandanstalt war der Vorgang bekannt.«

Angesprochen auf Interessenkonflikte in und um die Treuhandanstalt sagt Alexander Koch: »Da sind wir auf den Anstand der Leute und ihrer Firmen angewiesen: Daß sich zum Beispiel einer von Bayer Leverkusen raushält, wenn es um den Verkauf einer Pillen-Fabrik in Brandenburg geht.«[1] Und wenn einer keinen Anstand hat? Dann gehts auch ohne.

---

1. *Stern*, 27.12.90

Alexander Koch   Vorstandsmitglied Vereinigte Haftpflicht Versicherung   Constantinstr. 40   3000 Hannover 1   Telefon 0511-6074850

CURRICULUM VITAE

1932 in Hanau am Main geboren
Aufgewachsen als Pfarrerssohn in ländlich-städtischer Umwelt

1953 Abitur an der Hohen Landesschule in Hanau
Danach Betriebspraktikum und kaufmännische Lehre bei der Dunlop AG,
1 1/2 Jahre Tätigkeit dort in Werbung, Kundendienst und Renndienst

Ab 1956 Studium in Frankfurt, Hauptfach: Soziologie, Nebenfächer:
Psychologie, Volkswirtschaft, Öffentliches Recht und Sozialpolitik
Finanzierung des Studiums als Filmvorführer (staatliche Prüfung an
der Ingenieur-Schule Frankfurt) und durch verschiedene Forschungs-
aufträge im Zusammenhang mit dem Studium, u.a. bei Dunlop

1963 dadurch Rückkehr zu Dunlop nach dem Hauptdiplom (also Diplomsoziologe aus der Frankfurter Schule / Horkheimer, Adorno, von
Friedeburg)

Bei Dunlop zunächst Assistent des Personaldirektors, dann Assistent
des Vorstandsvorsitzers

1965 Übernahme der Personal- und Ausbildungsleitung und schließlich
Leiter des gesamten Personal-, Sozial- und Ausbildungswesens der
deutschen Dunlop-Gesellschaften (Dunlop AG, Dunlopillo GmbH und
Dunloplan GmbH mit zusammen 8.000 Beschäftigten)

1970 Wechsel zu ITT (International Telephone & Telegraph Inc., USA)
als "Director Administration" der Alfred Teves GmbH in Frankfurt mit
über 14.000 Mitarbeitern (verantwortlich für den Personalbereich,
Organisation, Dienstleistungen, Bauwesen, Sicherheit etc.)
Zuletzt Generalbevollmächtigter der Unternehmensgruppe

Ab 1. 10. 1974 Vorstandsmitglied für Personal- und Sozialwesen der
Braun AG in Kronberg (Tochter von Gillette/Boston, 9.000 Beschäftigte)

Ab 1. 12. 1981 Vorstandsmitglied der Grundig AG, Personal- und Sozialwesen weltweit für 32.000 Beschäftigte

Langjährige ehrenamtliche Tätigkeiten in den Vorständen der Metall-
arbeitgeberverbände von Hessen und Bayern
Mitglied der Tarifkommissionen der Metallindustrie
Mitglied des Vorstandes des Bildungswerkes der Bayrischen Wirtschaft
Vorsitzender des Ausschusses für Bildungspolitik und Bildungsarbeit
der Bundesvereinigung deutscher Arbeitgeberverbände
Mitglied des Vorstandes des Instituts der deutschen Wirtschaft
Präsident des Gesamtverbandes der Arbeitgeber in Osthessen (1976-1981)

Zahlreiche Artikel in Periodika, Fachzeitschriften etc. im wesentlichen
über sozial- und bildungspolitische Themen und über die Personal-
funktion im Wirtschaftsunternehmen

Ab 1. 8. 1987 selbständiger Berater für Führungskräfte-Suche,
betriebssoziologische Probleme und Organisations-, System-,
Methodik- und Problemlösungsfragen im Personalwesen
Partner von UMC-International (United Management Consultants)

Seit 1. 12. 1988 Vorstandsmitglied der Vereinigte Haftpflicht
Versicherung V.a.G. in Hannover, zuständig für das Personal-,
Sozial- und Ausbildungswesen

Birgit Breuel:
Die »Eiserne Lady«

Wenige Tage nach der Ermordung Rohwedders Anfang April 1991 stellten Theo Waigels Mitarbeiter eine Liste möglicher Nachfolger zusammen. Auf ihr fand man den Sozialdemokraten Manfred Lahnstein (Bertelsmann-Vorstand), Heinrich Weifs, den Präsidenten des Bundesverbandes der Deutschen Industrie, Edzard Reuter (Daimler-Benz) oder Siemens-Chef Karlheinz Kaske. Doch Birgit Breuel regiert rasch: Sie versprach den verstörten Mitarbeitern umgehend, die »Kontinuität der Arbeit« zu garantieren – Helmut Kohl stimmte zu.

Die im THA-Vorstand unter Rohwedder für die Niederlassungen zuständige Privatisiererin übernahm ohne Zögern die Aufgabe, ein Land zu verkaufen. Überall, wo sie hinkommt, wird sie als »Jobkillerin« empfangen; ihr oberstes Ziel ist die kreative Zerstörung der ehemals sozialistischen Wirtschaft. Dieser Aufgabe widmet sich die Bankierstochter mit großer Hingabe. Dabei ist sie sehr flexibel: Nach außen in den Medien spielt sie die Bärenstarke (»Wenn die Japaner heute nicht kommen, werden sie sich morgen ärgern«), redet davon, daß der östliche Teil der deutschen Wirtschaft in wenigen Jahren der weitaus modernere Teil sein und über beste Weltmarktchancen verfügen werde.

Innerhalb der Anstalt ist Birgit Breuel nicht so hartbeinig wie Rohwedder, aber immer stringent am Privatisierungsziel arbeitend. Ihre Alltagspraxis (»Was immer wir tun mit den 10000 Betrieben, ob wir privatisieren, sanieren oder liquidieren – die Leute verlieren ihre Jobs«) steht sie mit unmerklichen Gefühlsregungen durch, spricht schnell und nonchalant über das Schließen nichtwettbewerbsfähiger Betriebe. Ihr Credo hat sie in vier Büchern niedergelegt mit Titeln wie: »Es gibt kein Butterbrot umsonst« oder in dem anderen, schon ziemlich alten »Der Mensch lebt nicht von Umsatzzahlen«. 1937 in Hamburg geboren, arbeitete sie einige Jahre in den USA im Bankenbereich, war acht Jahre in der

Hamburger Bürgerschaft CDU-Sprecherin für den Bereich »Wirtschaft und Hafen«, bevor sie zuerst Wirtschafts- und dann Finanzministerin unter Niedersachsens Ministerpräsident Ernst Albrecht wurde. Dort erwarb sie sich ihren Ruf als Strukturpolitikerin, sie saß in mehreren Aufsichtsräten bundesdeutscher Großunternehmen und gibt als Hobbies »Familie, Gartenarbeit, Tischtennis« an.

Die Vorgabe sei, erklärte sie vor Unternehmern, die Treuhand so schnell wie möglich überflüssig zu machen. Deshalb lege der Vorstand auch großen Wert darauf, »daß die Treuhand eine unternehmerische Veranstaltung ist«. Der Top-Job bei der Treuhand machte sie zwar zur »most powerful woman in Germany« (*Washington Post*), aber Bonns Finanzminister Theo Waigel setzte ihr enge Grenzen.

Daß sie die Betriebe notfalls auch zu Schleuderpreisen abzugeben bereit ist, daraus macht Frau Breuel kein Hehl. »Wir verkaufen billig, weil wir im Interesse der Menschen in den neuen Ländern Erfolg haben wollen. Ich würde manches Mal lieber sehr viel teurer verkaufen.« Sie tut es um der Investitionen willen, »sonst sind die Probleme dort nicht zu lösen.« Doch der Karren sitzt fest – mit allen Rädern: Die Investitionen der Industrie belaufen sich samt Zusagen bisher für die 3 000 Unternehmen auf nicht einmal 70 Milliarden Mark – etwa soviel wie der Etat des Bonner Arbeits- und Sozialministeriums oder des VW-Jahresumsatzes. Die schweren politischen Folgen der unvorbereiteten Währungsunion lassen einer vernünftigen Treuhandpolitik wenig Spielraum. Die (gesetzwidrige) Riesentreuhand bringt auch Birgit Breuel an den Rand der Verzweiflung: »Wir sind zu groß.«

Trotzdem: Zum ersten Jahrestag der deutschen Einheit ist die Treuhand-Präsidentin mit sich und der Anstalt im Reinen – allen Malaisen zum Trotz. »Wir haben eine Menge erreicht«, verkündete sie stolz, die Treuhand habe gelernt, sich »weitest gegen Spekulanten zu erwehren«. Auch sei das Produktionstief in den meisten Branchen duchschritten – »fairerweise« (?) müsse sie zugeben, daß sie »keine verläßlichen Zahlen über die Auslastung der Betriebe« habe. Kein Zweifel: Der Kanzler hatte eine glückliche Hand, als er die Parteifreundin auf den Posten hob, es brauchte starke Nerven und Stehvermögen, den Seiltanz zwischen verordnetem Optimismus und gedämpfter Erwartung vorzuführen.

Ihr Eindruck sei, so Birgit Breuel, daß der Respekt vor der

BIRGIT BREUEL
Tinsdaler Kirchenweg 213
2000 HH 56

Stichworte zum Lebensweg

1937	in Hamburg geboren
1956	Abitur Landschulheim Neubeuern
	Studium Politische Wissenschaften
	in Hamburg, Oxford, Genf
1959	Heirat Dr. Ernst J. Breuel, Kaufmann
1960	Geburt Sohn Nikolaus
	Auswanderung USA
	Mitarbeit International Report (Banking)
1963	Geburt Sohn Christian
	Rückkehr nach Deutschland
1964	Geburt Sohn Philip
1970	Mitglied Hamburger Bürgerschaft
	Sprecher Wirtschaft und Hafen
1978	Ministerin für Wirtschaft und Verkehr
	im Land Niedersachsen
1986	Ministerin der Finanzen

ferner u.a.
12 Jahre Mitglied des Aufsichtsrates
+ Volkswagen AG
+ Deutsche Messe AG
+ Norddeutsche Landesbank AG
+ PREAG , Bundesbahn, Salzgitter AG
(Beirat) Hamburg-Mannheimer Versicherung

Delegationsleiterin "EXPO 2000 Hannover"

Diverse Publikationen (z.B. 4 Bücher)
über wirtschaftspolitische Themen

Hobbies: Familie, Gartenarbeit, Tischtennis

Birgit Breuel
Präsidentin

🅰 Treuhandanstalt

Leipziger Straße 5 - 7
Postfach 11 92
O - 1080 Berlin

An alle
Aufsichtsratsvorsitzenden der
Beteiligungsunternehmen der
Treuhandanstalt

Telefon (W) 0 30 / 31 54 - 10 01
(O) 23 23 - 10 01
Telefax (W) 0 30 / 31 54 - 10 02
(O) 23 23 - 10 02
Telex 1152-417 ydd

Berlin,

7. Aug. 1991

Politische Vergangenheit von Personen mit Leitungsfunktionen in den Beteiligungsunternehmen der Treuhandanstalt

Sehr geehrte Damen und Herren,

die Problematik der politischen Vergangenheit von Geschäftsführern, Vorstandsmitgliedern und Personalchefs in den Beteiligungsunternehmen der Treuhandanstalt gewinnt erneut Gewicht.

Bei den Vertrauensbevollmächtigten beim Vorstand und bei den Niederlassungen der Treuhandanstalt sind bis Ende Juli d. J. über 4.000 Eingaben aus den Belegschaften der Beteiligungsunternehmen der Treuhand und aus allen Bevölkerungskreisen der neuen Bundesländer zu dieser Problematik eingegangen. Nicht zuletzt deshalb haben wir uns von ca. 400 Führungskräften auf Grund ihrer politischen Vergangenheit getrennt.

Der Verwaltungsrat der Treuhandanstalt hat sich am 26. Juli 1991 mit dieser Frage ausführlich befaßt. Sie ist ferner am 30. Juli 1991 erneut Gegenstand einer eingehenden Erörterung im Vorstand der Treuhandanstalt gewesen.

Dabei bestand Einvernehmen darüber, daß die bloße SED-Mitgliedschaft für sich allein kein Anlaß für personelle Konsequenzen sein kann. Es kann auch keinesfalls darum gehen, durch eine generelle Maßnahme Führungskräfte, die in der Vergangenheit bestimmte politische Funktionen wahrgenommen haben, ohne Rücksicht auf die Umstände des Einzelfalles gewissermaßen flächendeckend von ihren Funktionen zu entbinden. Stasi-Mitarbeit, ZK-/Politbüro-Zugehörigkeit und erwiesene Unrechtshandlungen erfordern aber Fingerspitzengefühl und konsequentes sofortiges Handeln. Das gilt erst recht, wenn die politische Vergangenheit solcher Führungskräfte zum Gegenstand von Auseinandersetzungen in den Unternehmen selbst führt.

Dabei geht es nicht nur um die Frage der politischen Glaubwürdigkeit der neuen Ordnung in diesem Teil Deutschlands, sondern in hohem Maße auch um die Frage der betriebswirtschaftlichen Effizienz der Unternehmen. Menschen, die von ihrem Staat und von ihren Vorgesetzten nicht überzeugt sind, werden nicht mit Freude und mit Interesse an der Zukunft arbeiten.

Wir möchten Sie deshalb bitten und auffordern, die Fragen der politischen Belastung von Führungskräften nochmals mit größter Aufmerksamkeit zu prüfen und im Einzelfall auch vor entscheidenden personellen Konsequenzen nicht zurückzuschrecken. Das Argument der Unentbehrlichkeit darf dabei nicht gelten.

Selbstverständlich kann es nicht angehen, politisch belastete Führungskräfte grundsätzlich durch Manager aus dem Westen zu ersetzen. Erwägen Sie, ob nicht Führungskräfte der zweiten und dritten Ebene oder der Nachwuchs eine Chance verdienen. Erstrebenswert im Sinne der Unternehmen ist es, eine Balance von ost- und westdeutschen Know how herzustellen.

Nach den bisherigen Erfahrungen haben sich insbesondere die Personalchefs, die unter dem alten Regime bereits sogenannte Kaderleiter waren, als Anlaß für Unmut und Demotivierung in den Unternehmen erwiesen, weil sie in zahlreichen Fällen früher die oft menschenverachtende Macht des alten Regimes verkörperten und heute in den Belegschaften und der Bevölkerung noch mächtiger erscheinen, da sie jetzt über Kurzarbeit und Entlassungen zu entscheiden haben. In solchen Einzelfällen kann eine personelle Entscheidung auch befreiend wirken.

Für Fragen und bei Beratungsbedarf stehen Ihnen unser Personalressort und die Vertrauensbevollmächtigten zur Verfügung.

Mit freundlichen Grüßen

Treuhand erheblich gewachsen sei und sie erwarte auch nicht, daß »Entlassene verstehen, warum dies geschieht.«[1] Es werde keine Erhaltungs- oder Dauersubventionen geben, wenn es nach ihr ginge, trotzdem rechnet sie damit, daß das »aktive operative Geschäft« noch Jahre dauern werde. Danach müßten noch jahrelang die Verträge überwacht werden. Wenn es die Treuhand nicht gäbe, müßte sie erfunden werden, sagt sie. Vielleicht nicht mit denselben Personen und nicht mit derselben Struktur. Und wenn man in die anderen osteuropäischen Länder sehe – die natürlich nur einen Bruchteil der westlichen Finanzhilfen erhalten – habe man dort nur »ganz wenig privatisiert, hat wenig umgestellt, hat wenig aktives Unternehmertum geschaffen, weil es niemanden gibt, der das so engagiert vorantreibt, wie dies die Treuhandanstalt in den neuen Bundesländern tut.«

Die Privatisierungserfolge der britischen »Eisernen Lady« Maggie Thatcher, mit der sie eine tiefsitzende Abneigung gegen Gewerkschaften verbindet, hat sie bei weitem übertroffen: Maggie verkaufte nur 22 Staats-Betriebe in zwei Jahren, Birgit Breuel über 2000.

Der Flop in Fernost

»Nach dem Beginn eines erfolgreichen Marketings in Westeuropa«, verbreiteten die *Treuhand-Informationen* im Juni 1991, »versucht die Präsidentin der Treuhandanstalt, Frau Birgit Breuel, noch mehr japanische Investoren für Betriebe in Ostdeutschland zu interessieren.« Noch mehr?

Man braucht nicht lange zu fahnden, um festzustellen, wieviele Unternehmen aus dem asiatischen Kaiserreich bis dahin den Weg zur Treuhand fanden.Dankenswerterweise findet sich auf der gleichen Seite der *Treuhand Informationen* die Statistik der Auslandsinvestoren. Frankreich mit 18, die Schweiz mit 14, Schweden mit neun, die USA mit acht Unternehmen führen die berauschende Liste an. Nippon? Fehlanzeige. Einziger asiatischer Investor bis Mit-

---

1. *dpa,*. 26.9.91

te 1991 war die indonesische Salim-Gruppe, die sich bei den Deutschen Hydrierwerken in Rodeleben einkaufte. Salim will 70 Millionen DM investieren, um 700 Arbeitsplätze in der Produktion von Fettalkoholen zu sichern. Die Salim-Gruppe, zu der mehrere hundert Firmen gehören, macht einen geschätzten Jahresumsatz von neun Milliarden Dollar, die Entwicklungshilfe der Bundesrepublik für den indonesischen Staatschef Suharto belief sich 1990 auf 500 Millionen DM.

Immerhin entnehmen wir dem Info, daß in der Treuhandzentrale und in den Niederlassungen »derzeit bereits ein hohes Informationsinteresse japanischer Unternehmen festgestellt« worden sei. Doch die Japaner wollen sich auf die Treuhandauskünfte nicht so recht verlassen. »In der Regel«, so die Hauspostille, »stellen die japanischen Investoren bereits Monate, bevor sie sich offiziell an die Treuhandanstalt wenden, eingehende Recherchen über etwaig interessierende Firmen an.«

Kurz vor ihrer Reise Anfang Juli 1991 wird Frau Breuel umtriebig. Im Düsseldorfer Nikko-Hotel trifft sie die Repräsentanten japanischer Unternehmen in Deutschland. Die Reise fruchtet nichts, die Japaner halten sich zurück. Natürlich habe sie nicht erwartet, daß die Japaner sofort kaufen, redet sich die Präsidentin danach heraus

Knapp vier Wochen nach Birgit Breuel, im August 1991, folgt ihr der Vorsitzende der Geschäftsführung der Jenoptik Carl Zeiss Jena GmbH, auf der Suche nach Investoren. Lothar Späth will den Japanern sein Konzept für Jenas Entwicklung zur Technologie-Region vorstellen, doch die winken lächelnd ab. »Schnelle japanische Hilfe« wird es nicht geben, muß der vielgereiste Ex-Ministerpräsident trotz hervorragender Kontakte einräumen. Viele seiner Gesprächspartner aus den Branchen Optik und Elektronik erbitten sich noch Bedenkzeit.

Im November 1990 hatte Späth noch als amtierender baden-württembergischer Ministerpräsident massive Zweifel an Sinn und Arbeit der Treuhandanstalt geäußert. Einer der entscheidenden Fehler beim Aufbau der neuen Bundesländer sei diese »blödsinnige Treuhandkonstruktion«[1] gewesen. Er, Späth, habe »Zweifel,

---

1. *Stuttgarter Zeitung*, 19.11.90

ob so ein Moloch« die Probleme wirkungsvoll angehen könne. Mit Sinn für bodenständige Mentalität fordert er, die Entflechtungsentscheidungen sollten zu einem guten Teil auf die untere Ebene verlagert werden. Es sei sinnvoll, die Bürgermeister entscheiden zu lassen, ob ein Betrieb oder ein Grundstück zu verkaufen sei. Die Perspektive für ausreichende neue Arbeitsplätze in der ehemaligen DDR liege nicht in Elefantenhochzeiten wie im Automobilbau, sondern in der Förderung mittelständischer Wirtschaftsstrukturen, etwa im Baubereich.

Nach seinem Rücktritt schaffte es »Cleverle«, sich von seinem ostdeutschen Parteifreund Josef Duchac, dem thüringischen Ministerpräsidenten, auf den mittelgroßen Elefanten »Jenoptik« setzen zu lassen. Späth hatte den amtierenden Regierungschef in seinen wochenlangen Verhandlungen mit Breuels Treuhand beratend begleitet und ihm ein Konzept schmackhaft gemacht, das bei Zeiss 10 200 der ehemals 25 000 Arbeitsplätze erhalten soll. Dafür machte Späth immerhin 2,74 Milliarden DM bei der Treuhand locker, das Land schießt 860 Millionen DM zu. Aus diesen Geldern sollen auch die für Ost-Verhältnisse fürstlichen Abfindungsprämien – pro Kopf 10 000 DM – gezahlt werden. Kein Zweifel: Für Späth war es ein gelungener Einstieg in eine reputierliche Zukunft. Die Segeltörn- und Freiflug-Affären, mit denen sich der Stuttgarter Landtag noch lange nach seinem Abgang beschäftigte, werden wohl bald verblaßt sein.

Vorher mußte er allerdings Friedhelm Farthmann, den Sozialdemokraten aus dem Ruhrgebiet, Thüringer Spitzenkandidat a.D. und Wunschkandidat des Zeiss-Betriebsrates (Ost), aus dem Weg räumen. Farthmann war sogar vom Thüringer CDU-Koalitionspartner FDP für den Sanierungsauftrag favorisiert worden. Wegen Späths Berufung ließen die Liberalen beinahe die Koalition platzen. Duchac seinerseits mußte, um Späth den Posten schmackhaft zu machen, dessen Forderungen durchsetzen: »Besenrein«, also ohne Altschulden, mußte die Jenoptik von der Treuhand übergeben werden. Die von der Treuhand angebotenen 1,5 Milliarden DM waren Späth viel zu wenig: Frau Breuel, die zum Amtsantritt nach Rohwedder einen »Sanierungserfolg« brauchte, konnte ihren guten Willen beweisen. Die schließlich von der Treuhand übernommene Summe lag fast beim Doppelten. Späth damals: »Wir dürfen die Treuhand nicht aus ihrer Verantwortung entlassen. Es sei denn, die Mitgift fällt entsprechend hoch aus.«[1] Das Cleverle hatte es (wieder einmal) geschafft.

Zwar stritten die Carl-Zeiss-Werke West in Oberkochen/Heidenheim (Baden-Württemberg) noch mit den Zeiss-Werken Ost um den Sitz der Firmenstiftung, aber andere Übernahmen wurden schon sanft mitvorbereitet. Die Schottwerke in Mainz – ein Zeiss-(West-)Unternehmen – übernimmt die Jenaer Glaswerke (Zeiss-Ost) mit 51 Prozent. Dafür gab die Landesregierung Thüringen ihren 20prozentigen Stiftungsanteil an Schott ab – weitere 49 Prozent überträgt die Treuhand bis 1995 an den Investor aus Mainz. Als Thüringens Wirtschaftsminister Schulz die Fusion der Öffentlichkeit vorstellte, erwähnte er den Namen Späth kein einziges Mal. Um auch nur den Hauch des Verdachts auszuschließen, wurde im Zeiss-Aufsichtsrat zu Protokoll gegeben: »Herr Späth ist an den Verhandlungen in Mainz nicht beteiligt gewesen.« Das war auch nicht nötig, es lief ohne ihn. Für die knapp drei Milliarden aus Treuhand-Erlösen, mit denen Lothar Späth seine Standort-Entwicklungs-Gesellschaft in Gang setzen darf – das war ein Viertel der Gesamteinnahmen der Treuhandanstalt zu diesem Zeitpunkt –, waren Betriebe von der Treuhand mit rund 200000 Beschäftigten verhökert worden.

Für das Hamburger HWWA-Institut für Wirtschaftsforschung war die Vereinbarung zwischen Carl Zeiss Jena und Carl Zeiss Oberkochen ein Musterbeispiel für schlechte Verhandlungspraxis: In »konzentrierten Branchen« fixiere sich die Treuhand oft zu schnell auf einen potentiellen Bewerber, was sie in eine »relativ schwache« Verhandlungsposition bringt. Gleichzeitig sei man »eher froh«, nur noch mit einem Käufer verhandeln zu müssen. Das Ergebnis: Der Übernehmer kann »individuelle Zugeständnisse« aushandeln, der Kauf-Zeitpunkt wird über Gebühr verzögert. In der Regel, so die Wirtschaftsforscher, sei dies mit einem »erhöhten Kapitaleinschuß« der Treuhand in die Ostfirma verbunden. Die getroffenen Vereinbarungen erlaubten es auch Wettbewerbern, als Konkurrenten »auf den entsprechenden Produktmärkten zu agieren.[2]

---

1. *Das Parlament,* 10.5.91
2. *Frankfurter Rundschau,* 2.10.91

Treuhandpraxis:
Die Top-Skandale

Es dauerte neun lange Monate nach der vollzogenen deutschen Einheit am 3. Oktober 1990, bis die Treuhandanstalt in der Lage war, einen Katalog über alle zum Verkauf stehenden Betriebe anzubieten. Schuld daran gab man der östlichen Langsamkeit, wie der Einführung des Katalogs zu entnehmen ist: »Um das Arbeitstempo der Treuhandanstalt gerecht beurteilen zu können, sollte man sich vergegenwärtigen, daß die unmittelbare Privatisierungstätigkeit mit Hilfe westlichen Managements erst Anfang Oktober 1990 aufgenommen werden konnte. Davon ausgehend sind im ersten Vierteljahr 1991 circa zwei Drittel mehr Unternehmen privatisiert worden als im Zeitraum zuvor.« Bis zum Sommer 1991 konnte das Privatisierungstempo nochmal gesteigert werden – allerdings auf Kosten der Eigentumsrechte der Kommunen und durch Verzicht auf Sanierungskonzepte, die nicht den schnellen Verkauf vorsehen und unter Absehen von mittelfristigen Umstrukturierungsmaßnahmen.

Zwei Fünftel der »verkauften Objekte«, so der Katalog der THA, waren dem Maschinen- und Fahrzeugbau, der Eisen-, Blech- und Metallwarenfabrikation zuzurechnen. Die Druckmaschinenwerke (Planete und Plamag/Plauen), die Lokomotivbau- und Elektrotechnischen Werke/Henningsdorf, die Schienenfahrzeuge- und Werkzeugmaschinenfabriken/Zeulenroda, Industriemontage Merseburg, das Berliner Bremsenwerk und das Getriebewerk Brandenburg – welches dieser Unternehmen hätte nicht auch als Joint Venture mit Belegschaftsbeteiligung weiterexistieren können? Ihre Produkte waren und sind für den gesamten osteuropäischen Markt interessant.

Warum die Unternehmen der Nahrungs- und Genußmittelindustrie, die fast ein Drittel aller Verkäufe im ersten halben Jahr ausmachten – wie die Berliner Weingroßkellerei, die Radeberger Exportbierbrauerei, die Zigarettenfabriken in Dresden und Berlin, verschiedene Getränkewerke oder die Großbäckerei Marzahne – , unbedingt großen Westfirmen in den Rachen geworfen werden mußten, ohne auch nur im Ansatz an breitangelegte Vermögensbildung für die Ostbeschäftigten zu denken, ist nur mit dem kategorischen Imperativ der »schnellen Privatisierung« zu erklären. Volkswirtschaftlich unsinnig, dient diese Praxis nur der kurzfristigen Schönung von Waigels Budget.

Die unheilige Allianz von Banken und Versicherungen

Es steht in der Macht der Treuhand, Schulden, die die Betriebe im alten System aufhäufen mußten, ganz, teilweise oder gar nicht zu erlassen. Ohne eindeutige Bewertungskriterien, welche Betriebe sanierungsfähig sind, ist dem beliebigen Gutdünken, dem Beziehungskarussel und westlichen Erwartungshorizonten breiter Raum geöffnet. Ein Mitglied des sächsischen Treuhand-Kabinetts, das nicht genannt werden will, erzählte mir die Geschichte der Leipziger Messegesellschaft, die mit 32 Millionen DM verschuldet war. Während der heftigen Debatte in Leipzig über die Zukunft der Messe versuchte man bei der Treuhand einen Schuldenerlaß zu erreichen. Ein Anruf genügte in Berlin, und die Schulden wurden von Frau Breuel von 32 Millionen auf 2,7 Millionen reduziert. Auf die Frage, wieso gerade 2,7 Millionen, bekam man zur Antwort: »Das sieht eben gut aus.«

Viele DDR-Betriebe empfinden ihre Alt-Schulden als ungerecht. Denn in der verflossenen sozialistischen Wirtschaft waren die Kredite der Staatsbank ein Steuerinstrument der Führung, um Wirtschaftsbereiche mehr, weniger oder gar nicht zu fördern. Die Preise waren vorgeschrieben, die Produktangaben ebenfalls. So konnten auf legalem Wege kaum Rücklagen für Investitionen gebildet werden. Für Investitionen, die die Plankommission genehmigte, wurden Kredite gestellt, die in der Regel mit fünf Prozent verzinst werden mußten.

Die Relation der deutschen Währungen vor der Wende von 1:4,4 war nicht zuletzt deswegen gewählt worden, um die Importe aus dem Westen niedrig zu halten und die eigenen Exporte zu verbilligen. Für die Betriebe wurden so immense Schulden aufgehäuft, wenn sie etwa Westmaschinen importierten. Die Exporterlöse jedoch flossen in die Staatskasse.

Edgar Most, Vorstandsvorsitzender der Deutschen Kreditbank, die die kommerziellen Kredite von der Staatsbank der DDR übernahm, erklärte im April 1990 am Rande des XV. Bankentages, dessen Hauptthema natürlich die DDR-Bankengeschäfte waren, daß es logisch wäre, »nicht nur das Volksvermögen, sondern auch dessen Schuldenlasten in die Treuhandanstalt, die das Volksvermögen der DDR verwaltet, zu überführen«. Wo der Schuldenberg, an dem irgendwann auch gut zu verdienen sein würde, weil der Staat bzw. der Steuerzahler dafür bürgte, bleiben solle, war lange Zeit umstritten. (Wie man dies im Bonner Finanzministerium sah, Dok. S. 154).

Die Kreditbank, die die rund 108 Milliarden Betriebsschulden abwickeln sollte, hatte sich mit den beiden Bankriesen Deutsche Bank und Dresdner Bank arrangiert; die Deutsche Bank hatte weitgehend das Filialnetz der ehemaligen Staatsbank übernommen. Auch die Mitarbeiter sollten mitübernommen werden, wofür man bei dem Personalengpaß auf diesem Sektor dankbar war. Most, selbst ehemaliger Vizepräsident der DDR-Staatsbank, wollte für seine neuen Herren ein zweistufiges Bankensystem mit Landesbanken aufbauen – dazu mußten die Betriebskredite erstmal aus den Büchern verschwinden. Allerdings hatte die Staatsbank wiederum die Kreditbank gegründet, um die Problemkredite loszuwerden.

Beim Spitzengespräch der Bankiers mit dem Bundeskanzler Mitte August 1990 machte der Vorstandssprecher der Deutschen Bank, Hilmar Kopper, einen Vorstoß zur Verlagerung der Altkredite. Was er damals in Ostberlin nicht bekam, wollte er nun von Kohl direkt haben. Die Treuhandanstalt müsse die Altkredite übernehmen, forderte der Banker, wenn die »weitere Aushöhlung der Unternehmenssubstanz und eine nicht kalkulierbare Belastung der öffentlichen Haushalte in der DDR durch Ausgleichsforderungen vermieden« werden solle. Auf gut deutsch hieß das: Die Deutsche Bank wollte sich aus den wenig ergiebigen Geschäften verabschieden, um die anderen zu behalten. Für die Treuhand hätte das eine Verschleierung der tatsächlichen Altschulden bedeutet, und am Ende hätten die Steuerzahler dafür einstehen müssen.

Nach dem DM-Bilanzgesetz können die Betriebe, die von der Treuhand als »sanierungsfähig« eingestuft wurden, aber eigentlich nach ihrer DM-Eröffnungsbilanz völlig überschuldet sind, Ausgleichsforderungen für ihre Schulden bei der Treuhand stellen. Den Umständen entsprechend forderten fast alle Betriebe solche Ausgleichszahlungen. Wird einem Betrieb die Sanierungsfähigkeit testiert, kann die Deutsche Kreditbank die Altkre-dite wieder einsetzen und einzutreiben versuchen.

Macht das Unternehmen Gewinne oder wird es durch die Treuhand verkauft, tragen die Erlöse direkt oder indirekt zum Abtragen der Altschulden bei. Nach Paragraph 16,3 des DM-Bilanzgesetzes können Gläubiger und Schuldner auch vereinbaren, daß die Kredite erst zurückbezahlt werden, wenn Gewinne gemacht werden.

Um zu vermeiden, daß durchaus sanierungsfähige Betriebe an ihrer unverschuldeten Schuldenlast zusammenbrechen, schlug das Deutsche Institut für Wirtschaftsforschung vor (wie die SPD und die Bürgerbewegungen im Osten schon längst vor der Währungsunion gefordert hatten), die Altschulden generell zu streichen. Durch die Währungsunion, rechnete das DIW vor, habe sich der Wert des Sachvermögens von 940 auf 230 Milliarden DM vermindert. Die Netto-Schulden der Betriebe hatte sich dadurch verdoppelt. Der gesamte Geldstrom war nach der Wirtschaftsunion weitgehend versickert. Reiner Maria Gohlke beklagte die fehlende Liquidität, die es den Betrieben nur noch mit Hilfe der Treuhand erlaube, Löhne und Gehälter zu zahlen. Binnen kurzem waren die für drei Monate vorgesehenen Liquiditätskredite in Höhe von zehn Milliarden DM verteilt. Der Kanzler, der Treuhandchef, alle appellierten an die Geschäftsbanken, auch unverbürgte Kredite zu vergeben, um die Ostwirtschaft nach dem Kollaps wieder in Gang zu setzen – vergeblich.

Ende August, als Gohlke das Handtuch warf, hielt er vor allem den Handel, das Hotelwesen, die Energiewirtschaft und die Zementindustrie für rettbar – alles andere wäre »kaum wettbewerbsfähig«. Das hätten die »Sanierungsteams« der Treuhand festgestellt. Die Banken ihrerseits wiesen die Kritik an ihrer Zurückhaltung im Osten zurück. Der für die DDR zuständige Dresdner Bank-Manager Bernard Walter erklärte, die erheblichen Liquiditätsverwerfungen seien von den Banken gesehen worden, aber der abrupte Termin für die Währungsunion sei schließlich »politisch« bestimmt worden.[1]

Mit den riesigen Altschulden im Kasten ließ man die Betriebe monatelang bei den Verhandlungen mit potentiellen Investoren in einer prekären Situation. Wieviele Käufer durch die Treuhand-Politik der Bundesregierung abgeschreckt wurden, läßt sich schwer abschätzen. Zehn Monate nach der Währungsunion forderte jedenfalls sogar Hans-Dietrich Genscher auf einem Seminar von Wirtschaftsreferenten des Auswärtigen Amtes in Schwerin eine großzügigere Altschuldenregelung. Die Bundesregierung (der er als Dienstältester angehört) müsse außerdem klarmachen, daß die ökologischen Altlasten der ostdeutschen Firmen weitgehend übernommen würden.[2] Als Ergebnis der langen Auseinandersetzung erließen schließlich Finanzminister Waigel und die ihm unterstellte Treuhand den Betrieben die Hälfte der 100 Milliarden DM Altschulden.

Auch 3000 landwirtschaftliche Betriebe wurden auf Antrag von Altschulden teilweise befreit, wenn ihre Verbindlichkeiten vor dem 1. April 1990 angefallen waren. Doch trotz der guten Ernte im Sommer 1991 stand den allermeisten Bauern das Wasser bis zum Hals. Der Rest der Altschulden und die hohen Zinsen einerseits und die im Vergleich zu den West-Bauern erheblich niedrigeren Erlöse trrieben die Landwirte vielerorts in den Ruin. Von den sieben Milliarden DM, die notwendig gewesen wären, um die bedrängten Betriebe zu entschulden, hatte die Bundesregierung bis zum Oktober 1991 ganze 1,4 Milliarden DM bewilligt.[3]

Man befürchtete, bei einer generellen Regelung der Entschuldung würde ein »Dominoeffekt« eintreten: Der Finanzminister glaubte, daß landwirtschaftliche Produktionsgenossenschaften (LPG), Wohnungsbaugesellschaften und auch Privatleute auf Befreiung ihrer Schulden pochen könnten. Die viel zu späte halbe Schuldenübernahme rechtfertigte der Treuhand-Pressesprecher Franz Wauschkuhn mit den Worten: »Es kann doch keiner ernsthaft erwarten, daß westdeutsche Unternehmen derartige Schulden

---

1. *Handelsblatt*, 1.8.90
2. *Der Morgen*, 4.5.91
3. *dpa*, 26.9.91

Dr. Horst Köhler
Staatssekretär im
Bundesministerium der Finanzen

5300 Bonn 1, 9. Oktober 1990
Graurheindorfer Straße 108
Telefon: (0228) 682-4293
Fax.: (0228) 682-4420 Tx.: 886645
Ttx.: 2283735 = BMF

Telefax

Herrn
Dr. Detlev Rohwedder
Präsident der Treuhandanstalt
Alexanderplatz 6

1026 Berlin
Telefax: 030/39 07 11 25

Sehr geehrter Herr Dr. Rohwedder,

vielen Dank für Ihr Schreiben vom 20. September 1990. Unter Bezugnahme auf die mit dem Vorstand geführten Gespräche über Kreditaufnahmen der Treuhandanstalt bestätige ich Ihnen, daß die Bundesregierung sich der ihr obliegenden Anstaltslast gegenüber der Treuhandanstalt bewußt ist. Dies bedeutet, daß die Bundesrepublik Deutschland die wirtschaftliche Basis der Treuhandanstalt sichern, sie für die gesamte Dauer ihres Bestehens funktionsfähig halten und im Falle finanzieller Schwierigkeiten durch Zuführung liquider Mittel oder in anderer geeigneter Weise in die Lage versetzen wird, fällige Verbindlichkeiten fristgerecht zu erfüllen.

Dieses Schreiben kann Ihren derzeitigen und künftigen Gläubigern bei Bedarf zur Kenntnis gebracht werden.

Mit freundlichen Grüßen

Ihr H. Köhler

BMF 26. Oktober 1990
F/IC2/175.1/GR

Tragung von Altlasten

Die in der Diskussion stehenden Altlasten umfassen ökologische Belastungen sowie finanzielle und andere Verpflichtungen von Unternehmen, die ganz oder teilweise zum Verkauf stehen.

Bei den potentiellen Investoren und Käufern herrscht eine eindeutige Tendenz, mit dem Kauf möglichst überhaupt keine oder nur sehr geringe Altlasten zu übernehmen.

In Abstimmung mit der Bundesregierung hat die Treuhandanstalt bisher stets auf einer angemessenen Selbstbeteiligung der Investoren oder Käufer an den Altlasten bestanden.

Dies geschah bislang im Rahmen von Einzelentscheidungen. Es ist notwendig, für die Behandlung der Altlastenfrage als Leitlinie für die Verhandlungen mit potentiellen Investoren und Käufern handhabbare allgemeine Kriterien zu entwickeln, die einerseits für den Einzelfall eine hinreichende Flexibilität belassen, andererseits am Prinzip eines möglichst hohen Selbstbehalts der Investoren festhalten.

BMF und BMWi stehen hierüber mit der Treuhandanstalt in entsprechenden Verhandlungen.

Hinweis:

Entgegen verschiedener Meldungen in den Medien wurde auch beim Verkauf Schwarzheide an BASF ein - wenn auch geringer - Selbstbehalt des Erwerbers an den Altlasten vereinbart.

BMF 26. Oktober 1990
F/IC2/176.1/GR

Verhältnis der Treuhandanstalt zum Bundeshaushalt

Die Treuhandanstalt ist eine rechtsfähige bundesunmittelbare Anstalt des öffentlichen Rechts.

Aus Gründen einer optimalen Kapitalmarktfähigkeit und des Vertrauensschutzes für die Vertragspartner der Treuhandanstalt hat BMF mit Schreiben vom 9. Oktober 1990 an die Treuhandanstalt (Anlage) auch formell die Anstaltslast für die Treuhandanstalt übernommen, so daß der Bund für alle finanziellen Lasten der Treuhandanstalt letztlich einsteht.

Damit hat die Treuhandanstalt im Verhältnis zum Bundeshaushalt den gleichen rechtlichen Status wie etwa die Kreditanstalt für Wiederaufbau.

Eine Integration des Wirtschaftsplans der Treuhandanstalt in den Bundeshaushalt wäre ebensowenig sachgerecht wie etwa in den Fällen Kreditanstalt für Wiederaufbau, Bundespost, Bundesbahn.

Lediglich etwaige künftige Zuschüsse des Bundes an die Treuhandanstalt wären im Bundeshaushalt aufzuführen. Die Treuhandanstalt ist gebeten worden, einen detaillierten Finanzstatus vorzulegen.

übernehmen«. Wauschkuhn kündigte an, die Treuhand werde »klare Regelungen schaffen« – worauf Millionen Arbeitnehmer und 8000 Betriebe über ein Jahr gewartet hatten.[1] Es bleiben immer noch 60 Milliarden Altschulden offen. Dies entspricht ziemlich genau der Summe, die die Treuhand bis September 1991 als Gesamt-Investitionszusage aller in- und ausländischen Käufer einsammeln konnte.

Die westdeutschen Bankriesen erzielten dagegen »Prachtergebnisse«. Ende März 1991 hatte die Deutsche Bank bereits ein Ostkreditvolumen von 9,6 Milliarden DM und Kundeneinlagen von 13,7 Milliarden DM. Für 540000 Kunden wurden 70000 Wertpapierdepots für 1,3 Milliarden DM verwaltet. Bei dem anderen Schuldenabwickler, der Dresdner Bank, war in aller Stille die größte Versicherungsgruppe Europas, die Allianz, mit 24 Prozent größter Aktionär geworden (an der Allianz wiederum ist die Deutsche Bank mit zehn Prozent beteiligt). Macht und Einfluß, fand die *FAZ*, ballten sich ungehörig zusammen.

Dabei hatte die Allianz das tollste Geschäft der an derartigen Superlativen nicht armen Endphase der DDR gemacht: Im Juni 1990 wurde die gesamte Staatliche Versicherung Ostdeutschlands an den Marktführer für läppische 271 Millionen DM abgegeben – trotz energischer Einwände der Kartellbehörden.[2]

Zu denen, die von ganz oben Druck zugunsten der Allianz ausübten, gehörte in erster Linie der damalige DDR-Unterhändler und spätere Bonner Verkehrsminister Günther Krause. Ebenfalls großes Interesse an der Übergabe signalisierte Finanzminister Theo Waigel, um etwaige Verluste aus der Währungsunion abzuwälzen. Kleiner Kunstfehler: Die Allianz übernahm das Recht, die Policen einzutreiben – von Pflichten war in dem Vertrag nicht die Rede.

---

1. *Der Morgen*, 3.5.91
2. *Der Spiegel*, Nr.27/91.

Unter Strom

Der Stromvertrag wurde noch unter der Regierung Modrow beschlossen und war als handfeste Übergabe des sicheren Zukunftsgeschäfts Energieversorgung gedacht – zu einem Investitionsversprechen von vielleicht 30 Milliarden. Darunter fallen mindestens zwei von Siemens zu bauende Atomkraftwerke. Die westdeutschen Stromgiganten RWE, Preußen Elektra und Bayernwerk sicherten sich in dem am 22. August 1990 abgeschlossenen Stromvertrag »mindestens 51 Prozent« der jeweiligen Versorgungsunternehmen, was den Ostkommunen verständlicherweise gar nicht schmeckte. Gegen die von Bundeswirtschaftsminister Möllemann forcierte Übernahme begannen sich die Städte und Kommunen zu wehren – von Jena und Finsterwalde bis zu Rostock und Potsdam erhoben 123 Kommunen Einspruch. Es hatte sich die Erkenntnis verbreitet, daß mit der Energieversorgung auch eine der ergiebigsten Geldquellen für die Kommunen umgeleitet würde. Dazu kam die Sorge, daß jeder Einfluß auf Energiesparen und die Erzeugung umweltfreundlicher Energien schwinden würde – also klagte man reihenweise gegen den Vertrag mit den Energieversorgern. Laut Gutachtermeinung ist er mit seiner festgeschriebenen Mehrheit für den Westerwerber »verfassungswidrig« und erfülle einen ähnlichen Tatbestand »wie Untreue«. Ausgerechnet die Treuhand sei dabei, so der Freiburger Rechtsanwalt Dieter Gersemann, ein milliardenschweres Vermögen der Kommunen und Länder durch den Stromvertrag zu veruntreuen.

Die Aufregung wurde zusätzlich noch dadurch geschürt, daß ein US-amerikanischer Kraftwerksbauer, die »Bonnewell Pacific Corporation« aus Salt Lake City, den Kommunen äußerst kostengünstige (10 bis 11 Pfennige) Stromtarife versprach – die Hälfte der im Westen üblichen Strompreise von 21 bis 23 Pfennig pro Kilowattstunde. Zusammen mit dem dänischen Unternehmen »Elasam Project« verhandelten die ausländischen Anbieter mit 13 Kommmunen, blieben jedoch gegen die Lobby der westdeutschen Stromer ohne Chance. Geplant waren umweltfreundliche Erdgas-Energiesysteme auf Kraft-Wärme-Kopplungsbasis. Sie sind gewissermaßen das Nonplusultra an luftreinhaltender Technologie, weltweit arbeiten 29 Anlagen erfolgreich, aber die Treuhand ließ Leute mit derlei modernen Ideen eiskalt abblitzen. In Dänemark wurde 1989 mit einer derartigen Anlage sogar ein Strompreismittel von 8,44 Pfennig erreicht. Wer weiß, wie wichtig billiger Strom für die Industrieansiedlung ist, kann abschätzen, welche Entwicklungschancen von der Treuhand da hintertrieben wurden. Offenbar kann man in Bonn und in der Treuhand nur in Megastrukturen denken.

Dennoch hat man die Rechnung anscheinend ohne den Wirt gemacht. Das Fernsehmagazin *Panorama* zeigte am 8. August 1991 Dokumente, aus denen hervorging, daß zwei Drittel der ostdeutschen Stromnetze den ehemaligen Ländern der DDR gehörten. Die Länder stellten sich darauf ein, von den westdeutschen Stromkonzernen die Herausgabe von Leistungsrechten, Beteiligungen oder hohen finanziellen Entschädigungen auf gerichtlichem Wege einzuklagen. Was als Superblitz gedacht war, endet wohl als trübe flackernde Funzel.

So versuchte etwa die Contigas – eine Tochter der Bayernwerk AG – das Jenaer Gasnetz auf eigene Faust und ohne Auftrag der Kommune zu sanieren. Diese gründete eigene Stadtwerke – mit einem eindeutigen Votum des Stadtparlaments von 97 zu 3 Stimmen. Die Treuhand war verdutzt – der Milliardencoup drohte zu platzen. Die Klagen werden die Gerichte noch jahrelang beschäftigen.

Die Festlegung auf den Stromvertrag, vom Treuhand-Aufsichtsrat am 18. September 1990 abgesegnet (siehe Dok. S. 160), hat sich als einer der größten Flops der treuhänderischen Arbeit erwiesen. Statt dezentrale, umweltfreundliche Energieträger in kommunalverwalteten Stadtwerken zu fördern, versuchten sich die EVUs und die Bundesregierung mit ihrem Coup in Abwandlung des Lenin-Leitspruchs »Sozialismus ist Sowjetmacht und Elektrifizierung des ganzen Landes« den Neubürgern als neue Megamacht zu präsentieren.

Vorlage

für die Sitzung des Verwaltungsrates der Treuhandanstalt
am 05.09.1990

Titel der Vorlage:	Information und Beschluß zum Stromvertrag
Grund der Einreichung:	Festlegung in der 4. Sitzung des Verwaltungsrates am 29.08.1990
Eingereicht von:	Vorstandsmitglied K. Schirner

Berlin, den 17. 09. 1990

K. Schirner

In der 4. Sitzung des Verwaltungsrates der Treuhandanstalt
am 29. 08. 1990 berichtete Herr Schirner über den Inhalt
des am 22. 08. 1990 abgeschlossenen Stromvertrages zwischen
dem Minister für Umwelt, Naturschutz, Energie und Reaktor-
sicherheit, der Treuhandanstalt sowie den westdeutschen
Energieversorgungsunternehmen.
Eine besondere Rolle spielten dabei politische Bemühungen,
den Vertrag nachträglich noch kommunalfreundlicher zu ge-
stalten.
Ferner war in einer Protokollnotiz zu den Verträgen vorgesehen, zu der im § 12, Absatz 1, des Vertrages geregelten
Ausgleichspflicht (Wortlaut vergl. Anlage) die Zustimmung
der zuständigen Ministerien einzuholen.
Nunmehr hat das Bundesministerium für Wirtschaft im Namen
der Bundesregierung der in § 12, Ziffer 1, geregelten Vereinbarung zugestimmt.

Ferner unterrichtet das Bundesministerium für Wirtschaft
darüber, daß mit den Vorstandsvorsitzenden von Bayernwerk,
Preußen Elektra und RWE Energie AG Einigkeit über Verbesserungen der Rechtsstellung der Kommunen erzielt worden
ist, die zu einem Teil in den Verträgen ihren Niederschlag
finden sollen. Diese Verbesserungen seien von den Vorstandsvorsitzenden HEW, VEW, Badenwerk, EVS, Bewag und Isar Amper-
werke ebenfalls akzeptiert worden.

Beschlußvorschlag

Der Vorstand der Treuhandanstalt bittet darum, daß der Verwaltungsrat den abgeschlossenen Verträgen mit der Maßgabe
zustimmt, daß

- die jetzige Ziffer 5 des § 12 in den Regionalverträgen
  ersatzlos gestrichen (Anlage),

- die Präambel sowohl im Verbundvertrag als auch in den Regionalverträgen wie folgt ergänzt wird:

  . "Die Partner orientieren sich bei der Neustrukturierung der DDR-Elektrizitätswirtschaft an den Strukturen in der Bundesrepublik Deutschland. Dies schließt leistungsfähige kommunale Versorgungsunternehmen ein."

  . "Die Partner bestätigen ausdrücklich noch einmal die in § 12, Ziffer 11, der Stromverträge festgelegte Bereitschaft, mit kommunalen Unternehmen in der Form von Beteiligungen, Konzessionsverträgen oder Stadtwerken zusammen zu arbeiten."

- die Unternehmen diese Änderungen dem Vorstand der Treuhandanstalt brieflich bestätigen.

»Sensibel« verkauft: Die Zeitungslandschaft

Der renommierte Medienrechtler Hoffmann-Riem erregte mit einer Kritik Aufsehen, in der er die allmächtige Treuhandanstalt beschuldigte, »durch ihre Entscheidung über Sanierung, Umstrukturierung und Verkäufe« die gesamte Wirtschafts- und damit die Gesellschaftsstruktur umzugestalten. Und dies, obwohl sie ständig beteuert, keinen Auftrag für Strukturpolitik zu haben. Die ehemals grellroten Kopfzeilen der Bezirkszeitungen sind inzwischen schwarz eingefärbt – mehr als ein symbolischer Wandel. Die vierzehn Regionalzeitungen der SED und der Blockparteien, für die die Treuhand seit Sommer 1990 zuständig war, wurden verkauft, ohne daß auch nur der Versuch gemacht wurde, im Osten Betreiber zu finden. Denn Medienfragen sind Machtfragen – das weiß man in den Zentralen der Macht immer am besten.

Zwei Blätter wurden schon 1990 verkauft: Auf Intervention des Kanzlers, so war zu hören, wechselte die *Freie Presse* in Chemnitz den Besitzer (Auflage 600000). Der unionsnahe Verleger der *Rheinpfalz* (Nähe zu Oggersheim) erhielt den Zuschlag. Koalitionsproportional ging die *Mitteldeutsche Zeitung* in Genschers Heimatstadt Halle (Auflage 530000) an einen Kölner Verleger, dem eine gewisse Verbindung zur FDP nachgesagt wird. Zufällig konnten bei 87 Angeboten von 37 unterschiedlichen Interessenten immer die ersten großen westdeutschen Verlagshäuser landen - von Gruner+Jahr über Holtzbrink bis zu Springer und Madsack.

Die Abonnentenstämme der ehemaligen SED- und Blockparteizeitungen befanden sich in den Händen der Deutschen Post der DDR, die das Monopol auf den Zeitungsvertrieb hatte. Sie wurden von Schwarz-Schillings Bundespost übernommen. Wo die Treuhand Schwierigkeiten machte, wie bei der Übernahme der *Thüringer Allgemeinen* in Erfurt oder bei den *Ostthüringischen Nachrichten* durch die *Westdeutsche Allgemeine Zeitung (WAZ)*, half man ein bißchen nach.[1] Auf unerklärliche Weise waren die Abo-Kunden-Dateien von der Post an die *WAZ*-Investitionsgesellschaft mbH & Co. KG gelangt, die sich schon unter dubiosen Umständen der Redaktion und der Räume der *Ostthüringer Nach-*

---

1. *Die Tageszeitung*, 6.7.91

richten bemächtigt hatte. Sie waren der *WAZ* aufgrund kartellrechtlicher Bedenken versagt worden.

Man einigte sich schließlich auf einen Kompromiß: Unter einem Dutzend Bewerbern erwählte die Treuhand den Verlag der (konservativen) *Mainzer Zeitung*, der sich mit der *WAZ* einigte und nach einem Schlüssel 40 Prozent MZ, 40 Prozent *WAZ* und 20 Prozent für die Belegschaft die *Ostthüringer Zeitung* (OTZ) teilen durfte – gegen ein Aufgeld von 50 Millionen DM, wie Springers *Welt* erfahren haben wollte. Die rund 200 Beschäftigten der OTZ erhielten eine dreijährige Beschätftigungsgarantie.

Zu den großen Verlierern beim Zeitungsmonopoly zählten die Sozialdemokraten, die immerhin auf neun ehemalige Bezirksblätter ihre Ansprüche angemeldet hatten. Diese waren 1933 von den Nazis enteignet, 1945/46 wieder der SPD zugesprochen und nach der SED-Zwangsvereinigung erneut unter Staatskuratel gestellt worden. Während sich die Treuhand auf den Standpunkt stellte, die SPD könne ihre Ansprüche nicht belegen, weil die Zeitungen nicht mehr mit den damaligen Blättern identisch seien, warf SPD-Schatzmeister Klose der Treuhand vor, sie veruntreue durch den Verkauf SPD-Eigentum und wolle aus »vordergründigen, medienpolitischen Gründen gegen geltendes Recht verstoßen.« Die Rechtsanwälte der SPD beriefen sich auf den Einigungsvertrag, wonach Vermögen der DDR-Parteien und Massenorganisationen ohne Wenn und Aber an die früher Berechtigten zurückgegeben werden müßten. Die Treuhand reagierte nervös und sah »ein gewisses Risiko für das Verkaufskonzept«.[1]

Eingedenk der schlechten Erfahrungen mit parteieigener Presse wollte die SPD lediglich Minderheitenbeteiligungen erreichen und für den Rest entschädigt werden. Klose führte mit sieben Westverlagen Kooperationsverhandlungen und erreichte eine einstweilige Anordnung gegen den Verkauf der Blätter durch die Treuhand. Der CDU-Abgeordnete Jochen Borchert vergoß Krokodilstränen: Da gelinge es der Treuhand ausnahmsweise eimmal, Arbeitsplätze zu sichern, und dann sei »es der SPD auch nicht recht«.[2]

Das Ende vom Lied: Die SPD verzichtete auf ihre Ansprüche gegen 75 Millionen DM von der Treuhand bzw. eines gleichwer-

---

1. *Der Tagesspiegel*, West-Berlin, 7. Mai 1991
2. Pressemitteilung der CDU/CSU-Fraktion v. 29.4.91

tigen 40-Prozent-Anteils an der *Sächsischen Zeitung*, den der Gruner+Jahr-Verlag freundlicherweise abtrat.

Mit den Kauflizenzen ging es währenddessen flott voran, im großen und ganzen fielen die Zeitungen »an einen eher konservativen Käuferkreis« (Hoffmann-Riem). Die *Lausitzer Rundschau* in Cottbus (Auflage 240 000) fiel der konservativen *Saarbrücker Zeitung* zu, die *Märkische Oderzeitung* an die liberalkonservative *Südwestpresse* in Ulm, Auflage: 175 000. Die *Märkische Allgemeine* mit einer Auflage von 280 000 Exemplaren fiel an die *FAZ*. Dafür ging der *Nord-Kurier* an den CSU-nahen *Münchner Merkur* (Auflage 175 000), die *Ostseezeitung* an den Regionalmonopolisten *Lübecker Nachrichten* (Auflage 243 000) mit Nachbarsitz in Rostock. Die *Schweriner Volkszeitung* (180 000) verleibte sich der Burda-Verlag (180 000) ein, die *Volksstimme Magdeburg* (374 000) an den volksnahen Heinrich Bauer Verlag (*Quick, Playboy, Praline*). Kein Großverlag erhielt demnach Bezirkszeitungen. Ein pikantes Detail ist die durchgehende Garantie des Beschäftigungsschutzes: Die alten Beschäftigten arbeiten also samt und sonders unter jetzt konservativen Kommando weiter. Die von der Treuhand ausgestaltete Presseordnung sei »verfassungsrechtlich dubios«[1] lautete Hoffmann-Riems Fazit.

Parallel zur Einschwärzung der Zeitungslandschaft agierte der Rundfunkbeauftragte Rudolf Mühlfenzl bei den neuen öffentlich-rechtlichen Rundfunkanstalten. Und zwar so, wie er es schon als früherer Chef des Bayerischen Rundfunks und als Präsident der bayerischen Landeszentrale für den privaten Rundfunk getan hatte: katholisch sauber, journalistisch das Herz auf dem rechten Fleck, burschikos im Ton, brutal in den Personalentscheidungen. Die größte neue Dreiländeranstalt in Sachsen-Thüringen-Sachsen-Anhalt, der *Mitteldeutsche Rundfunk* wurde denn schnell mit geeigneten Führungskadern aus dem Unions-Freundeskreis besetzt.

Beim einstigen Zentralorgan der SED, dem *Neuen Deutschland*, versuchte die Treuhandanstalt, den Verlag als »Parteivermögen« - und damit der THA unterstellt – zu deklarieren. ND-Chefredakteur Wolfgang Spickermann witterte Staatskontrolle und verwies auf Artikel 5 des Grundgesetzes. Detlev Karsten Rohwedder meinte zu

---

1. *Der Tagesspiegel*, West-Berlin, 5.5.91

dem Disput, das ND und die Treuhand verhielten sich zueinander wie der Mops, der den Mond anbelle – die Treuhand werde weiter die »treuhänderische Verwaltung« wahrnehmen. Die PDS sei zu 50 Prozent an der inzwischen sozialistischen Wochenzeitung beteiligt, die anderen 50 Prozent gehörten dem Deutschen Verlags- und Druckerei-Kontor. Dieses wiederum sei Eigentum der ehemaligen SED-Verlagsgruppe Zentrag, ihrerseits wieder zu 100 Prozent im Besitz der PDS.

Eine der wenigen Überlebenden auf dem Ostzeitungsmarkt in Ossi-Hand ist die *Junge Welt*, deren weitere Existenz im Frühjahr 1991 zumindest für zwei Jahre von der Westberliner Mediengruppe Schmidt & Partner gesichert wurde. Das Profil einer linken Tageszeitung soll beibehalten werden, die Leserschaft setzt sich zusammen aus SPD, PDS und Bürgerbewegungen. Ehemals mit 1,6 Millionen Auflage das Flaggschiff des DDR-Jungendverbandes FDJ hofft der alte und neue Chefredakteur König der *Jungen Welt* die 170000 Exemplare von Mitte 1991 weiter halten zu können.

Die Verteilung der ostdeutschen Zeitungsverlage für rund eine Milliarde DM ist kein Ruhmesblatt für die deutsche Mediengeschichte. Wie Kriegsbeute wurden die Tageszeitungen unter den Siegern verteilt. Schon kurz nach dem Fall der Mauer hatten sich die Großverlage nach den besten Stücken umgesehen, um »gleichsam im Handstreich die Presseszene der DDR in den westdeutschen Konzerngriff zu bekommen«. So bewertete der Intendant des Saarländischen Rundfunks, Manfred Buchwald, den Vorgang und stellte die rhetorische – zu spät gestellte – Frage: »Hätten wir nicht – nach allen Erfahrungen mit Pressekonzentration und Regionalmonopolen, mit geschrumpfter Informationsvielfalt und mit publizistischer Marktmacht – ein paar Gedanken auf alternative Modelle richten müssen?«[1]

Die Treuhand war jedenfalls mit der im September 1991 abgeschlossenen Privatisierung der SED-Regionalzeitungen vollauf zufrieden. Man habe »ein gutes Fundament für die Entwicklung der freien Presse in den neuen Ländern gelegt«.[2]

---

1. *Der Tagesspiegel,* West-Berlin 1.5.91
2. Treuhand-Informationen 5/91

»D-Day«

Im Sommer 1991, als die Kurzarbeiterregelung auslief und die massenweise Entlassung kaschierter Arbeitsloser anstand, verfiel man in der Treuhandanstalt auf die Idee, flugs einen Nebenkriegsschauplatz zu schaffen: Die PDS-Konten-Kontrolle. Gysi und Co. versuchten zwar, in einer Organklage vor dem Bundesverfassungsgericht den Angriff abzuwehren, doch die Gerechtigkeit nahm ihren Lauf (Az.: 2 BvE 3/91 v. 10. Juli 1991). Die Treuhandanstalt hatte im März 1991 die Kontrolle des PDS-Vermögens verfügt, Ende Juni auch noch die Konten der PDS-Landesverbände unter treuhänderische Verwaltung gestellt und damit vor dem BVG recht bekommen: Die PDS-Klage wurde als unzulässig verworfen. Nach der deutschen Vereinigung sei die vom Grundgesetz garantierte politische Handlungsfähigkeit, Staatsfreiheit und Chancengleichheit durch die treuhänderische Verwaltung nicht beeinträchtigt. Diese beziehe sich auf das aus Konten und Immobilien bestehende Altvermögen. Die »Partei des Demokratischen Sozialismus« habe es versäumt, ihr neuerworbenes Wahlkampfkostenerstattung-Vermögen von dem Altvermögen der Sozialistischen Einheitspartei Deutschlands sauber zu trennen. Voller Anstand hatte die Treuhandverwaltung jedweden Neuerwerb von Einkünften und Vermögenswerten nach dem 7. April 1989 außer Kontrolle lassen wollen.

Geschmackloserweise nannte man den Tag der PDS-Regionalkontensperrung treuhandintern »D-Day« – benannt nach dem Stichtag für die amerikanische Truppeninvasion in dem von den Deutschen besetzten Frankreich 1944. Zwar mußte sich der zuständige Abteilungsleiter auf Weisung Birgit Breuels bei der PDS für diese Formulierung entschuldigen, gleichwohl warf es ein Licht auf die geistige Grundhaltung, mit der in der Chefetage zu Werke gegangen wurde.

Aufgrund Bonner Weisungen durfte bei der PDS nicht früher zugeschlagen werden. Die CDU hatte sich erst nach monatelangem Zögern entschlossen, auf das Vermögen der Ost-CDU zu verzichten – nicht aber die FDP. Im Herbst 1990 wurde eine 160köpfige Kommission durch die Bundesregierung eingesetzt, die »Unabhängige Kommission zur Kontrolle des Parteivermögens«. Ihr sollten die nach dem ehemaligen Parteiengesetz der DDR zugelassenen Parteien Rechenschaft ablegen über ihr seit 1945 erworbenes Vermögen und dessen Stand am 7. Oktober 1990. Die treuhänderische Verwaltung oblag nun der Treuhandzentrale, die dieses auf rechtlich fragwürdige Weise erworbene Vermögen – soweit es sich nicht um Mitgliedsbeiträge und Spenden handelte – für frühere Eigentümer oder gemeinnützige Zwecke verwenden soll. Im Oktober errechnete Gregor Gysi, daß die PDS rechtmäßig erworbenes Vermögen in Höhe von 140 Millionen DM zu erhalten habe – das alles stamme aus Mitgliedsbeiträgen seit November 1989 und den Wahlkampfkostengeldern. Da diese Summe also treu und redlich erworben worden sei, habe auch die Anstaltskontrolle darüber wegzufallen.

Interflug: Die gewollte Bruchlandung

Vor den zahlreich erschienenen Unternehmern, die auf Einladung der »Industriekreditbank – Deutsche Industriebank« nach Hamburg kamen, um eine echte Expertin in puncto Ost-Engagement zu hören, ereignete sich Unerhörtes: Birgit Breuel, an diesem 8. März noch im Vorstand der Treuhand normales Mitglied und für Privatisierung zuständig, übte halb öffentlich heftige Kritik an der Bundesregierung. Stein des Anstoßes: der Fall »Interflug«. Auf die Frage, ob »das Kind in den Brunnen gefallen« sei, beschrieb Frau Breuel den Vorgang aus ihrer Sicht:
»Wir hatten die Absicht, die Interflug im September letzten Jahres zu verkaufen. Das hätten wir womöglich auch gekonnt. Damals ging es den Fluglinien noch gut; es gab noch nicht den Golfkrieg.
In Bonn bestanden zwei Denkschulen. Die einen favorisierten den Verkauf an einen Wettbewerber, die anderen Denkschulen zogen nur den Verkauf an die Lufthansa in Betracht. Das eine war der Verkehrsminister, das andere der Wirtschaftsminister. So einfach war das.
Wir haben mit potentiellen Käufern gesprochen und haben uns wegen der unterschiedlichen Auffassungen in Bonn ständig im Kreis gedreht. Als wir uns schließlich der Lufthansa genähert hatten – es war eine lange Geschichte, ich stelle das sehr stark

verkürzt dar – , kam das Kartellamt und sagte, der Verkauf an die Lufthansa sei nicht zulässig. Dieses Spiel haben wir ungefähr drei Monate lang getrieben, bis jetzt leider das bedauerliche Ende gekommen ist. Vielleicht hätten wir eher nach außen gehen und deutlich machen sollen, welches Spiel hier gelaufen ist.«[1]

Was lernen wir daraus? Die FDP-Wirtschaftsminister Haussmann und Möllemann schützen Monopole, die sie laut liberalem Parteiprogramm angeblich aufbrechen wollen. Nach Rohwedders Ermordung wurde Frau Breuel vier Wochen später die neue Treuhandpräsidentin – kritische Töne gegen Bonn waren seither von ihr nicht mehr zu hören.

Der »Luftkampf« war in der Tat etwas komplizierter, als von Birgit Breuel dargestellt. Bereits im August 1990, als der Hauptkonkurrent British Airways drauf und dran war, die Interflug zu übernehmen, um sich eine stärkere Stellung im expandierenden Berlin und Osteuropa-Markt zu sichern, plante die Lufthansa für den 28. Oktober die Eröffnung einer Fluglinie Schönefeld – Dubai – Singapur, eine Route, die bis zur Währungsunion von Interflug gehalten wurde. Der zuständige Lufthansa-Geschäftsführer Klaus-Peter Maier war sich sicher, daß nach der Übergabe der Alliierten Kontrollrechte für den Berliner Luftraum an deutsche Behörden keine Hindernisse für die Lufthansa mehr bestünden. Gleichzeitig kündigte die Lufthansa an, von Schönefeld auch Bangkok anzufliegen – eine der wenigen Strecken, die die Interflug zu diesem Zeitpunkt noch mit vollausgelastetem Fluggerät, den geleasten Airbus A 310, bedienen konnte. Was in der Öffentlichkeit als Interessenausgleich verkauft wurde, war die faktische Ausschaltung der ostdeutschen Konkurrenz.

In einem streng vertraulichen Status-Papier des Lufthansa-Vorstandes vom 29. August 1990 sprach man ironisch von den »nach wie vor hohen Illusionen über Markt und Wettbewerb« bei Interflug. Scheinheilig bot man der Interflug kostenlose Beratung »bei der Formulierung der Gesellschaftsverträge der neuzugründenden GmbH's« und auch bei »Verhandlungen mit dem BMV«) (Bundesministerium für Verkehr) an. Um von vornherein klarzustellen,

---

1. IKB-Dokumentation: Die Privatisierung ostdeutscher Betriebe, Hamburg 1991

wer der Stärkere ist, lieferte man kostenlos eine niederschmetternde Bestandsaufnahme. Die Flugzeugflotte der Interflug bestehe zum »weit überwiegenden Teil aus russischem Gerät, mit dem kein wettbewerbsfähiges Produkt herzustellen« sei und der Mitarbeiterstamm läge mit 8087 Mitarbeitern »weit oberhalb jeder Wettbewerbsfähigkeit«. Außerdem seien nach September 1989 »wahrscheinlich über 600« der Mitarbeiter vom Ministerium für Staatssicherheit übernommen worden. Dennoch wollte man den innerdeutschen Konkurrenten unbedingt haben: »Für die zügige und nachhaltig erfolgreiche Besetzung der strategisch wichtigen Positionen des Luftverkehrs in Berlin und der DDR braucht Lufthansa den Partner Interflug.« Der »Teilwettbewerb« Richtung Osten und in der wiedervereinten Metropole sei für die Lufthansa »nur mit dem Partner Interflug zu gewinnen«. Der Markt wachse schließlich schneller als die Ressourcen und die Lufthansa befinde sich im Wettbewerb mit KLM, Britisch Airways, SAS und anderen. Die Mitarbeiter der Interflug seien durchaus weiterverwendbar, denn sie »kennen sich vor Ort aus, kennen einander, haben Vertriebsbüros überall in der DDR, sind trotz allem stolz auf IF und deshalb motiviert.«

Als heftigsten Konkurrenten um den Interflugnachlaß vermutete man die British Airways. Die Briten hätten das Problem, im EG-Binnenmarkt ab 1993 von »einer geographischen Randlage aus« zu operieren und könnten mit Interflug »vom Herzen Europas aus den deutschen und europäischen Markt aufrollen« – mit den Rechten als deutscher »Home Carrier«.

Für die Treuhand waren zu dieser Zeit drei Modelle denkbar, die auf einer vorläufigen Sanierung der Interflug mit 70 bis 100 Millionen DM basierten:
- mit den drei noch nicht bezahlten Airbussen und 1000 qualifizierten Mitarbeitern einen ausländischen Käufer finden;
- nach branchenfremden Anlegern suchen, um die Airline mit ausgezeichneter Infrastruktur als unabhängige deutsche Fluggesellschaft weiterfliegen zu lassen;
- der Lufthansa den Firmenmantel und den Rest des Personals zur Übernahme freizugeben.

In Bonn ließ man sich mit der Entscheidung monatelang Zeit. Währenddessen liefen viele qualifizierte Beschäftigte davon und auch die Touristikabteilungen der Warenhauskonzerne meldeten sich als Charter-Interessenten ab. Nicht zum Zuge kam auch die Idee des CDU-Abgeordneten Matthias Wissmann, die Interflug über eine verbleibende Bundesbeteiligung auf Wettbewerb mit der Lufthansa fliegen zu lassen – da war Lufhansa-Chef Heinz Ruhnau vor.

Schon zum 1. September 1990 hatte die »Berliner Lufthansa Abfertigungs- und Service GmbH« (BLAS) die gesamte Abfertigung im Flughafen Schönefeld übernommen. Während auf bundesdeutschen Flughäfen mehrere Anbieter konkurrieren, übernahm die Lufthansa per Mietvertrag schon das erste Monopol. Dabei sicherte man sich stante pede die ehemalige »Westabfertigung«, obwohl die Lufthansa noch keine Landerechte in Schönefeld hatte. Als Miete wurden fünf Prozent der Erlöse vereinbart (statt der üblichen acht Prozent), aber die Interflug war eben auf jeden Pfennig angewiesen. Per Anruf aus der Treuhand wurde der Interflug-Chef Kramer zu Ruhnau nach Frankfurt vorgeladen, wo der Vertrag nicht verhandelt, sondern nur noch unterschrieben wurde. Weder der Flughafendirektor noch der Finanzdirektor der Interflug noch die Belegschaft kannten den Inhalt. Der Tarifvertrag wurde in 20 Minuten an einem Freitagabend ausgehandelt, der Interflug-Boß durfte zusehen, wie man das macht.

Noch einfacher verfuhr die Lufthansa ohne Einschaltung der Treuhand bei den anderen DDR-Flughäfen in Leipzig, Dresden, und Erfurt. Man schickte die Übernahmeverträge einfach per Post. Die Bedenken des Bundeskartellamtes wurden ignoriert – man wußte das Bonner Wirtschaftsministerium im Rücken.

Die programmierte Arbeitslosigkeit

Am 9. November 1989, dem Tag der Maueröffnung, hatte die DDR 9,5 Millionen Beschäftigte, mithin eine Erwerbsquote von 96 Prozent. Zur gleichen Zeit lag die Erwerbsquote im hochmodernen, superreichen Westen der Republik bei 70 Prozent der Erwachsenen.

»Arbeitslos zu werden, hat bei uns einen ganz anderen Stellenwert als im Westen.« Regine Hildebrandt, engagierte Kämpferin für mehr soziale Gerechtigkeit im Kabinett Stolpe in Brandenburg, weiß sehr genau, wovon sie spricht. Tag für Tag hat sie mit den Betroffenen zu tun. Arbeit, das war im Osten die Einbindung ins soziale Leben, in die Betriebsgemeinschaft, oft mitsamt der Familie. Mit den kaputtgehenden Betrieben verfällt auch die soziale Infrastruktur. Frau Hildebrandt nennt den Lkw-Bau IFA in Ludwigsfelde bei Berlin: »Da war der Hort für die Kinder, der Altenclub, der Sportplatz im Betrieb – alles gehört nun der Treuhand. Aber der neue Investor übernimmt nicht die sozialen Einrichtungen.« Die Treuhand gebe sich viel zu wenig Mühe zu sanieren, sie mache zu viele Betriebe zu schnell dicht, als daß es die Betroffenen verarbeiten könnten.

Vor allem viele alte Menschen sind am Verzweifeln: Ihre ganzen Lebensersparnisse aus Jahrzehnten – ihre Altersversorgung – wurde mit der Währungsreform halbiert, aber, so die Sozialministerin, »es darf nicht so viele Verlierer geben«. Hatte nicht der Kanzler versprochen, es werde nur Gewinner geben? Der Wessi-Witz macht die Runde: »Du hast Dein Versprechen gebrochen«, sagt der Ossi. »Macht nix, kriegst ein neues«, begütigt der Wessi.

Nicht immer lassen sich die von anonymen Treuhandentscheidungen Betroffenen alles gefallen. Am 20. September 1991 blockierten hunderte Beschäftigte der Robotron Sömmerda, Carl-Zeiss Jena und der Tridelta-Werke das Hermsdorfer Autobahnkreuz, um auf ihre dramatische Lage aufmerksam zu machen. Mehrere tausend sollten zum Jahresende in die Arbeitslosigkeit geschickt werden – ohne Perspektive.

Die vielzitierten Beschäftigungs-, Qualifizierungs- und Entwicklungsgesellschaften kamen nur äußerst zäh voran. Nur nach endlosen Streitereien mit den Treuhandstellen wurden Gebäude und Maschinen bewilligt. Die 280000 von Bonn genehmigten ABM-Stellen verschönten zwar die Arbeitslosenstatistik von gut einer Million Arbeitsloser und anderthalb Millionen Kurzarbeitern, die im Herbst 1991 ebenfalls vor der Kündigung standen, eine wirksame Problemlösung konnte damit nicht geliefert werden. Denn die Treuhand weigerte sich lange Zeit, die Gelder für das Ingangsetzen funktionierender Qualifizierungsgesellschaften bereitzustellen. Ganze zehn Prozent der Kosten durfte sie beisteuern, für den Rest mußten sich die Betroffenen Träger suchen – und die gab es kaum. Mühsam – und viel zu spät – wurde an »Aufbauwerken« gebastelt wie in Sachsen. Ein drastisches Notausbildungsprogramm, mit Hilfe dessen in sechs Monaten hunderttausende zu einigermaßen qualifizierten Facharbeitern und Handwerkern herangebildet werden könnten, forderte der Handwerkskammerpräsident Heribert Späth. Jedoch kam derlei in den Bonner Plänen nicht einmal ansatzweise vor. Betriebe, Maschinen, Meister, alles war vorhanden – aber man tat kaum etwas, die organisatorischen Probleme entschlossen anzupacken. In Bonn herrschte immer noch die Meinung vor, der Aufschwung habe bereits begonnen und der Kapitaltransfer würde das Dilemma auch ohne Konzeption lösen.

Regine Hildebrandt warf Wirtschaftsminister Möllemann in einem Streitgespräch vor, dem Kollaps untätig zuzusehen. Sie forderte mehr staatliche Intervention, mehr Beschäftigungsgesellschaften und gezielte ABM-Maßnahmen in den »toten Regionen«. Die Bundesregierung hatte die ABM-Maßnahmen in der Endstufe auf 400000 begrenzt. Möllemann interpretierte das Problem auf seine Weise: »Die Bedingungen in den Beschäftigungsgesellschaften dürfen nicht so gut sein, daß die Unternehmen als Dauerarbeitsplätze betrachtet werden.« Die Realität: Ohne ABM-Maßnahmen hätte die Arbeitslosigkeit in manchen Gebieten nicht 10 bis 15 Prozent, sondern 30 bis 40 Prozent betragen.

FAZ-Herausgeber Joachim Fest fragte öffentlich an, ob denn zugunsten des Aufbaus im Osten nicht ein Teil der Rüstungsausgaben umverteilt werden könne – selbst einigen Konservativen wurde langsam mulmig. Soziale Unruhen drohten und die Stimmung schien gefährlich zu werden. 87 Prozent der befragten Ostdeutschen waren im Herbst 1991 der Meinung, daß das soziale Netz in der ehemaligen DDR besser gewesen sei als in der Bundesrepublik. Die Freude über den Fall der Mauer und die gewonnene Freiheit versiegte, der Unmut wuchs.

Treuhandpraxis:
Die alltägliche Katastrophe

In den dunklen Fluren des Dresdner Hauses für Kultur und Bildung türmen sich Dessous und Weihnachtsmänner, Schuhe und Schleifchen, diverse Konfektionen und Kollektionen aus 2120 ostdeutschen Fertigungsstätten. Der Kaufhauskonzern Hertie hat – wie vor ihm schon andere Laden- und Kaufhausketten – zum Lieferantentreffen in die Elbmetropole eingeladen.

»Wenn einer unserer Zentraleinkäufer ja sagt zu Ihrer Ware«, sagt Paul Moll, einer der fünf Einkaufsdirektoren des Kaufhausriesen, »dann können Sie stolz sein. Dann haben Sie sich gegen den Weltmarkt durchgesetzt.« Von seinen Milliardenumsätzen will Hertie bis Ende des Jahres 1991 schlappe 80 Millionen Mark mit Produkten aus den neuen Bundesländern umsetzen. Begründet wird das zurückhaltende Einkaufsgebaren mit harter Pädagogik und emanzipatorischem Gestus. »Wir haben nicht vor, Mitleidsaufträge zu schreiben«[1], erläutert Vorstandsmitglied Hans-Hermann Thiesse. Einkäufer Moll bringt die Lieferanten ins Schwitzen und Zittern, indem er ihnen »Streit« ankündigt beim »Management der Konditionen«.

Es ist ähnlich wie bei der Zeugnisvergabe. Die Einkäufer prüfen dieses und fragen Preise bei jenem ab. Viele Firmen – etwa die Schuhproduzenten – hatte lange Jahre in der DDR zu Dumpingpreisen für den Westhandel produziert, um Devisen zu erwirtschaften, aber seit der Währungsunion ist die Situation grundlegend anders. Zwar wird noch mit Löhnen kalkuliert, die zwischen 30 und 60 Prozent der Westlöhne liegen, aber westlicher Standard gibt bei Design, Material und Herstellungstechnik den Ton an. Roswitha König von der Schuhfabrik Schöneck im Vogtland, die mit ihren 21 Kolleginnen Kinderschuhe produziert, steht vor dem

---

1. *FAZ*, 16.8.91

Problem, daß die Einkäuferin keine geklebten Sohlen mehr kauft, sondern nur noch gespritzte. Doch für ihre 10000 Paar Schuhe im Monat lohnt sich ein millionenteurer Spritzapparat nicht. Frau König ist tief enttäuscht und wird ihren Mitproduzentinnen die traurige Nachricht überbringen müssen.

Da hört es sich gut an, wenn Einkaufsdirektor Michael Krencker versichert, daß man helfen wolle: durch Produktpräferenz für Ostprodukte »bei Leistungsidentität«.[1]

Ruf doch mal an: Das Bürgertelefon

In ihrem Selbstverständnis ist die Treuhandanstalt (THA) – zumindest in der theoretischen Vorgabe ihrer Präsidentin Breuel – keine ostdeutsche Ersatzregierung, sondern ein nahezu reibungslos funktionierendes Dienstleistungsunternehmen »für die Menschen, und für die Unternehmen, für Länder, Städte und Gemeinden« (Breuel). Wohlklingende Formeln brachte die Präsidentin aufs Papier, um im Vorwort des Treuhandkatalogs anzugeben, wie »eine moderne Wirtschaftsstruktur mit möglichst vielen kleineren und mittleren Unternehmen in Fahrt« kommt. Die THA arbeite deshalb »eng mit der Bundesregierung, den Landesregierungen und den Kommunen« zusammen, um ein »dichtes Netz von Informationen, auf das Investoren jederzeit zurückgreifen können«, zu knüpfen. Sowohl die Zentrale in Berlin wie die 15 Niederlassungen verstünden sich »als Partner der Wirtschaft, als Dienstleiter für Investoren aus aller Welt«.

Um der öffentlichen Kritik etwas den Wind aus den Segeln zu nehmen, verfiel man in der Treuhandzentrale auf die Einrichtung eines »Bürgertelefons«, sozusagen einen Kummerkasten für Briefschreiber, die monatelang ohne Antwort geblieben waren: ein Sorgentelefon etwa für enteignete Grundstücksbesitzer. Denn es hatten sich die Beschwerden in allen Teilen des Landes gehäuft, bei der Treuhand wisse die linke Hand nicht, was die rechte tue. Andererseits hatte die Treuhandanstalt durch die Fülle der ihr

---

1. ebenda..

übertragenen Aufgaben auch keine Chance, dem Image des omnipotenten Besserwessi-Centers zu entrinnen.

Eine Dokumentation der Anfragen und Ansinnen aus einer Woche im Juli 1991 beschreibt in anonymisierter Form das weite Feld der Erwartungen, die die Treuhand geweckt hat. Da will einer wissen, warum er nach zwei Monaten noch keine Antwort bekommen hat, obwohl er Teile der Vertex GmbH in Chemnitz kaufen will. Ein »EG-Berater« will angeblich einen Artikel über privatisierte Nahrungsmittelfirmen schreiben und vielleicht ein paar beratungsbedürftige Adressen abzocken. Ein Interessent für den Baumaschinenbetrieb Spremberg mit 120 Beschäftigten wurde durch Herrn Friedrich in der Niederlassung Cottbus verprellt, nachdem ein Notartermin für die Übernehmer bereits festgelegt war, der kurzfristig durch die Treuhänder wieder gekippt wurde.

Jemand möchte mit Frau Breuel eine Niederlassung in der Türkei eröffnen, vielleicht keine schlechte Idee angesichts der Ausländerproblematik in den neuen Bundesländern. Doch der Vorschlag versandet. Firmeninteressenten werden, wenn es gut geht, an die Firmenbörse verwiesen – eine Einrichtung, die ähnlich dem Wühltisch im Schlußverkauf die Sonderangebote feilbietet. Diplomanden und Doktoranden sind auf der Suche nach empirischem Material, um dieses Transformationsexperiment wissenschaftlich zu begleiten. Schulklassen aus dem Westen rufen an, weil sie mit Berufsschülern im Osten zusammentreffen wollen, ein anderer will ein Telefonverzeichnis der Treuhand, das er nicht bekommt. Eine Frau möchte wissen, wer die Staatliche Versicherung der DDR übernommen hat, da sie Probleme mit ihrer Hausratsversicherung hat – die Allianz wird ihr sicher weiterhelfen. Jemand sucht die Nachfolgeorganisation für internationalen Lizenzhandel, die auch gut mit Schalcks KoKo zusammengearbeitet hat – er wird ans Bonner Wirtschaftministerium verwiesen. Der nächste Anrufer will ein Ferienheim eines Stahlunternehmens auf Rügen erwerben, der Übernächste will wissen, ob seine Lieferungen an Treuhandbetriebe garantiert bezahlt werden, wenn die Betriebe mittlerweile pleite sind. Und so weiter, und so fort (siehe Dokumentation Seite 178). Kein Wunder, daß die Treuhandzentrale so viele Mitarbeiter braucht.

Andere, die anrufen, haben klare Vorstellungen: Die meisten wollen Immobilien und Gewerbegrundstücke erwerben, um vielleicht einen kleinen Reibach zu machen . Die ständigen Siegesmeldungen der Treuhandspitze, die Zahl der Firmenverkäufe steige kontinuierlich, macht viele Unternehmen neugierig, wer was im Osten übernommen hat. Man geht davon aus »daß diese privatisierten Betriebe als sicher für die Aufnahme von Geschäftskontakten angesehen werden« (internes Papier).

Die Treuhand hält mit den Außenanforderungen trotz eines stetig wachsenden Apparats kaum Schritt. Intern muß man sich Mitte Juli eingestehen, daß sich »das Spektrum der Sachfragen, die den vorgegebenen Schwerpunkten nicht zugeordnet werden können«, laufend erweitert. Es klemmt vor allem bei der Vermittlung von qualifizierten Beratertätigkeiten durch die THA. Auch bei den vielerlei Beschwerden über kommmunale Preistreiberei bei Gewerbeflächen weiß man keine rechte Antwort. Für die Betreuung französischer Industrieller, die in der ehemaligen DDR investieren möchten, läßt sich niemand auftreiben.

Der 56jährige Leo Ullmann, der mit seiner Kollegin Christa Rambaum das Bürgertelefon bedient, war Auslandskaufmann für die DDR-Firma »Textilkommerz«. In dieser Funktion war er unterwegs in Vietnam, Jugoslawien, in Skandinavien und im Westen. Wegen »unerlaubter Kontakte« zu Hamburger Geschäftsfreunden wurde er degradiert, dachte an Flucht und blieb doch. Trotz allem hält er den Kommunismus »immer noch für eine große Idee«, die dem Leben eben »nicht standgehalten« habe. Unterstellt sind die Kontakttelefoneure dem »Vertrauensbevollmächtigten beim Vorstand der Treuhandanstalt«, Dr. Krieger. Auf Anregung des Kanzlers wurden diese Posten in der Zentrale und den Niederlassungen geschaffen, weil sich Kohl ständig Beschwerden über »alte Seilschaften« bei seinen Wahlkampftouren anhören mußte. Der reaktivierte Ministerialdirektor aus dem Bonner Justizministerium, der eigentlich schon lange seinen wohlverdienten Ruhestand genießen sollte, erhielt zusammen mit seinem Kollegen Bülow bereits in den ersten drei Wochen seiner Tätigkeit rund 300 Hinweise auf ehemalige Stasileute und SED-Funktionäre. Gegen SED-Mitglieder hat der CDU-Mann nichts, »aber Stasi-Leute haben natürlich in den Führungsetagen der Unternehmen nichts zu suchen«.[1]

---

1. *Stern*, 27.12.90

Anfrage	Veranlaßt
Hat Grundstück erworben von KWV, geht um Investitions- bescheinigung. Senat hat an THA verwiesen.	verwiesen an Herrn Keil
Hat im VEB Wohnraumleuchten Berlin gearbeitet (gehörten zu AKA Elektrik), Fa. hat jetzt entlassen. Wie steht es um die Abfindung?	verwiesen an Herrn Stäps
Hat Interesse, ein Grundstück in Glienicke Nordbahn zu erwerben.	verwiesen an Kommune
Möchte Werbeagentur in der ehem. DDR aufbauen, eine ent- sprechende Fa. übernehmen.	verwiesen an Firmenbörse
Sind Wein- und Spirituosenhandel. Suchen kleinen Betrieb oder Hotel/Gaststätte im Raum Thüringen.	verwiesen an NL Erfurt/Gera
Möchte sich bei THA das Vorkaufsrecht für Grundstück in Strausberg sichern (Pacht an Stadt gezahlt).	verwiesen an Kommune
Interesse an gebrauchten Maschinen.	verwiesen an Herrn Tränkner
Fragen zu Abfindungen bei Handwerksbetrieben - Kündigung.	Auskunft erteilt
Erbaten Auskunft zu Konsumgenossenschaft, die ihnen gehö- rende Räumlichkeiten mieten möchte (Liquidität).	Erläutert, daß THA nicht zuständig ist.
Sucht die Dresdner Fruchthandelsgesell., den zuständigen Ansprechpartner.	Informiert, daß Fa. bereits verkauft wurde.
Hat der Presse entnommen, daß THA Berufsausbildung der Lehrlinge in Betrieben, die liquidiert werden, materiell und finanziell unterstützt. Wer ist zuständig?	verwiesen an Herrn Prof. Meier und Herrn Boldorf

Anfrage	Veranlaßt
Hat am 23.4. an Frau Breuel geschrieben, möchte Teile der Vertex GmbH Chemnitz erwerben. Hat noch keine Antwort bekommen.	Verwiesen an Herrn Dr. Sinnecker, der den Brief vom Sekr. Breuel bekommen hat.
Ist EG-Berater auf dem Agrargebiet. Sucht Angaben zu Betrieben der Nahrungsgüterindustrie, die schon privatisiert sind oder noch privatisiert werden. Schreibt Artikel für eine Zeitung.	verwiesen an PR
Hat gehört, daß THA neugegründete Unternehmen der Aus- und Weiterbildung mit Räumlichkeiten unterstützt.	Problem erläutert, verwiesen an Herrn Prof. Meier
Sucht Betrieb/Beteiligung in der ehem. DDR.	verwiesen an Firmenbörse
Suchen Produzenten von Röhrenglasflaschen in der ehem. DDR, möchten sich an Betrieb beteiligen.	verwiesen an Firmenbörse
Sucht den Verantwortlichen für das Kombinat EAW, speziell den BT Steremat. Geht um Übernahme von BT.	verwiesen an Geschäftsführer und an Herrn Lang
Wollte Frau Breuel sprechen. Betreuen Baumaschinenbetrieb in Spremberg. Mit NL Cottbus war Übernahme klar. Haben Übernehmern geraten, AK-Verträge zu unterschreiben. Notartermin am 3.6. wurde 30.5. durch NL Cottbus abgesagt (Herr Friedrich). Unsachliche Auseinandersetzungen mit Herrn Friedrich. Unkenntnis seinerseits. Er verlangte neue Unterlagen, seither läßt er sich verleugnen.	verwiesen an Herrn Dr. van Scherpenberg
Wollte Frau Breuel sprechen. Möchte sich für die Eröffnung einer NL der THA in der Türkei verwenden.	verwiesen an Herrn Dr. Vehse
Möchte kleinen pharmazeut. Betrieb in der ehem. DDR erwerben.	verwiesen an Firmenbörse

Anfrage	Veranlaßt
Geht um Kauf eines Teils eines VE Gutes. Möchte seinen Betrieb erweitern.	verwiesen an Herrn Dr. Kopmann
Möchte ein Wohnhaus kaufen.	Erläutert, daß THA nicht zuständig ist.
Interesse an Übernahme der Seilwerke Heidenau. Betrieb nicht im PC.	verwiesen an Firmenbörse
Erbat Aufklärung zu rechtlichen Problemen bei Veräußerung eines DDR-Betriebes.	verwiesen an Herrn Schaal
Hat Interesse an Übernahme von Entsorgungsunternehmen.	verwiesen an Sero Recycling bzw. Herrn Daudt
Bezieht sich auf Telefonat vom 3.6.91. Geht um Erwerb eines Friseursalons, zieht sich schon lange hin. Vorgang ist Frau Breuel bekannt. Kommt bei NL nicht weiter. Sieht in Vergabe der PGH-Läden politische Ungereimtheiten.	verwiesen an Herrn Hillebrandt, Herrn Dr. van Scherpenberg und Herrn Herbst
Erbittet Unterlagen über THA zwecks Anfertigung einer Seminararbeit.	verwiesen an PR
Sucht Räume für Tischlerei in Berlin (Ost).	verwiesen an NL
Erbat Telefon-Verzeichnis der THA.	Erläutert, daß Verzeichnis nur internes Arbeitsmittel ist.
Benötigt Auskünfte über Robotron-Firmen, möchte investieren.	Auskünfte erteilt
Möchte wissen, wer die Staatl. Versicherung der DDR übernommen hat. Hat Probleme mit ihrer Hausratversicherung.	Auskunft erteilt
Sucht die Nachfolgeorganisation für das Zentrale Büro für internat. Lizenzhandel.	verwiesen an BMWi

Anfrage	Veranlaßt
Sucht Ansprechpartner für ein Ferienheim eines großen Betriebes der Stahlindustrie auf Rügen.	verwiesen an Herrn Koepp
Hat Fragen zur Finanzierung von Lieferungen, die er an THA-Betriebe tätigt, die möglicherweise nicht liquide sind. Tritt die THA ein?	verwiesen an Herrn Tobolla
Arbeitet seit ca. 1 Jahr mit BT Spezialtechnik Dresden zusammen. Geschäftsführer hat um Kontakte in Italien. Präsentation für 22. Mai vorgesehen, klappte nicht. Neuer Termin für Anfang Juni - wurde wieder von Spezialtechnik abgesagt, Verbot an Geschäftsführer, daran teilzunehmen. Ist mit Vorgehen des Betriebes nicht einverstanden und sucht deshalb Kontakt zur THA. Geht um Rufbild der neuen Länder, der Firmen und der THA in Italien.	verwiesen an Bereich Spezialmaschinen, Herrn Dr. Kiehne
Interesse am Kauf eines KMU (Reaktion auf Rede von Frau Breuel).	Firmenverzeichnis/Kontaktaufnahme NL
Beschwerde über NL Halle. Anschreiben an Präsidentin ist erfolgt.	Anschreiben eingegangen. Bereich NK hat NL Halle um Abhilfe gebeten.
Grundstückskauf	Klärung Eigentumsverhältnisse durch Einsicht Grundbuchamt geraten.
Bezug auf Wirtschaftsnachrichten.	Info PK
Kauf eines Grundstücks.	Klärung Verfügungsberechtigung und vorliegender Restitutionsansprüche
Grundstückskauf	verwiesen an TLG, NL, Makler
Zahlen über Nahrungsmittelunternehmen (Privatisierung/Bestand)	verwiesen an Bereich Dokumentation und P W

Abwickler am Werk: Geschäfte im Wilden Osten

»Selbsternannte Experten aus der alten Bundesrepublik meinten, einen Glaubenskrieg führen zu müssen, um alles in der DDR als marode hinzustellen – angefangen bei den Produktionsstätten und ihren Ausrüstungen bis hin zum Forschungspotential, der Qualifikation der Beschäftigten und der Motivation des Managements. Anstatt zu integrieren, grenzen sie aus. Oftmals wurde der Bock zum Gärtner gemacht. Mit Entscheidungen wurden Unternehmen beauftragt, die kein Interesse daran haben konnten, daß ein potentieller Wettbewerber überlebt, es sei denn, er unterwirft sich bedingungslos. Es verwundert daher nicht, daß an die Stelle von Aufbruchstimmung Zukunftsangst getreten ist.« (Professor Harry Maier, Wirtschaftswissenschaftler an der PH Flensburg, bis 1986 Ökonom an der Akademie der Wissenschaften der DDR)

Man habe immer wieder festgestellt, so Hero Brahms, Vizepräsident der Treuhand und für Unternehmenskonzepte zuständig, »daß die Privatisierung eines Unternehmens erst in dem Augenblick in Gang kommt, wenn es seine Produktion an der Arbeitsteilung ausgerichtet hat, die in der westlichen Industrie üblich ist«.

Von den ehemals 211 Kombinaten, die alle in Holdings umgewandelt wurden, werden in stark verkleinerter Form nur 54 übrigbleiben, 120 Gesellschaften wurden entflochten. Aber die Entflechtung wurde nicht mit dem Nachdruck betrieben, der notwendig gewesen wäre. Mancher Großbetrieb erlebte bei dem Versuch, unverändert schwergewichtig an die Börse zu gehen, böse Überraschungen, wie etwa der Keramikhersteller Tridelta AG. Die Treuhand spaltete ihn schließlich in acht Unternehmen auf, um ihn verkäuflich zu machen. Frühzeitige Entflechtungen wie bei dem Magdeburger Schwermaschinenbauer Sket AG waren im Sinne der Privatisierung wirtschaftlich erfolgreicher.

Ein Jahr nach der Wirtschaftsunion hat die Treuhand von den 51 größten Unternehmen 48 nach Westdeutschland verkauft (siehe Tabelle S. 184), zwei gingen nach Frankreich, eines hält das Land Sachsen. Erstanden wurden die Betriebe teilweise zu Schleuderpreisen. Es gab zwar Beschäftigungszusagen, aber die Strafen bei Nichteinhaltung könnten von den Übernehmern locker berappt werden.

Der Fall »Maschinenbau und Technikhandel« (MBH)

»Man achtete beim Firmenkauf vordringlich auf den Erhalt von Arbeitsplätzen«, erklärte der Treuhandsprecher Wolfgang Schöde des öfteren. Doch die Wahrheit sah anders aus: Die Käufer verpflichteten sich zu wenig, die Treuhand übernahm die Schulden. Der Münchener Burkhard Wittek war Geschäftsführer der »München-Trust-Holding« (MTH). Als einziger Interessent für die »Maschinenbau und Technikhandel« (MTH), bei der noch über 5000 Arbeitnehmer beschäftigt waren, hatte Wittek leichtes Spiel. Zwischen 1800 und 2000 Arbeitsplätzen stellte Wittek in Aussicht. Kurz nach Vertragsabschluß tauchten Gerüchte auf, daß der Münchener Unternehmer wolle kurzfristig 4000 Leute entlassen wolle. Doch Wittek wies dies zurück: »Solche Zahlen kenne ich nicht.« Genau diese Zahlen standen jedoch in einem Verhandlungsprotokoll mit der Treuhand, das er 14 Tage zuvor selbst angefertigt hatte. Lediglich für 1000 der einstmals 6000 Mitarbeiter des Unternehmens hatte Wittek eine »Arbeitsplatzgarantie« abgegeben. Was er unter einer solchen Garantie verstand, liest sich so: »Für jeden garantierten, aber nicht eingerichteten Arbeitsplatz zahlen die Käufer eine Vertragsstrafe von DM 8000.« Für acht Millionen Mark wollte der Investor die gesamte Belegschaft ans Arbeitsamt abgeben. Bei etwas Geduld konnte der Aufkäufer die verbliebenen Arbeitnehmer sogar zum Null-Tarif loswerden: In knapp 20 Monaten, von Mitte 1991 an gerechnet, läuft die Übernahmegarantie automatisch aus.

Der Fall Siemens

Seit Walter Ulbrichts Zeiten elektrifizierte der Montagebetrieb »Leipziger Starkstrom-Anlagenbau« Kraftwerke und Reichsbahntrassen. Während der ganzen Planwirtschaft gehörte er zu den ertragreichen Betrieben. Heute nennt er sich »Siemens Anlagentechnik und Energieverteilung GmbH«.

Siemens, Deutschlands drittgrößtes Unternehmen, Jahresumsatz rund 63 Milliarden Mark, erwarb den Leipziger Betrieb zum Schleuderpreis von acht Millionen Mark. Dankbar übernahm die

Die größten von der Treuhand verkauften ostdeutschen Betriebe*)

	Betrieb	Käufer	Besch.	Inves.
1	Jenoptik Carl Z. Jena GmbH u. Jenaer Glaswerk	Carl-Zeiss-Stiftung Jena und Land Thüringen	10000	–
2	Union-Bau AG	Dyckerhoff & Widmann AG München	8000	–
3	Sachsenring Automobilwerke Zwickau GmbH	Volkswagen AG, Wolfsburg	6000	4200
4	Starkstrom-Anlagenbau GmbH	Siemens AG, Berlin/München	5640	75
5	Synth.-Werk Schwarzheide AG	BASF AG, Ludwigshafen	4900	500
6	Planeta Druckmasch.-Werk	König und Bauer AG, Würzburg	4700	–
7	DKF Deutsche Kugellagerfabriken AG	Kugelfischer AG Schweinfurt	4100	345
8	LEW Henningsdorf GmbH	AEG AG, Berlin/Frankfurt	4100	300
9	Verkehrsbau Bln. GmbH, Straßenbau PotsdamGmbH, Sraßenbau Weimar GmbH u. Erd-, Tief- u. Wasserbau GmbH	Srabag Bau AG, Köln	4100	100
10	Rüdersdorfer Zement GmbH	Readymix, Ratingen GB	3200	450
11	Olympia Bauges.mbH	Société Génerale d' Entreprise, Frankreich	2700	35
12	Gummiwerke Thüringen GmbH	Phoenix, Hamburg	2540	–
13	Zementwerke Bernburg GmbH	E. Schwenk KG, Ulm	2450	1000
14	FER Fahrzeugelektronik GmbH	Robert Bosch GmbH, Stuttgart	2100	–
15	IFA Automobilwerk Luwigsfelde GmbH	Mercedes-Benz AG Stuttgart	2000	1000
16	Brau- u. Erfr.-Getränke AG	Brau u. Brunnen AG, Dortmund	2000	269

Betrieb	Käufer	Besch.	Inves.
17 Bergmann-Borsig GmbH	ABB AG, Mannheim	2000	45
18 Stahlbau Plauen	Lentjes AG, Düsseldorf	1900	10
19 Isolierungen Leipzig GmbH	G+H Montage GmbH, Ludwigshafen	1895	–
20 Energiebau Dresden GmbH	ABB AG, Mannheim	1850	30
21 Nachr.-Anlagenbau Dresden GmbH	Siemens AG, Berlin/München	1800	25
22 Industrie- montagen Merseburg GmbH	Pallas Invest SA, Frankreich	1800	18
23 Getriebewerk Penig GmbH	Friedr. Flender AG Bocholt	1700	75
24 Pharmed GmbH	Gehe AG, Stuttgart	1640	135
25 Deuna Zement GmbH	Dyckerhoff AG, Wiesbaden	1640	–
26 Dampferzeugerbau Berlin GmbH	Lentjes AG, Düsseldorf	1600	22
27 Vereinigte Porzellanwerke Colditz GmbH	Gebr. Frank GmbH & Co., Birkenfeld	1580	11
28 Magdeburger Armaturenwerke AG	Deutsche Babcock AG, Oberhausen	1500	107
29 Stahl- und Walzwerk Riesa AG	Mannesmann Röhrenwerke AG, Düsseldorf	1500	80
30 Glasindustrie AG	Vegla Vereinigte Glas- werke GmbH, Aachen	1500	67
31 NUMERIK GmbH	Siemens AG, Berlin/München	1500	50
32 Automati- sierungsanlagen Cottbus GmbH	ABB AG, Mannheim	1500	37
33 SPVE Stahlbau- Porenbeton-Verzin- kung-Energie GmbH	Preussag/Salzgitter AG, Hannover	1450	32
34 Staatl. Porzellan Manufaktur Meissen GmbH	Freistaat Sachsen	1450	–
35 Harz Kalk GmbH	Preussag/Salzgitter AG, Hannover	1380	200
36 Sachsenring Automobilwerke Zwickau GmbH	GKN Automotive AG Siegburg - GB	1360	–

	Betrieb	Käufer	Besch.	Inves.
37	Nachr.-Elektronik Greifswald GmbH	Siemens AG, Berlin/München	1300	20
38	Thüringer Polstermöbel-union GmbH	Steinhoff, Westerstede	1300	–
39	Waschmittelwerk Genthin GmbH	Henkel KGaA, Düsseldorf	1300	–
40	Werkzeug-maschinenfabrik Aschersleben GmbH	Schiess AG, Düsseldorf	1250	27
41	Plamag Plauener Maschinenbau AG	MAN-Roland Druck-maschinen AG, Offenbach	1200	70
42	Geräte- u. Regler-Werke Teltow GmbH	Siemens AG, Berlin/München	1200	47
43	Nachr.-elektronik Leipzig GmbH	Siemens AG, Berlin/München	1200	44
44	SAD Starkstrom-anlagen Dresden GmbH	AEG AG, Berlin/Frankfurt	1200	16
45	Hallesche Pumpen-werke GmbH	KSB AG, Frankenthal	1150	113
46	Bauunion Süd GmbH	Maculan Baubetei.-GmbH, Maculan Holding AG, Österreich	1140	–
47	Sirokko GmbH	Webasto AG, Stockdorf Fahrzeugtechnik	1059	23
48	Chemiewerk Münchritz GmbH	Hüls AG, Marl	1000	700
49	Görlitzer Maschinenbau GmbH	Siemens AG, Berlin/München	1000	60
50	NAL-Telecom GmbH	Telenorma GmbH, Frankfurt	1000	55
51	Kaltwalzwerk Oranienburg GmbH	Krupp Stahl AG, Essen	1000	50

Anmerkung: *) ohne Energiewirtschaft, Handel und Zeitungsverlage; Stand Mitte Juni 1991. Besch. – Zahl der Beschäftigten, für die im Kaufvertrag vom Käufer eine Arbeitsplatzgarantie abgegeben wurde. Inves. – Im Kaufvertrag vom Käufer garantierte Investitionen in Millionen DM.

Quelle: *FAZ*, 3.9.91

Treuhand dafür die Tilgung von 17,3 Millionen Mark Altkrediten, die Siemens abgelehnt hatte. Der Betrieb hatte zu Zeiten der Planwirtschaft seit jeher zu den ertragreichen gehört.

Siemens war und ist einer der großen Absahner in den neuen Bundesländern. Zusammen mit alten SED-Funktionären wie Erhard Schulz, einst stellvertretender Minister für Allgemeinen Maschinen-, Landmaschinen- und Fahrzeugbau, heute Direktor für Spezialmaschinenbau bei der Treuhand, wurden die Siemens-Geschäfte abgewickelt. Siemens konnte insgesamt 16 ehemalige VEBs in den östlichen Bundesländern zum Spottpreis von rund 250 Millionen Mark übernehmen. Heute arbeiten rund 20 000 Beschäftigte bei Siemens-Ost. Kaum ein Konzern profitierte mehr von den Bonner Milliardensubventionen.

Das Telefonnetz wurde von Siemens geschaltet, und der Ausbau der Elektroinstallationen bei der Reichsbahn ging an Siemens. Die Trassen säumen jetzt Siemens-Signalleuchten, in den ostdeutschen Kraftwerken laufen neue Siemens- Turbinen, gesteuert von Siemens-Automatisierungstechnik. Während die Ostbetriebe an Siemens zum Discountpreis verhökert wurden, konnte die Münchener Unternehmenszentrale Millionengewinne einfahren. Der Umsatz soll im Geschäftsjahr 1992/1993 die Fünfmilliardengrenze überspringen.

Bei Siemens sah man diese Art der Abwicklung als völlig normal an. Der Siemens-Chef im Osten, von Pierer: »Angesichts der nationalen Aufgabe darf man es mit der Marktwirtschaft nicht übertreiben.« Hans-Gert Neglein, Mitglied des Zentralvorstandes der Siemens-AG München, revanchierte sich für die geleisteten Dienste der Treuhand mit einem dicken öffentlichen Bussi für die Anstalt: »Ich kann die Kritik an der Treuhandanstalt überhaupt nicht verstehen. Eine so große Aufgabe, zumal wenn die Zeitachse berücksichtigt wird, hat es in der Welt noch nicht gegeben. Der Treuhand gebührt großes Lob.«

Der Fall McDonald's

Immerhin: Fast ein Jahr dauerte es nach der Währungsunion, bis der Fleischklops-Gigant McDonald's am Ostberliner Alexanderplatz auftauchte und am 1. Juni 1991 das Eckrestaurant »Alextreff« erwarb. Beim Kauf verpflichtete sich der Konzern, keinen der bisherigen Mitarbeiter zu entlassen. Diesen blieb nicht viel Zeit, sich über ihren erhaltenen Arbeitsplatz zu freuen. Am Vormittag des Verkaufstages hörten sie, wo es ab sofort langgeht. Alle frisch Übernommenen hatten die Wahl: zwischen einem Arbeitsvertrag mit neuen Tarifen (1 100 DM pro Monat bei Schichtarbeit) ohne Berücksichtigung ihrer bisherigen Qualifikationen, oder der Weiterführung des alten Arbeitsverhältnisses zu den alten Tarifen bei gleichzeitiger Unterzeichnung eines Auflösungsvertrags zum Ende des Monats – sozusagen die selbstgeschriebene Kündigung. Auf Abfindungen gebe es keine Rechtsansprüche, wurde den Ausscheidenden bedeutet, man bot dennoch »ein großes Entgegenkommen« an: Summen in Größenordnungen von 2 500 DM – ein Drittel der üblichen Sätze.

Der Fall Narva

Bis zum Ende des Zweiten Weltkriegs waren die alten Klinkerhallen aus der Gründerzeit Teil des riesigen Osram-Werkes, das schon damals in dunklen Zeiten Hütten und Paläste erleuchtete – »hell wie der lichte Tag«. Hier gehen nun die Lampen aus. Narva sorgte jahrzehntelang dafür, daß die sozialistischen Straßen und Gassen ins recht Licht gesetzt wurden. Seit der Wende mußten drei von vier Beschäftigten ihre Entlassungspapiere abholen. Von Selbstmorden wird erzählt und von tragischen Schicksalen wie jenem einer langjährigen Mitarbeiterin, die Ende März 1991 rechtzeitig zum Quartalsende noch rasch viele Kündigungen ausfahren mußte. Bei ihrer Rückkkehr zu Feierabend fand sie den für sie selbst bestimmten blauen Brief auf ihrem Schreibtisch vor.

Früher hieß die Glühlampenfabrik VEB NARVA »Rosa Luxemburg«. Zusammen mit ihren Tochterunternehmen in Naumburg, Oberweißbach und Plauen hatte das Unternehmen 1990 noch 3 600 Beschäftigte, einst waren es über 5 000 gewesen. Das Berliner Hauptwerk, sehr günstig in der Ehrenbergstraße gelegen, ist fünf Autominuten vom zukünftigen Regierungsviertel entfernt (falls kein Stau ist). Mitte 1991 arbeiteten immer noch 1 400 Beschäftigte dort, ein japanischer und ein westdeutscher Investor standen bereit, um Energiesparlampen und Temperaturstrahler zu produzieren. Die japanische Firma Phoenix Electric legte ein Konzept vor, mit dem sie 1050 Arbeitsplätze bis Ende 1992 erhalten wollte – industrielle Arbeitsplätze in der Beleuchtungstechnik, wie es der Qualifikation der Belegschaft entsprach und wie es die Treuhandanstalt in ihrem dicken Katalog zum Kauf angeboten hatte.

Doch urplötzlich änderte Treuhanddirektor Harald Lang die Spielregeln und verkaufte die 90 000 Quadratmeter in Zentrumsnähe an ein bekanntes West-Berliner Grundstücksspekulantenkonsortium, die frühere Klingbeil-Gruppe, die heute »Trigon Holding« heißt. Die mit 90 Prozent beteiligten Geschäftsführer Klaus Groenke und Axel Guttmann beherrschen das Berliner Monopoly: Ihnen gehört bereits ein gutes Stück Ku'damm, die Hotels Interconti und der Schweizerhof. Weitere Konsorten: Der Mittelständler und Neureiche Heinz Pietsch und die Firma »WertKonzept« des Architekten Reinhard Müller, die das Kapital für die Investoren sammeln soll. Keiner der Aufkäufer hatte der Treuhand vertragliche Zusagen gemacht, bestehende Arbeitsplätze zu erhalten. Das Dreier-Konsortium versprach lediglich in einem »NARVA-Gewerbepark Berlin« irgendwann 5 000 Arbeitsplätze zu schaffen.

Für den NARVA-Betriebsrat Gerald Karg war die Sache klar. »In Wahrheit geht es denen doch nur um unser Grundstück.«[1] Auch die IG Metall sprach von einem »undurchsichtigen Grundstücks-Deal«, den die Treuhandanstalt hinter dem Rücken der NARVA-Beschäftigten und ohne Abstimmung mit den anderen Investoren abwickelte. Während seitens der THA offiziell immer vorrangig vom Erhalt der industriellen Arbeitsplätze die Rede war, kam man jetzt hintenherum, um schnell Kasse zu machen, auch mit Immobilienspekulanten ins Geschäft.

Was in hunderten von Treuhandverkäufen angeblich gegolten hatte – die Zusagen langfristiger Arbeitsgarantien durch die Aufkäufer – wurde im Falle NARVA für belanglos erklärt. Man wisse doch, so das Treuhand-Vorstandsmitglied Wolf Klinz gegenüber dem *Spiegel*[2], was man von solchen Arbeitsplatzgarantien zu halten habe. Zur gleichen Zeit verkündete Klinz' Chefin Birgit Breuel

---

1. *Der Spiegel*, Nr. 33/91
2. ebenda

stolz, daß man insgesamt 500 000 Arbeitsplatzgarantien aus den rund 2000 Firmenverkäufen vorweisen könne.[1]

Auch bei den zugesagten Investitionen des Konsortiums war klar, daß sie eher spekulativ erworbene Büro- und Geschäftsbauten betrafen als die Glühlampenproduktion: Ins Elektrogeschäft sollten 70 Millionen DM fließen, in den »Rest« 500 Millionen. Unwillkommene Konkurrenten wie das schweizerisch-israelische Konsortium Tabfin wurden von der Treuhand nicht berücksichtigt – es sei notwendig gewesen, NARVA schnellstmöglich abzustoßen. Mit Zustimmung der Belegschaft waren allerdings schon ziemlich geräuschlos 2000 Leute entlassen worden, um den Betrieb zu halten und den Sanierungskonzepten entgegenzukommen.

Peu a peu hatten die NARVA-Geschäftsleitung und der Betriebsrat nach einem komplizierten Punktesystem – zwei Punkte pro Jahr Betriebzugehörigkeit, ein Punkt pro Lebensjahr, 20 Punkte pro Kind – die Beschäftigtenzahl abgebaut. In zahllosen Kündigungsrunden versuchte man die Massenentlassung mit einem Mindestmaß an sozialer Gerechtigkeit zu bewältigen. Ein Umsatz von 120 Millionen Mark mit 1 200 Beschäftigten war die Marschroute, die man sich gesetzt hatte, um in der Marktwirtschaft zu überleben. Man hoffte auf die im April 1991 von der Treuhand gnädig verkündeten 5 000 DM Abfindung pro Entlassenem für den Sozialplan, da der Betrieb nicht mehr dazu in der Lage war.

Noch zur Jahreswende 1989/90 hatte das Kombinat 110 neue Mitarbeiter einstellen müssen – ehemalige Stasi-Angehörige, die »in die Produktion« geschickt wurden. Als dann die erste Entlassungswelle im Frühjahr 1990 rollte, waren Mielkes Kolonnen wieder vor der Tür – allerdings nicht, ohne ihre Stasi-Zeit als Betriebszugehörigkeit anrechnen zu lassen, was von der Regierung Modrow als freundliches Geschenk zur Beschwichtigung der Genossen gedacht war. Da es noch keinen gewählten Betriebsrat gab, trat der »Gesellschaftliche Rat« der NARVA zusammen und konnte der Geschäftsleitung immerhin abtrotzen, das Geld nur auszuschütten, wenn die Ex-Stasis eine ordentliche Entlassungsurkunde vorweisen konnten – ein Papier, das die meisten zu dieser Zeit wohlweislich gut versteckt oder schon vernichtet hatten.

---

1. Vor der Bonner Bundespressekonferenz am 8.8.91

Beim Betriebsrat der NARVA sah man zwar schon vor dem »Aus« der Treuhandanstalt ein, das Jahr 1990 »total verpennt«[1] zu haben, aber man hatte gefürchtet, durch Aufmucken den eigenen Weg in die Arbeitslosigkeit zu beschleunigen. So dauerte es ein Jahr, bis die alte Geschäftsleitung vertrieben war und man sich Gedanken über die Sanierungs- und Marketingkonzeption machen konnte. Nach heftigen öffentlichen Protesten mußte der NARVA-Deal schließlich im September 1991 zurückgenommen werden.

Der Fall Margarethenhütte

Die Margarethenhütte Großdubrau in Sachsen konnte sich auf eine qualifizierten Beschäftigten-Stamm stützen. Zu DDR-Zeiten verfügte sie über einen großen Exportmarkt in Schweden für Sanitärkeramik, auch in eine Reihe anderer Länder wurde geliefert. Das erstellte Sanierungskonzept, so der Betriebsrat Helmut Richter, wurde von der Treuhand nie bewertet, obwohl mehrere konkurrenzfähige Neuentwicklungen ausgetüftelt wurden. Ein dreiviertel Jahr »verschaukelte die Treuhand« den Betrieb, obwohl mehrere potentielle Käufer starkes Interesse zeigten. Der ehemalige Betriebsgruppenleiter, ein SED-Mitglied, avancierte mittlerweile zum Geschäftsführer und verkaufte die gewerblichen Schutzrechte an ein anderes Subunternehmen aus dem gleichen Kombinat, dem beide früher angehörten. »Alles« weise darauf hin, so der Betriebsrat, daß »da Knete geflossen ist«. Im Aufsichtsrat vertreten ist Siemens, der Hauptkonkurrent. Bewiesen werden konnte nichts.

Der Fall Blema/Aue

Bei der Blema Blechmaschinen-GmbH in Aue sieht es ähnlich finster aus. Die Firma hatte früher 80 Prozent des Marktes in der UdSSR für Konservendosen-Maschinen bedient – von der Bering-

---

1. *Frankfurter Rundschau*,. 11.4.91)

see bis zum Kaukasus. Der Betriebsratsvorsitzende berichtete, daß für die 697 Beschäftigten kaum noch Chancen bestehen, obwohl der Betrieb »monatelang saniert« wurde. Die alten Betriebsleiter sind auch die neuen, sie waren in der Partei. Die Belegschaft samt Betriebsrat war gegen die Übernahme durch diese Chefs, doch Beziehungen zur Berliner Treuhandzentrale ermöglichten die Entscheidung. Nach monatelangem Gerangel um weitere Perspektiven blieb nur noch der Immobilienwert, den die »Manager«, die den Betrieb vermutlich übernehmen, irgendwann einstreichen werden. Die geklinkerten Wände des Fabrikgebäudes sind dann blitzblank gewienert durch ABM-Kräfte, auch der Schutt wird weggeräumt sein. Aber bis die Nachfrage in der ehemaligen Sowjetunion wieder in Gang kommt, ist der ehemalige Lieferant längst kaputtgegangen.

Der Fall Grotex

»Mehrfach« waren Hans Wolff Graf, Unternehmensberater aus München, und sein Team bei der Treuhand mit Sanierungskonzepten vorstellig geworden, um der Berliner Textilgroßhandlung Grotex das Überleben zu sichern. Doch er hatte wenig Chancen: Keines der Konzepte wurde in den zwei Monaten vor oder nach der Währungsreform bearbeitet. Die Liquiditätshilfen der Treuhand reichten gerade eben, um die Löhne der damals 650 Mitarbeiter zu bezahlen – zum Überleben zu wenig, zum Sterben zu viel. Dabei war die Grotex ein für DDR-Verhältnisse gesundes Unternehmen. Doch gerade in dieser entscheidenden Phase waren ganze 144 Mitarbeiter der Treuhand am Werke, darunter viele alte Kader aus den früheren Chefetagen. Ganze fünf Stellen für Verkäufer/Sanierer wies zwei Monate nach der Wirtschaftsunion die Treuhand-Abteilung Leichtindustrie auf, die für zwei- bis dreitausend Betriebe zuständig war, jedes mit hunderten, wenn nicht tausenden Arbeitnehmern. Auch fehlte immer noch das Gesetz über die DM-Eröffnungsbilanz, die jeder potentielle Käufer eines Betriebes eigentlich benötigte. Solche Pannen richteten neben den ungeklärten Eigentumsverhältnissen Milliardenschäden für die Treuhand an und ramponierten viele Betriebe, bevor ernsthaft an Privatisierung gedacht werden konnte. Für den Sanierer Graf war klar: »Die Treuhandgesellschaft betreibt Verhinderungspolitik. Und sie wird von dem machtpolitischen Kalkül der Parteien in dieser Politik unterstützt.«[1]

Politische Propaganda und traurige Fakten

Kurz nach der Wirtschafts- und Währungsunion ließ der damalige Bonner Regierungssprecher, Johnny Klein, starke Sprüche Richtung Osten los: Lediglich 20 Prozent der Betriebe würden den Übergang von der Kommandowirtschaft zur Marktwirtschaft nicht überleben. Unter diesen seien allerdings auch die größten Umweltverpester. Die Hälfte aller Betriebe – damals also rund 4000 – hielt die Bundesregierung für sanierungsfähig, aber: »Die müssen natürlich abspecken.«[2] Abspecken – diese leicht dahingeworfene Vokabel kam bei vielen nicht gut an. So mußten just an diesem Tage viele zehntausend DDR-Bürger erfahren, daß nun der Arbeitsplatzkampf aller gegen alle begonnen hatte. Etwa die Arbeiter von Stahl Brandenburg: dort wurden 2500 von 8300 Stahl- und Walzwerkern entlassen.[3]

Während die Politik gerne von der Verantwortung der westdeutschen Unternehmer für den Aufbau im Osten phantasierte, kamen diese bei ihren Rechnungen zu anderen Ergebnissen. Der neue Konsummarkt war durchaus auch ohne Eigeninvestitionen im Osten abzuschöpfen. Zum Beispiel die Schoko-Riegel-Firma Mars: Sie bringt nicht nur verbrauchte Energie zurück, sondern auch 100 Millionen Mark aus dem Osten mehr in den Umsatztopf – und hat damit »wieder den Sprung in die Gewinnzone geschafft« (FAZ).

Der Fall GRW

Die Geräte- und Regler-Werke (GRW) in Teltow bei Berlin (Wert: über 100 Millionen Mark) wurden nach Informationen des *Spiegel* (40/91) von Treuhand-Direktor Harald Lang für nur eine Mark an

---

1. *Junge Welt*, 23.8.90
2. *Die Bunte*, 5.7.90
3. *Die Presse*, Chemnitz, 3.7.90

die Firma Clawis verkauft. Hinter Clawis steht der Frankfurter Unternehmer Claus Wisser, der seit Jahren im Westen Immobilien zusammenkaufte. Obwohl eine Reihe von Mittelständlern und Handwerkern aus dem Osten bereit waren, Teile von GRW zu übernehmen – ganz im Sinne von Artikel 28 des Einigungsvertrages, der vorsah, »die rasche Entwicklung des Mittelstandes« voranzutreiben. Doch das Geschäft machten gute Bekannte Langs – der Coup wurde von Treuhand-Vorstand Wolf unter Verzicht auf die Treuhand-Verpflichtung gedeckt. Das 500 000 Quadratmeter große Gelände wird trotz einer Clawis-Schuldenübernahme von 120 Millionen DM von GRW seinem Erwerber beste Konditionen bieten: nahe Autobahn, Nähe zu Berlin und Wasserstraßenanschluß.

Der Fall Neptun-Hotel

Das berühmt-berüchtigte Rostocker »Neptun«-Hotel, wo der ehemalige Ministerpräsident Schleswig-Holsteins, Uwe Barschel, unter den Kameralinsen der Stasi Kontakte zu den ostdeutschen Schwestern gepflegt haben soll, wird eine angemessene Zukunft haben. Mit Pariser Night-Club-Atmosphäre sollen nach dem Willen der neuen Besitzer, der britischen Hotelkette Albert Abela Ameropa Ltd. (AAA), betuchte Reisende angelockt werden. Nach über einjährigem Tauziehen mit der Treuhand, die der Steigenberger-Kette die ganzen ehemaligen Interhotels im letzten Moment entzogen hatte, machten die Briten vor über 30 Konkurrrenten das Rennen – mit einem Kaufpreis, der »weit über 47 Millionen« Mark lag,[1] die ursprünglich gefordert worden waren. Aus dem einstigen Gewerkschaftshotel des FDGB wird ein Ostsee-»Crazy Horse«. Die 380 Neptun-Mitarbeiter werden übernommen.

Der Fall ERMIC und die Kurzarbeit Null

»Kurzarbeit« heißt die Formel, mit der das ganze Ausmaß der Arbeitslosigkeit auf leichter faßbare Größenordnungen geschönt wurde. 63 Prozent bzw. 68 Prozent der Gelder kommen vom Staat

---

1. *dpa*, 29.9. 91

und sichern dadurch die vorübergehende Liquidität der Betriebe. Eine Neuerung gegenüber der seit Jahren auch im Westen bekannten Kurzarbeit, mit der Auftragsflauten überbrückt werden, ist die im Osten gängige »Kurzarbeit Null«. Die Arbeitnehmer gehen nicht mehr in den Betrieb, sondern sollen sich nach neuen Jobs umsehen – in Regionen, in denen die Arbeitslosigkeit oft um die 30 Prozent liegt. Bei ERMIC, dem Stammbetrieb des früheren Kombinats Mikroelektronik in Thüringen[1], wurden die über 5000 Beschäftigten (wie in hunderten anderer Betriebe) mit unterschiedlichen Kurzarbeitszeit-Quoten versehen, darunter 1800 mit Null-Arbeit. »Während einer morgens in den Betrieb geht, schauen 30 aus den Fenstern ihm nach«, schilderte ein Arbeitnehmer die alltägliche Situation aus der Perspektive des Wohnblocks.

Der Fall DKF

Wenn die Auftragslage durch konjunkturelle Veränderungen schwächer wird, sind meistens zuerst die Filialen von Entlassungen betroffen. Daß das für die noch jungen Ost-Niederlassungen genauso gilt, mußten die 7000 Beschäftigten der Chemnitzer DKF Kugellagerfabriken spüren, die im November 1990 vom West-Konzern FAG Kugelfischer aus Schweinfurt übernommen wurden. Doch der Hoffnungsträger aus dem Westen erwies sich als Totengräber, der mögliche Konkurrent wurde bei Gewinneinbruch wieder fallengelassen und mußte dann sehen, wie er mit der Konkursmasse zurechtkam.

Der Fall HAPA

Die Klingbeil-Gruppe, ein Immobilienkonsortium aus West-Berlin, hatte nicht nur nach der NARVA die Finger ausgestreckt, die sie nach heftigen Protesten der Öffentlichkeit wieder zurückziehen mußte, sondern auch nach den 27000 Quadratmetern des

---

1. *Thüringer Allgemeine*, 11.8.90

Großmarktes HAPA in der Ostberliner Prenzlauer Allee – fünf Minuten vom Ostberliner Alex entfernt gelegen. Günstigste Konditionen waren bereits ausgehandelt worden, bis die Treuhandführung auf die öffentlichen Reaktionen aufmerksam wurde und einen anderen Bearbeiter damit beauftragte. Was mit dem alten Unterhändler geschah, ist nicht bekannnt.[1]

Das Reisebüro des DDR-Staatsjugendverbandes Freie Deutsche Jugend (FDJ) war der »Jugend-Tourist Reisedienst und Touristenservice«. Bald nach der Wende wurde es in eine GmbH umgewandelt. Das gesamte Vermögen war der Treuhand zur Verwaltung übereignet worden, doch niemand kümmerte sich groß darum. Drei Berliner, ein Hamburger und ein Bochumer, die sich ohne Einblick der Treuhand um die Verscherbelung diverser Vermögenswerte – mindestens 39 Millionen DM, wahrscheinlich sehr viel mehr – gekümmert haben sollen, wurden ausnahmsweise nach eineinhalb Jahren durch hausinterne Ermittlungen der Treuhand aufgespürt. Inwieweit die Berliner Staatsanwaltschaft die »ausgehöhlte« Jugendreisefirma und ihre Mitarbeiter bei der mickrigen Personalausstattung weiterverfolgen kann, war ungeklärt.[2]

Der Fall Takraf

Das überregional bekannte Unternehmen Takraf AG Leipzig, das unter die Fittiche des Aufsichtsratsvorsitzenden und früheren Hamburger Bürgermeisters Klaus von Dohnanyi gestellt wurde, hat ein Sanierungskonzept vor sich, das die ganze Dramatik des Umbruchs im Osten Deutschlands verdeutlicht. Von den 23 000 Arbeitnehmern des Kranbauers im Herbst 1991 sollen bis Jahresende rund 13 000 gekündigt werden. Das Kerngeschäft soll nach den Sanierungsplänen nur noch aus zwei der ehemals fünf Geschäftsbereiche bestehen. Übrig bleiben dann noch etwa 2 700 bis 3 200 Beschäftigte. Dieses »gestraffte Konzept«, so der SPD-Sanierer Dohnanyi, sei »die einzige Chance für das Überleben« des

---

1. *Deutsches Allgemeines Sonntagsblatt*, 7.9.91
2. *Hamburger Abendblatt*, 7.9.91

ehemaligen Kombinats.[1] Immerhin wurde den Betroffenen der ersten großen Entlassungswelle angeboten, in eine Beschäftigungsgesellschaft zu wechseln.

Der Fall Mineralölwirtschaft

Im Bereich der chemischen Industrie und der Mineralölwirtschaft in Sachsen und Sachsen-Anhalt, wo sowohl der Bundeskanzler wie der Außenminister aus Halle versprochen hatten, die Chemiestandorte zu erhalten, sah das Treuhandkonzept vor, von rund 11000 Beschäftigten im Herbst 1991 auf 4260 im Jahr 1993 und auf ganze 2700 im Jahr 1997 abzubauen. Von Leuna, den Sächsischen Olefinwerken, dem Hydrierwerk Zeitz, Addinol Lützendorf und Paraffinwerk Webau könnte die weitere Zukunft der ostdeutschen Mineralölwirtschaft abhängen, wenn die Treuhand bis zur Privatisierung saniert. Seitens der IG Chemie blieb man skeptisch. Man forderte von der THA, »umgehend ein Konzept vorzulegen«, das für die zu schließenden Betriebe »eine alternative Produktion«[2] vorsehen müßte. Doch das wäre Strukturpolitik, für die die Treuhandanstalt nach ihrem Auftrag nicht zuständig sein darf.

Der Fall Asean Brown Boveri

Gut aufgesprungen auf den Stromvertrag zwischen den westdeutschen EVU-Riesen und der Treuhand war die Asean Brown Boveri AG, die sich in den neuen Ländern mit fünf privatisierten Tochterunternehmen aus Treuhandbesitz einkaufte. Doch die Gegenwehr der Kommunen brachte ABB erstmal um die Neuaufträge, die sie aus den Milliarden-Zusagen der EVUs erhoffte. Immerhin übernahm man eine Milliarde DM an alten Aufträgen bei der Automatisierungs-GmbH in Cottbus, den Bergmann-Borsig-Werken in Berlin, der Transformatorenwerke GmbH in Halle/Nauen und

---

1. *dpa*, 27.9.91
2. *Frankfurter Allgemeine*, 11.9.91

der Schaltanlagen und Installationen GmbH in Kühlungsborn. Für 1991 erwartete man weitere 800 Millionen DM Aufträge – die funktionierenden Inlandsmärkte zur Energieerzeugung, -leitung und verteilung waren günstig erworben worden. Ganze 250 Millionen DM müssen von ABB bis 1994 noch investiert werden, um die Unternehmenspalette auf modernem Stand zu haben. Der »ganz große Schnitt« bei den Beschäftigten, so der ABB-Generalbevollmächtigte für Ost-Deutschland, Klaus Agthe, war schon vollzogen, als ABB ans Aufkaufen dachte. Die übernommenen 7000 Beschäftigten müssen nur noch »moderate« Entlassungen befürchten.

Der Fall SODI

Bei dem Drang, ostdeutsche Kosten zu minimieren, machte die Treuhand vor nichts halt. Einfühlsam hatten die Treuhänder am 30. Jahrestag des Mauerbaus dem Solidaritätsdienst International e.V. (SODI) den Geldhahn zugedreht. Nicht weniger als 68 Entwicklungshilfe- und Sozialprojekte waren getroffen, darunter die Hilfe für Kinder aus Tschernobyl genauso wie die Weiterführung der Rumänienhilfe in Form von Medikamententransporten. Nachdem der Bonner Entwicklungshilfeminister Carl-Dieter Spranger dem SODI noch im Frühjahr 1991 Unterstützung und Fördermittel zugesagt hatte, besann man sich in Bonn plötzlich anders. Die Treuhand nahm SODI nicht nur das Altvermögen aus SED-Zeiten ab, sondern stoppte jede Finanzmittelzufuhr aus dem nach der Währungsunion noch bestehenden Restvermögen. Treuhand-Pressesprecher Wauschkuhn erläuterte den Vorgang mit den Worten »...dann müssen sie sich eben einfach mal den Gürtel enger schnallen«. Wie? Von zehn Millionen DM laufenden Kosten kommt von der Treuhand ein Spendenvorschuß von 200 000 Mark monatlich.

Die erste Bilanz des weltgrößten Konzerns

Nach dem ersten Jahr Treuhand seit der Wirtschafts- und Währungsunion sieht die Bilanz folgendermaßen aus:
- Die vertraglich festgelegten Investitionen aller Firmenkäufer aus dem In- und Ausland addierten sich zum 31. Juli 1991 auf 67,8 Milliarden Mark für die nächsten Jahre. Das entspricht ziemlich genau dem Umsatz eines bundesdeutschen Großunternehmens, nämlich von VW im Jahre 1990. Für diese Investitionssumme wurden knapp 3 000 Unternehmen für 11,6 Milliarden DM verkauft. Den »Wirtschaftsplan für das Jahr 1991«, den Bonns Finanzminister von der Treuhand bekam – ein Zehn-Seiten-Papier –, empfand Theo Waigel als eine doch »günstige Prognose«.[1] Doch leider entsprach das Plansoll nicht den realen Daten, die von der Treuhandchefin unter Verschluß gehalten wurden: Die »Ist-Werte zum 30.6.91« lagen weit unter dem Soll von 17 Milliarden aus Firmenverkäufen. Bis Ende April waren erst 2,5 Milliarden DM auf den Treuhandkonten eingegangen – es fehlte angeblich an Notaren zur Beurkundung von Kaufverträgen. Der wahre Grund ist ein anderer: Die Treuhand verkaufte häufig unter dem vorgesehenen Preis, um Zusagen für Beschäftigung und Investitionen zu bekommen. Damit sollte der Öffentlichkeit schnell eine rosige Bilanz vorgeführt werden. Dafür lag die Zahl der Privatisierungen über Plan. Unternehmensbeteiligungen, Mieten und Pachten brachten nur ein Zehntel der erwarteten Gewinne. Bei Liquidationen und Konkursen blieb das Ist ungefähr um eine halbe Milliarde unter dem Soll. In die enttäuschende Bilanz des ersten Halbjahres 1990 konnten aufgrund der Quartalsberichte der Treuhand-Unternehmen nur 184 Milliarden Umsatz bei den 3 400 größten Betrieben einge-

---

1. *Der Spiegel*, Nr. 34/91

setzt werden. Prognostiziert waren 210 Milliarden. Die Betriebsverluste stiegen von neun auf 17 Milliarden DM.
- Die Betriebe werden nicht so schnell wie geplant in die Gewinnzone kommen. Zwar lagen bei der Treuhand bereits Milliarden und hunderttausende Arbeitnehmer warteten auf Arbeit, aber es floß kaum Geld für Sanierung, Produktentwicklung oder Qualifizierung. »Kaum einer«, räumte ein Treuhand-Direktor ein, »versteht hier was vom Sanieren.«
- Von den 13 Milliarden DM, die zur »Sanierung der gewerblichen Wirtschaft, der Dienstleistungen sowie der Land- und Fortwirtschaft« eingesetzt werden sollten, waren bis Juli 1991 gerade erst 300 Millionen DM verwendet. Genauso trübe sah es im Bereich »Herstellung der Verkaufsfähigkeit« aus: Von den zur Verfügung stehenden vier Milliarden flossen ganze 273 Millionen Mark ab. Die – im Verhältnis zum Problemdruck – lächerlichen zwei Milliarden Mark für die Beseitigung der Öko-Altlasten lagen ebenfalls bis Mitte 1991 brach. Die Prüfer der Treuhand konnten keinerlei Angaben machen, was die Treuhand im ersten Jahr ihres Bestehens auf diesem Sektor überhaupt geleistet hatte.
- Immerhin, trösteten sich die Treuhand-Manager, seien auch 700 Millionen DM auf den Konten, von denen niemand wisse, wem sie eigentlich gehören.
- Mißt man die Treuhandarbeit an den Beschäftigungszusagen, wird das ganze Ausmaß des Dramas offenbar. Bei den bis Ende Juli erfolgten Privatisierungen – 833 durch die Zentrale und 2153 kleinere durch die Filialen – wurden 553 000 Arbeitsplätze für zwei bis vier Jahre abgesichert. Rund zwei Millionen Arbeitsplätze gingen verloren. Nimmt man die Zusagen im Energiebereich weg, weil die Übernahme durch die Strom-Riesen von den Kommunen nicht angefochten wird, bleibt nicht mehr viel übrig. In der Bauindustrie, im Elektronikbereich und im Dienstleistungssektor summieren sich Zusagen auf ganze zehn Prozent der ehemals Beschäftigten, in den anderen Branchen noch weit darunter (siehe Grafik S. 201).
- »Jede vierte Privatisierung durch eine der 15 Niederlassungen«, berichtete die Anstalt im September 1991 stolz, sei ein Management Buy-Out (MBO), ein Verkauf an die »Manager« aus dem früheren Betrieb. Zum größten Teil handle es sich dabei

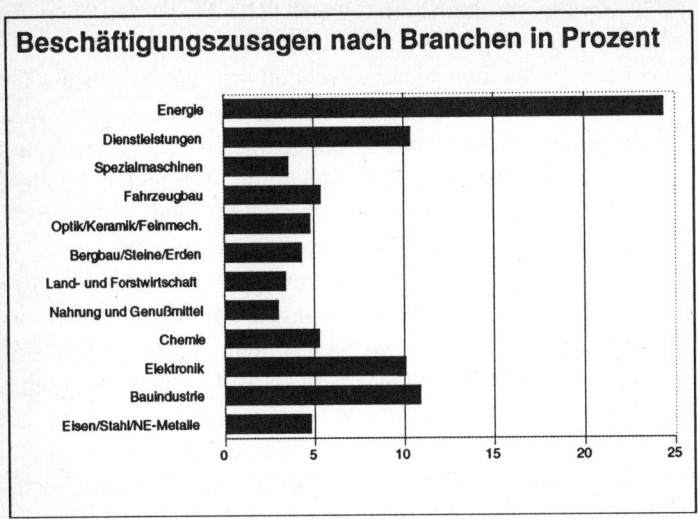

Die Angaben gelten für die Privatisierungen der Treuhand-Zentrale
(Stand: Juli 1991) Quelle: Treuhand Informationen 4/91

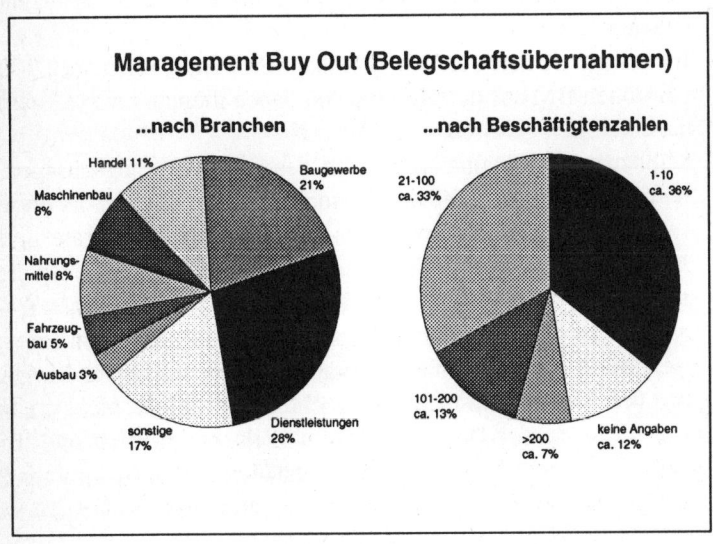

um kleine und mittlere Unternehmen, deren künftige Überlebensfähigkeit »mehr von erfahrenen Managern abhängt und weniger vom Kapital.« Es versteht sich, daß der Kreis der erfahrenen alten Leiter mit einer Vielzahl alter SED-Parteigänger der gehobenen Schicht durchsetzt ist. Sie wurden oft gegen den Willen der Belegschaft und gegen den Betriebsrat wieder eingesetzt. Zwar will man künftig stärker auf Management-Buy-In (MBI) setzen, also auf Einkauf von Führungskräften von außen, aber die kommen in aller Regel aus dem Westen und verstärken das Gefühl der Ohnmacht bei den Beschäftigten. »Wenn wir merken«, behauptete THA-Direktor von Scherpenberg, »daß Belegschaften konsequent gegen ein MBO sind, betrachten wir den Verkauf mit besonderer Zurückhaltung.«

- Die Treuhand-Vorschrift, das Votum der Belegschaften oder der Betriebsräte ohne Sanktionen zu berücksichtigen, wurde durch firmeninterne Deals häufig umgangen: Die übernahmebereiten Altdirektoren sicherten sich eine Lobby im Betrieb dadurch, daß sie mit gezielten Weiterbeschäftigungszusagen lockten.
- Die Grundstücksverkäufe der Treuhandanstalt im Bereich Land- und Forstwirtschaft (für die ursprünglich eine eigene öffentlich-rechtliche Anstalt von der Volkskammer beschlossen worden war) ließen sich aufgrund ungeklärter Eigentumsverhältnisse sehr schleppend an. Die »Hauptquellen möglicher Privatisierungserlöse«, hoffte man bei der Treuhand, laut interner Information vom 7. August 1990, würden im Verkauf volkseigener landwirtschaftlicher Nutzflächen liegen. Doch die Preise schwanken im Osten pro Hektar zwischen 8000 und 10000 DM – ein Preis, der nach Feststellung der Treuhänder »erheblich unter dem Niveau der alten Bundesländer liegt«. Von den insgesamt 1,5 Millionen Hektar wurden im ersten Jahr 3493 Hektar (etwa 0,3 Prozent) für 199 Millionen DM verkauft. Aus öffentlich-rechtlicher Trägerschaft wurden die 1,5 Millionen Flurstücke an ein Bankenkonsortium überführt (Leitung: Deutsche Siedlungs- und Landesrentenbank; außerdem mit von der Partie: die landwirtschaftliche Rentenbank in Frankfurt/Main und die Industriekreditbank in Düsseldorf). Mit der Treuhand lassen sich in der Tat riesige Geschäfte machen: Die Erlöse werden zu günstigen Konditionen vorfinanziert – was nach 15 Jahren übrigbleibt, wird von den Banken »auf eigenes Risiko« verwertet.

Weitere 450 000 Hektar ehemaliger Staatsgüter, die meist schon vor 1945 in öffentlichem Besitz waren und irgendwann an die Länder und Gemeinden gehen sollen, sind noch in treuhänderischer Obhut ebenso wie die 1,5 Millionen Hektar Forstfläche, die eigentlich den Ländern und Gemeinden gehören.

Die im Rahmen der Treuhand arbeitende »Gesellschaft zur Privatisierung des Handels« mußte 9 300 Verträge aus den 153 HO-Nachfolgegesellschaften nachbessern. 22 300 Restaurants und Hotels wurden verkauft, 120 000 Arbeitsplätze damit gesichert. Von 813 Unternehmen im Bereich Nahrung und Genußmittel wurden nach einem Jahr ganze 29 Prozent an neue Eigentümer übergeben – für 256 Millionen DM Erlöse, zugesagten Investitionen von 493 Millionen DM und 18 000 zugesicherten Arbeitsplätzen. Es hatte über ein Jahr gedauert, bis sich der Wirtschaftsminister zu einem Branchengespräch in diesen Elementarbereich wagte, in dem nach der Wende alles zusammengebrochen war.

Die Kunden aus dem Osten hatten zunächst ihren lang aufgestauten Hunger nach Westwaren befriedigt und damit die regionale Einzelhandelsstruktur fast ruiniert. Inzwischen hat sich hier der Wind leicht gedreht – durch die enorm gestiegenen Preise und Mieten greifen viele wieder verstärkt nach Ostwaren.

Die Treuhand abwickeln –
ein Plädoyer

Die Schuldigen für viele Fehlentwicklungen und Konstruktionsfehler bei der Treuhand sitzen nach dem Einschnitt durch die Wirtschafts- und Währungsunion vor allem in der Bundesregierung. Die Methode, den Umbau der Planwirtschaft zur Marktwirtschaft dem freien Spiel der Kräfte zu überlassen, ist fehlgeschlagen. Die mangelnde Kenntnis der Lage vor Ort verstärkte die Tendenz, ohne Rücksicht auf Verluste zu Spottpreisen zu privatisieren und Sanierungschancen reihenweise zu verspielen. Stattdessen wird Arbeitslosigkeit finanziert.

Die Bundesregierung, die etwa von der Sowjetunion ein umfassendes Umbaukonzept der Wirtschaft fordert, war in Ostdeutschland trotz gut ausgebildeter Fachleute nicht in der Lage, selbst ein solches Konzept zu entwickeln. Der Möllemannsche »Aufschwung Ost« kam zu spät und griff zu kurz. Millionen Menschen im Osten bangen für die nächsten Jahre um ihre Existenz. Die Abwanderung wird nicht gestoppt.

Die Sanierung der ostdeutschen Wirtschaft wird viel teurer als der Bundeskanzler immer noch glauben machen möchte. Die 100 Milliarden für den Aufschwung Ost reichten gerade fürs erste Jahr. Für die nächsten zehn Jahre sind jährliche Ausgaben in gleicher Größenordnung notwendig, soll der Anschluß an den Weltmarkt gefunden und die soziale Sicherheit gewährleistet werden.[1] Zu den wesentlichen Zielen des Aufbruchs gehören auch die Grundsanierungen bei Böden und Gewässern sowie die Verminderung der Luftverschmutzung. Die wirtschaftlichen Beziehungen zu Osteuropa müssen reaktiviert werden. Um weitere Steuererhöhungen wird der Kanzler nicht herumkommen – und er wird die Bürger rechtzeitig darauf vorbereiten müssen. Zur Disposition steht freilich, ob mit dem künftigen Steueraufkommen auch die

---

1. *The Economist*, 6.4.91

ökologische Entwicklung in Gesamtdeutschland befördert wird, was nur durch Strukturänderungen des Steuersystems zugunsten eines wirksamen Ressourcenschutzes möglich ist. Eine solche Politik würde andererseits die innovativen Kräfte für den Umbau der Industriegesellschaft stärken und die Zukunftschancen der Wirtschaft nicht schmälern, sondern erheblich verbessern.

Laut einer Umfrage bei 250 Betrieben zeigte ein Drittel über die Arbeitsbeziehungen mit der THA Unzufriedenheit und stufte sie als »schlecht« ein. Eine demokratische Kontrolle findet kaum statt, der Bundestagsunterausschuß Treuhand wird nur mit einem Minimum an Information versorgt. Viele Entscheidungen der Treuhand nähren so den Verdacht, es werde in dunklen Kanälen und mit diskreten Gratifikationen gearbeitet.

Immer wieder kommt es zu Interessenkollisionen – wie beim Vorsitzenden des Bundestagsabgeordneten Christian Neuling (CDU), der einerseits dem Treuhand- Unterausschuß vorsteht und andererseits als Gesellschafter der »Mino Neuling GmbH« mit der Treuhand um Brennstofflager feilscht.[1]

Auch litt die Glaubwürdigkeit der Treuhand unter einer Vielzahl wirtschaftlicher und politischer Interventionen, die mit dem gesetzgeberischen Auftrag nichts zu tun hatten. So setzte sich die FDP monatelang für ein Vorkaufsrecht der Parteizentralen ihrer Bruder-Blockparteien LDPD und NDPD ein – glücklicherweise erfolglos. Seltsam mutet auch der Versuch des Berliner Bürgermeisters Eberhard Diepgen (CDU) an, die Parteizentrale der Ost-CDU an das Bischöfliche Ordinariat für 32 Millionen DM loszuschlagen, obwohl ein anderer Bewerber das Doppelte geboten hatte.[2]

Führende Wirtschaftswissenschaftler analysierten die schwerwiegenden Geburtsfehler des weltgrößten Staatskonzerns, der eigentlich mit einem gemeinnützigen Auftrag vom Gesetzgeber angetreten war. So stellte das HWWA-Institut für Wirtschaftsforschung in einer Studie fest:[3]

- Der Managertransfer von Westunternehmen nach Osten führte in allen Branchen zu Interessenkonflikten.

Es sei »wenig wahrscheinlich«, so die Forscher, daß aktive oder

---

1. *Die Welt*, 17.9.91
2. *Süddeutsche Zeitung*, 31.7.91
3. *Frankfurter Rundschau*, 2./3.10.91

ehemalige Führungskräfte von West-Anbietern ein Interesse daran haben könnten, die von ihnen betreuten Ostbetriebe zu potenten Wettbewerbern um die Anteile des gleichen Marktes ihrer »Heimatfirmen« zu machen. Die betreffenden Manager würden wohl eher die Übernahme des Ost- durch ihr Westunternehmen unterstützen oder »gegebenenfalls« sogar eine Liquidation oder Veräußerung an Dritte vorziehen.
- Die »größten Risiken« effizienter Privatisierung sahen die Forscher in der gängigen Treuhand-Praxis, Führungskräfte aus den alten Ländern in der Treuhand in Verantwortung zu nehmen. Es könnten gar keine optimalen Verkaufsergebnisse erzielt werden, »wenn sich lediglich spezifische einzelwirtschaftliche Interessen durchsetzen und ein Wettbewerb unterschiedlicher Interessen zum Wohle der Gesamtwirtschaft nicht genutzt werden kann«.
- Die Managementressourcen der Treuhand sind nicht »hinreichend«, um die Vielzahl der Großbetriebe tatsächlich kontrollieren zu können. So fragen sich die Forscher, warum beispielsweise in der Werftindustrie nicht viel stärker entflochten wurde und sämtliche Seeschiff-Hersteller in der »Deutschen Maschinen- und Schiffbau« DMS in Rostock über eine lange Zeit (seit Juni 1990) zusammengefaßt bleiben mußten. Offensichtlich war die Treuhand nicht willens oder in der Lage die einzelnen Werften mit zusammen 60000 Arbeitsplätzen zu betreuen. In anderen Branchen war es ähnlich – unzulängliche Bearbeitung, Seilschaftswildwuchs, und schwindende Marktchancen waren die Folgen.
- Die Verhandlungstaktik der Treuhand bei ihrer vehement verfolgten Privatisierungsstrategie sei wettbewerbspolitisch äusserst bedenklich gewesen: Man verkaufte nach oligopolitischer Marktlogik (wenige Anbieter) an große Westkonsortien, etwa die Petrolchemie an das Konsortium aus Veba, Dea und Agip/Elf/Total. Unter »erheblichem politischen Druck«, so die Forscher, sei damit Wettbewerb ausgeschaltet und die Käufer in die Lage versetzt worden, ihr Engagement zu »koordinieren«.
- Häufig fixierte sich die Treuhand auf einen einzigen potentiellen Erwerber, aus der gleichen, oft schon konzentrationsverdächtigen Branche im Westen, was zu schwachen Verhandlungspositionen des Treuhänders führte. Der designierte Übernehmer konnte so vielfach individuelle Zugeständnisse bei

Subventionen, Umwelt-Altlasten oder Verlustausgleichen ertrotzen. Bei solchen Angeboten hätten auch andere Wettbewerber aus dem Osten in die Lage versetzt werden können, den Betrieb weiterzuführen. Zudem verfielen durch – oft beabsichtigte – Verzögerungen des Abschlußes die Preise, während der Kapitaleinschuß der Treuhand anstieg.
- Angesichts der Vielzahl der Verkäufe ist eine effektive Vertragskontrolle höchst kompliziert. »Schlicht unvorstellbar« erscheint den Wirtschaftsforschern jedoch die Kontrolle der noch in Treuhandbesitz verbliebenen Betriebe. Es fänden sich genügend »schwarze Schafe«, die ihre Leistungen nicht kostengerecht anbieten – anfallende Verluste der »räuberischen Preisfestsetzung« kämen auf die Treuhand zu, und Produktionskosten spielten unter Umständen keine Rolle mehr. Die Folge: Unternehmen, die nicht (mehr) im Treuhandbesitz sind, könnten durch die subventionierten Betriebe wieder vom Markt verdrängt werden.

Die Treuhand in ihrer jetzigen Form hat alle denkbaren Nachteile vereinigt:
- Sie weist die bürokratischen Auswüchse einer Mammutbehörde auf, die die Volkswirtschaft eines zusammengebrochenen Regimes zentral verwaltet.
- Sie hat in skandalöser Weise alle wettbewerbsnotwendigen Strukturförderungsmaßnahmen vernachlässigt.
- Sie hat vielfältige Filzstrukturen und parteipolitische Begierden befördert anstatt sie zu bekämpfen.
- Sie hat das Volksvermögen der ehemaligen DDR-Bürger verschleudert und Massenarbeitslosigkeit nicht verhindert.

Viele Beteiligte in Regierung, Administration und bei der Treuhand selbst haben herbe Lernprozesse hinter sich. Sie wissen mittlerweile, daß die Privatwirtschaft nicht allein in der Lage sein wird, die vom Einigungsvertrag geforderten gleichen Lebensverhältnisse zu schaffen. In der *FAZ* (im September 1991) deutete Jens Odewald, Aufsichtsratsvorsitzender der Treuhand, an, daß bei allem Vorrang für die Privatisierung mittlerweile auch die Sanierung der noch nicht verkauften Ostbetriebe an Bedeutung gewinne. Angesichts der Entwicklung wird die Treuhand zu einer radikalen Kurskorrektur gezwungen werden oder um die eigene Existenz zu ringen haben.

In der Tat gibt es nach den vorliegenden Ergebnissen und Erfahrungen nur eine konsequente Lösung: die Treuhandanstalt selbst schnellstens abzuwickeln. Dies ist politisch sinnvoll, weil die Fortführung der bisherigen Praxis in den fünf neuen Ländern wie eine Dauerpropaganda gegen Demokratie und soziale Marktwirtschaft wirkt. Dafür spricht ökonomische Vernunft, weil jeder Tag Treuhandpfusch die Steuerzahler Millionen kostet.

Die restlichen Liegenschaften und Betriebe könnten den Aufbauwerken der neuen Bundesländer zugeführt werden. Bei einem entsprechenden Länderausgleich, der auf die regionalen Unterschiede Rücksicht nimmt, kann die Behörde in wenigen Monaten abwickelt sein. Treuhandangestellte mit längerfristigen Verträgen können mit ihrem mittlerweile erworbenen Sachverstand den restlichen Treuhandbetrieben zugeführt werden; das Vertrags-Controlling übernehmen vereidigte Wirtschaftsprüfer.

Der Skandal kann sofort beendet werden – es fehlt gegenwärtig nur eins: der politische Wille.